"十四五"职业教育国家规划教材

Python程序设计

PYTHON CHENGXU SHEJI

主　编	岑远红　李　娟
副主编	徐　玲　蒋　莉　邓利平　陈良华
参　编	刘　学　赵若馨　李孝臣　武秋红　阎思婕　任俊新
	陈　飞　胡元蓉　刘　铁　丁丽丽　胡文中　王　欣
	黄　丹　周　洋　徐　涛　黄勤英
主　审	李巧玲　武春岭

重庆大学出版社

图书在版编目（CIP）数据

Python程序设计 / 岑远红，李娟主编. -- 重庆：
重庆大学出版社，2021.11（2025.2重印）
中等职业教育大数据技术应用专业系列教材
ISBN 978-7-5689-3017-8

Ⅰ.①P… Ⅱ.①岑… ②李… Ⅲ.①软件工具—程序
设计—中等专业学校—教材 Ⅳ.①TP311.561

中国版本图书馆CIP数据核字（2021）第243015号

中等职业教育大数据技术应用专业系列教材
Python 程序设计

主 编 岑远红 李 娟
责任编辑：章 可 版式设计：章 可
责任校对：关德强 责任印制：赵 晟

*

重庆大学出版社出版发行
出版人：陈晓阳
社址：重庆市沙坪坝区大学城西路21号
邮编：401331
电话：（023）88617190 88617185（中小学）
传真：（023）88617186 88617166
网址：http://www.cqup.com.cn
邮箱：fxk@cqup.com.cn（营销中心）
全国新华书店经销
重庆新华印刷厂有限公司印刷

*

开本：787mm×1092mm 1/16 印张：15.5 字数：369 千
2021年11月第1版 2025年2月第5次印刷
ISBN 978-7-5689-3017-8 定价：48.00元

本教材以程序设计的岗位职业能力要求为标准、以培养学生算法设计能力为目标、坚持"做中学"思想、以案例分析为主体进行编写。学生学完本教材的内容，能掌握 Python 语言的基本语法，能用 Python 语言编写程序解决简单问题，形成初步的算法思维，为后续课程的学习奠定基础。

本教材分为 11 个项目共 27 个任务，按由浅入深、由易到难的顺序编排学习任务，涵盖了基本数据类型、组合数据类型、程序执行流程、模块化程序设计、面向对象程序设计、文件操作、多进程与多线程程序设计、正则表达式、数据库访问及调试和优化程序等 Python 基本内容。在板块的设置上，除了通过"解题思路""代码分析"及"优化提升"3 个栏目分析算法的思路外，还提供"技术全貌"栏目介绍相关内容的全部知识，便于学生在学习和练习过程中查阅；"一展身手"栏目让学生在理解案例内容后，能够举一反三；"阅读有益"栏目让学生从计算机行业的名家、名作、名企的故事中感受计算机科学技术的魅力，从前辈们追求创新、造福人类的精神中感悟人生价值，让本教材成为思政教育的重要阵地。

本教材具有以下特点：

1. 坚持"做中学"思想

教材以情境学习和问题导向学习理论为指导，没有单独讲解语法和其他理论知识，而以具体程序实例为载体，将语法和算法融入其中，做到"在读写程序的实践中学习程序设计"，不仅能更高效地学习语法规则，更重要的是学会用"死"知识解决实际工作中的"活"问题。

2. "可视化"程序执行的细节

程序设计难就难在抽象上，变量及其操作过程都是看不见、摸不着的。为了突破这个难点，"代码分析"栏目使用了大量的图表，将这个抽象的过程用图形表示出来，让程序执行过程的每一个细节都清晰展现到学生面前，帮助学生把握程序执行的来龙去脉。

3. 教材融入了课程思政的内容

教材中的"阅读有益"栏目帮助学生树立学习目标并做好职业生涯规划，用榜样引导学生前行。同时，这些内容还体现了中国技术，传递了文化自信，以润物细无声的方式促进学生思想政治素养的提升。

4. 教材的开发体现"三教改革"的要求

一是在内容上以企业对程序设计人员的要求为标准，与企业的工作岗位、工作内容紧密结合；二是完全对接 Python 程序设计 1+X 职业技能等级证书的内容，做到课证融通；三是与高职阶段的 Python 程序设计课程无缝衔接，便于学生继续学习。

5. 教材编写加入企业及高校专家团队

一是引入企业的程序设计部主管指导和参与教材编写，落实企业工作岗位要求；二是引入高职学校专家参与教材编写，实现教材与高职相关教学内容有机衔接；三是引入国家教学名师、国家精品课程负责人、国家教学成果一等奖主持人审核教材内容，确保教材内容的科学性。

6. 教材配套了丰富的资源

本书配套有教案、PPT课件、成体系建设的微课等教学资源，便于教师和学生学习和借鉴。

本书各栏目的构成及功能如下：

【项目目标】展示项目学习的知识、技能、思政目标。

【问题描述】描述活动要解决的具体问题。

【题前思考】引导学生思考解决问题的基本思路。

【解题思路】提示解决问题的关键线索。

【程序代码】展示程序源代码。

【代码分析】分析讲解程序代码。

【技术全貌】展示与案例相关的拓展内容。

【一展身手】引导学生设计算法。

【项目小结】回顾项目所学内容。

【自我检测】检测学习效果。

【阅读有益】提升学生的思想政治素养。

【项目评价】评价项目目标的达成情况。

本教材由岑远红、李娟担任主编，徐玲、蒋莉、邓利平、陈良华担任副主编，具体的分工如下：项目一由重庆市九龙坡职业教育中心赵若馨编写，项目二由重庆市九龙坡职业教育中心徐玲编写，项目三由重庆市九龙坡职业教育中心蒋莉编写，项目四由重庆市九龙坡职业教育中心李娟编写，项目五由重庆市九龙坡职业教育中心岑远红和中教畅享（北京）科技有限公司经理李孝臣共同编写，项目六由重庆市两江职业教育中心阎思婕编写，项目七由重庆市九龙坡职业教育中心陈良华编写，项目八由重庆市渝北职业教育中心武秋红编写，项目九由重庆市九龙坡职业教育中心刘学编写，项目十由西华师范大学邓利平编写，项目十一由重庆市九龙坡职业教育中心岑远红编写。本教材还得到了任俊新、陈飞、胡元蓉、刘铁、丁丽丽、胡文中、王欣、黄丹、黄勤英的支持，参与研讨三级目录、撰写活动案例、编写和测试源代码等。全书由岑远红老师和李娟老师共同统稿、审稿并定稿。本教材由李巧玲和武春岭担任主审。

本教材得到了重庆迈远科技有限公司总经理周洋先生及重庆装网科技有限公司总经理徐涛先生的大力支持。

由于作者水平有限，书中难免会有不足之处，热切期望得到专家和读者的批评指正。

本书属于重庆市教育科学"十四五"规划2021年度重点课题"课堂革命下重庆中职信息技术'三教'改革路径研究"（课题批准号：2021-00-285，主持人：周宪章）和重庆市2022年职业教育教学改革研究重大项目"职业教育中高本一体化人才培养模式研究与实践"（项目批准号：ZZ221017，主持人：周宪章）的成果之一。

编者

2023年8月

项目一　初识 Python 程序 ································· 1

任务一　安装软件 ································· 2

活动一　下载和安装 Python ·············· 2

活动二　下载和安装 PyCharm ·············· 6

任务二　运行一个简单的 Python 程序 ··········11

活动一　创建一个 Python 程序项目 ·············11

活动二　在 PyCharm 中运行 Python 程序 ··········14

项目二　操作基本类型数据 ···················21

任务一　处理数值型数据 ···················22

活动一　计算一个三位正整数各位数字的立方和 ···············22

活动二　计算实数的十分位、百分位和千分位之和 ············24

任务二　处理字符串数据 ···················26

活动一　从身份证号码中提取出生日期·············26

活动二　对齐文本 ···················28

活动三　转换数的进制 ···················31

活动四　用指数形式输出一个实数 ···············33

项目三　控制程序执行流程 ···················39

任务一　使用分支结构 ···················40

活动一　计算整数的绝对值 ···················40

活动二　判断闰年 ···················42

活动三　百分制成绩转换成等级 ···············45

任务二　使用循环结构 ···················48

活动一　数列求和 ···················48

活动二　猜数 ···················50

活动三　求解百钱百鸡问题 ································ 52

项目四　操作组合类型数据 ························· 59

任务一　处理列表 ································ 60
活动一　产生完全平方数的列表 ···················· 60
活动二　计算列表中的偶数和 ······················ 63
活动三　找出回文串 ····························· 65

任务二　处理字典 ································ 67
活动一　统计文章中单词出现的次数 ················· 67
活动二　统计选修课名单 ························· 70
活动三　计算两数之和 ·························· 72

任务三　处理集合 ································ 75
活动一　转换数组序号 ·························· 75
活动二　找出选修了所有课程的学生 ················· 79

项目五　使用函数实施模块化程序设计 ········ 85

任务一　自定义函数 ······························ 86
活动一　验证哥德巴赫猜想 ······················· 86
活动二　对区间排序 ···························· 91
活动三　使用二分法求方程的根 ···················· 92

任务二　使用局部函数和递归函数 ··············· 96
活动一　求相亲数 ····························· 96
活动二　爬楼梯 ······························· 98

任务三　使用函数修饰器 ···················· 101
活动一　输出函数调用信息 ····················· 101
活动二　检测函数运行时间 ····················· 104

项目六　应用面向对象思想设计程序 ········· 111

任务一　自定义类 ······························· 112
活动一　开发学生信息类 ······················· 112
活动二　开发班级管理类 ······················· 115

任务二　使用继承重用代码·······························121

活动一　开发班委信息类·······························121

活动二　升级班级管理类·······························124

任务三　处理程序执行异常·······························126

活动一　自己手动转换日期数据·······················126

活动二　区别日期转换中的具体错误···················130

项目七　操作文件···135

任务一　处理文件和文件夹·······························136

活动一　显示学生上交的作业·························136

活动二　收集优秀作业·······························139

任务二　读写文件···142

活动一　使用文本文件保存学生信息···················142

活动二　使用 Excel 文件保存学生信息················146

活动三　使用二进制形式保存学生信息·················152

项目八　使用进程和线程并行执行·····················159

任务一　使用线程提高程序执行速度···················160

活动一　取得上市公司的商誉占比·····················160

活动二　使用多个线程同时获取商誉占比···············169

任务二　使用进程并行执行程序·························172

活动一　使用多进程获取商誉占比·····················172

活动二　使用多进程寻找相亲数·······················175

项目九　访问数据库···181

任务一　创建与查询数据库·······························182

活动一　创建学生信息数据库·························182

活动二　在学生信息数据库中查询信息·················185

任务二　维护数据库中的数据·························189

活动一　修改学生信息库中的数据·····················189

活动二　删除学生信息库中的数据·····················193

项目十　使用正则表达式处理文字 …………………………………… 199

任务一　使用量词 …………………………………………………… 200
活动一　找出所有的班级名称……………………………………… 200
活动二　找出所有的 IP 地址 ……………………………………… 204

任务二　使用捕获组…………………………………………………… 206
活动一　找出服务器的 IP 和端口号 ……………………………… 206
活动二　分析身份证信息…………………………………………… 208

任务三　使用断言和标记 …………………………………………… 211
活动一　将文章中出现次数最多的单词改为全大写…………………… 211
活动二　输出主任的姓名…………………………………………… 214

项目十一　调试和优化程序 …………………………………………… 219

任务一　单元测试 …………………………………………………… 220
活动一　使用 doctest 测试程序 …………………………………… 220
活动二　使用 unittest 测试程序…………………………………… 222

任务二　调试程序 …………………………………………………… 225
活动一　使用 pdb 模块调试程序 ………………………………… 225
活动二　使用 PyCharm 调试程序 ………………………………… 228

任务三　优化程序 …………………………………………………… 231
活动一　使用 timeit 计算程序运行时间…………………………… 231
活动二　使用 profile 发现运行瓶颈 ……………………………… 234

参考文献 ………………………………………………………………… 240

项目一　初识 Python 程序

项目描述

　　Python 由荷兰数学和计算机科学研究学会的 Guido van Rossum 于 20 世纪 90 年代初设计。它是一个高层次的，结合了解释性、编译性、互动性和面向对象的脚本语言。Python 的设计目标之一是让代码具备高度的可阅读性。在设计时尽量使用其他语言经常使用的标点符号和英文单词，让代码看起来整洁美观。随着版本的不断更新和语言新功能的添加，它逐渐被用于独立的、大型项目的开发。

项目目标

知识目标：

能描述下载和安装 Python 和 PyCharm 的方法；

能描述在 PyCharm 中运行程序的过程。

技能目标：

能下载和安装 Python 和 PyCharm；

能使用 print( ) 函数输出字符串；

能运行 Python 程序。

思政目标：

培养勇于探索的精神。

任务一　安装软件

要运行 Python 程序，需要一定的环境。在开始学习 Python 编程之前，首先需要在计算机上搭建 Python 开发环境，本任务将向大家介绍如何在本地计算机上搭建 Python 开发环境。

活动一　下载和安装 Python

【问题描述】

请根据自己的计算机系统版本信息，在官网下载适合版本的 Python 安装包并进行安装。

【题前思考】

根据问题描述，填写表 1-1-1。

表 1-1-1　问题分析

问题描述	问题解答
如何查看计算机操作系统的版本信息	
Python 的版本有那么多，我们应该如何选择	
安装过程中应该注意什么	

【下载步骤】

（1）在浏览器中输入 Python 的网址进入官网，如图 1-1-1 所示。

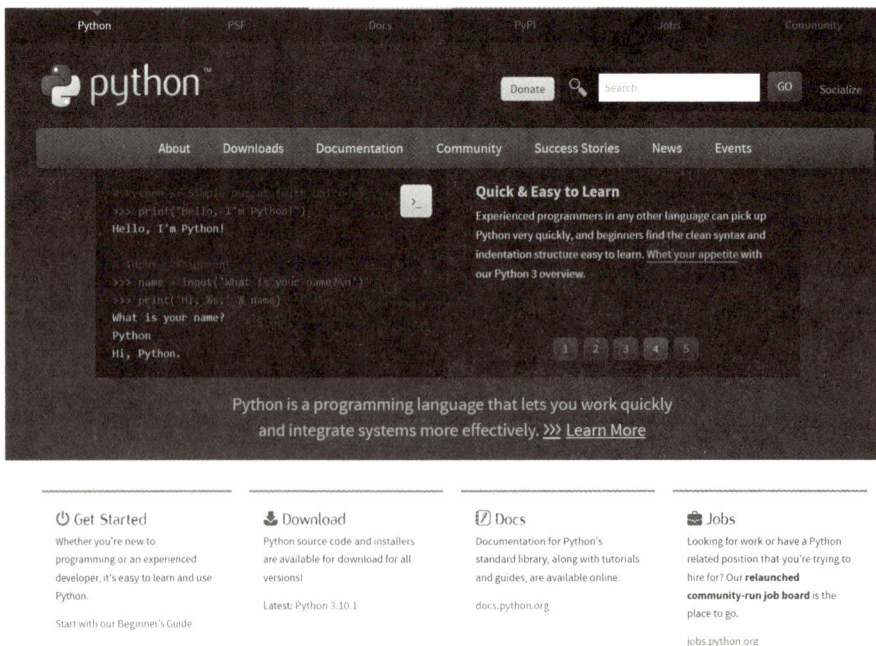

图 1-1-1　Python 网站首页

（2）将光标放在"Downloads"上，在下拉列表中选择适合的操作系统，这里以 Windows 系统为例，下拉列表的右边将显示适合当前计算机的 Python 最新版本，可直接单击当前版本"Python 3.10.1"按钮下载，如图 1-1-2 所示。如果需要下载其他版本，可单击"Windows"选项进入下载页面选择需要的版本下载。其他版本的部分内容如图 1-1-3 所示。

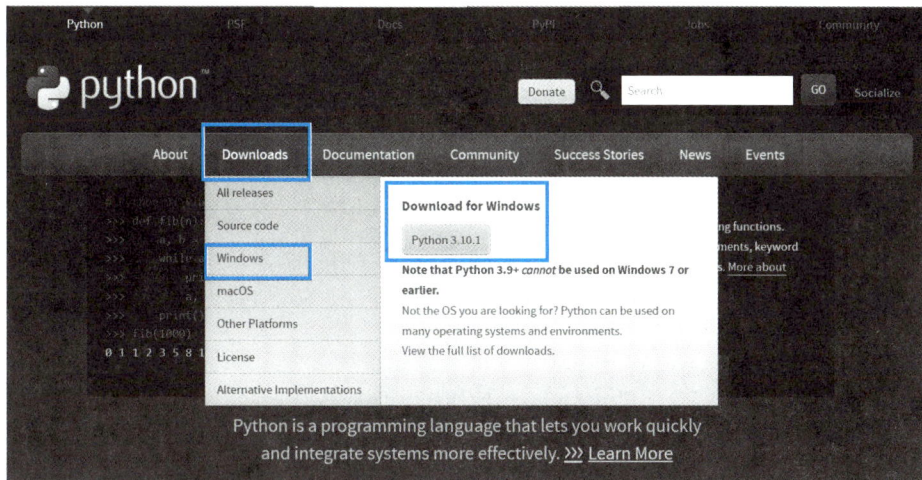

图 1-1-2　Python 下载菜单

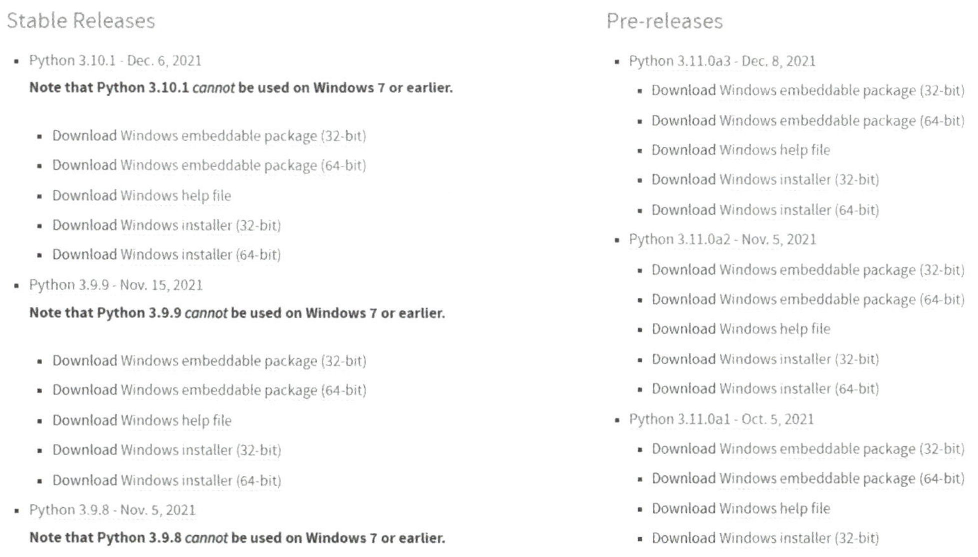

图 1-1-3　Python 版本信息

【安装方法】

（1）双击下载好的安装程序"Python-3.7.9-amd64.exe"，如图 1-1-4 所示。

名称	修改日期	类型	大小
python-3.7.9-amd64.exe	2021/10/24 9:22	应用程序	1,318 KB

图 1-1-4　双击 Python 的安装程序

（2）进入安装向导，如果选择"Install Now"将直接安装到系统盘 C 盘，这里选择"Customize installation"进行自定义安装。注意：一定要勾选"Add Python 3.7 to PATH"，如图 1-1-5 所示。

图 1-1-5　Python 安装模式选择界面

（3）在功能选择界面，保持所有的默认勾选，单击"Next"按钮进入下一步，如图 1-1-6 所示。

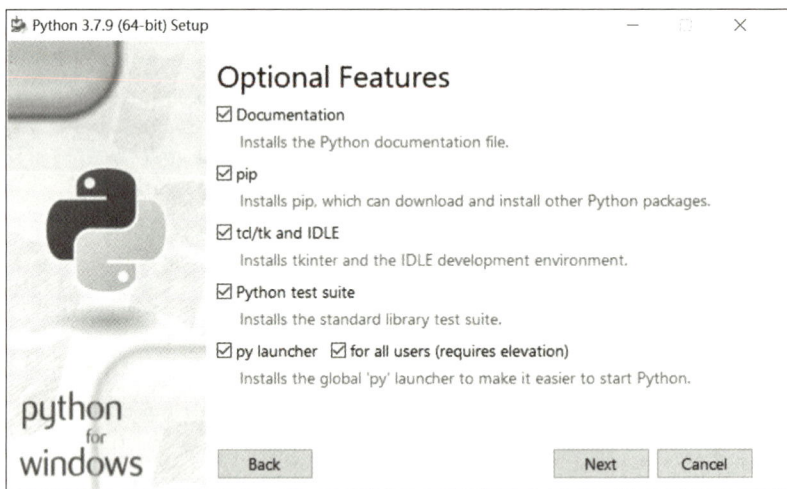

图 1-1-6　Python 功能选择界面

（4）在高级选项界面，单击"Browse"按钮选择安装路径，然后单击"Install"按钮开始安装，如图 1-1-7 所示。安装过程如图 1-1-8 所示。

（5）安装完成，单击"Close"按钮退出，如图 1-1-9 所示。

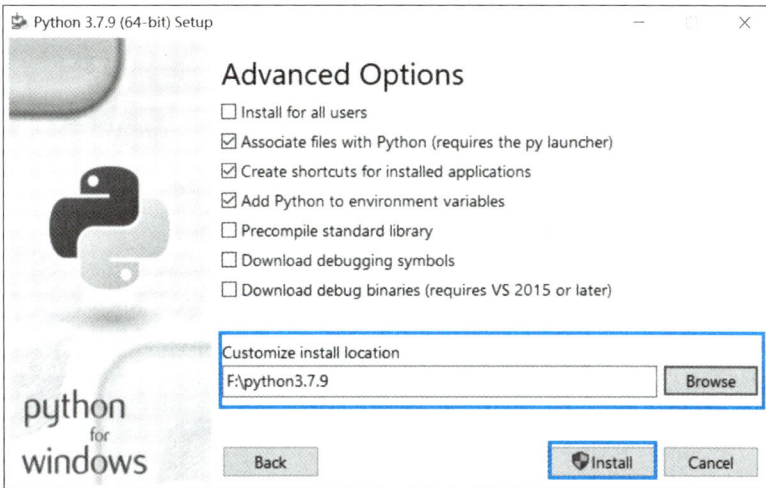

图 1-1-7　Python 高级选项界面

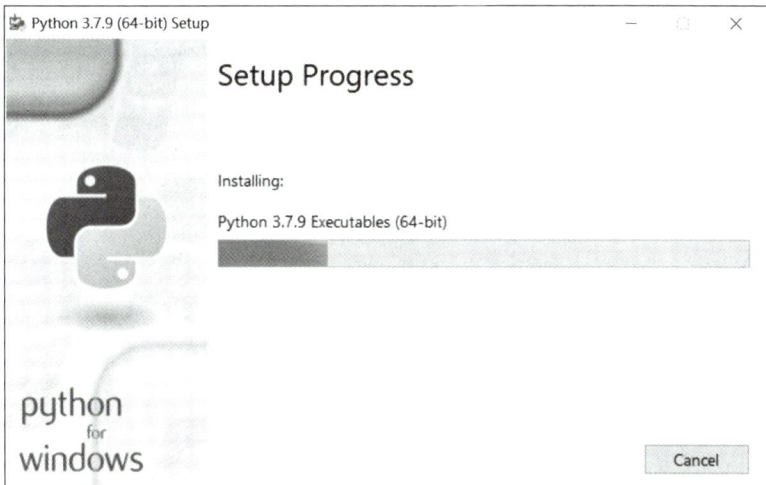

图 1-1-8　Python 安装进度

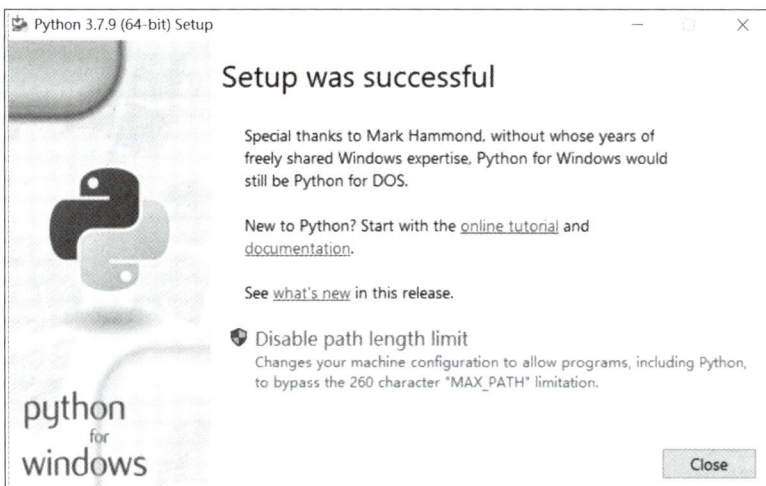

图 1-1-9　Python 安装成功提示

【优化提升】

Python 安装完成后，可以测试一下是否安装成功。具体步骤如下：

（1）按快捷键"Win+R"打开"运行"窗口。

（2）输入"cmd"。

（3）在弹出的"管理员：命令提示符"窗口中输入"python"，按"Enter"键，如果显示版本信息，说明安装成功，如图 1-1-10 所示。

图 1-1-10　显示 python 版本信息

一展身手

请你从 Python 官网下载并安装适合自己计算机系统的软件版本，并测试是否安装成功。

活动二　下载和安装 PyCharm

【问题描述】

PyCharm 是一种 Python IDE（Integrated Development Environment，集成开发环境），带有一整套可以帮助用户在使用 Python 语言开发时提高其效率的工具，如调试、语法高亮、Project 管理、代码跳转、智能提示、自动完成、单元测试、版本控制。此外，Python IDE 还提供了一些高级功能，用于支持 Django 框架下的专业 Web 开发，其版本包括开发版和社区版。接下来，我们将下载并安装 PyCharm。

【题前思考】

根据问题描述，填写表 1-1-2。

表 1-1-2　问题分析

问题描述	问题解答
PyCharm 的社区版和开发版有什么区别	
下载安装 PyCharm 的过程中应该注意什么	
如何配置 PyCharm 的工作环境	

【下载步骤】

（1）在浏览器中输入 PyCharm 的网址进入 PyCharm 官网，如图 1-1-11 所示。

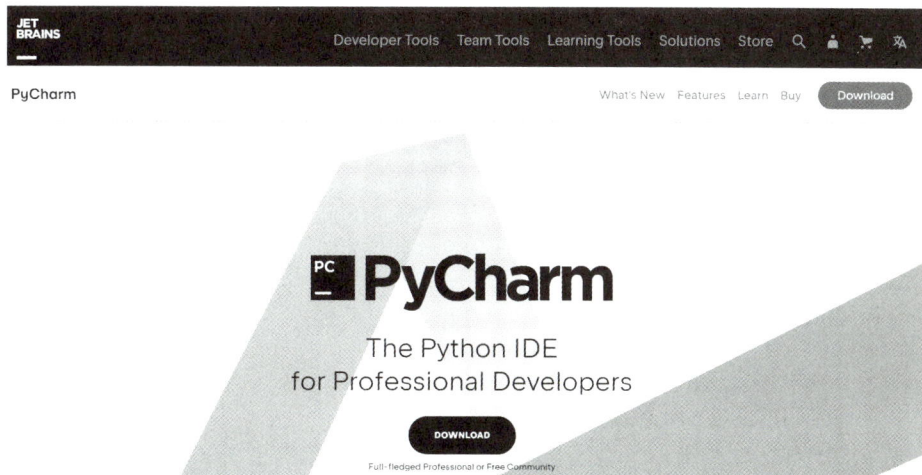

图 1-1-11 PyCharm 网站首页

（2）单击"What's New"进入版本选择页面，根据本次所安装计算机的操作系统，选择 Community（社区版）下的 Windows 系统版本，单击下载安装包，如图 1-1-12 所示。除了 Windows 系统，平台还提供了 Linux、mac OS 等系统的 PyCharm 版本。

注意：Professional（开发版）是收费的，可免费试用 30 天；Community 是完全免费的。

图 1-1-12 PyCharm 版本信息

【安装方法】

（1）双击下载的 PyCharm 应用程序进行安装，如图 1-1-13 所示。

图 1-1-13 PyCharm 安装包

（2）进入安装向导，单击"Next"按钮进入下一步，如图 1-1-14 所示。

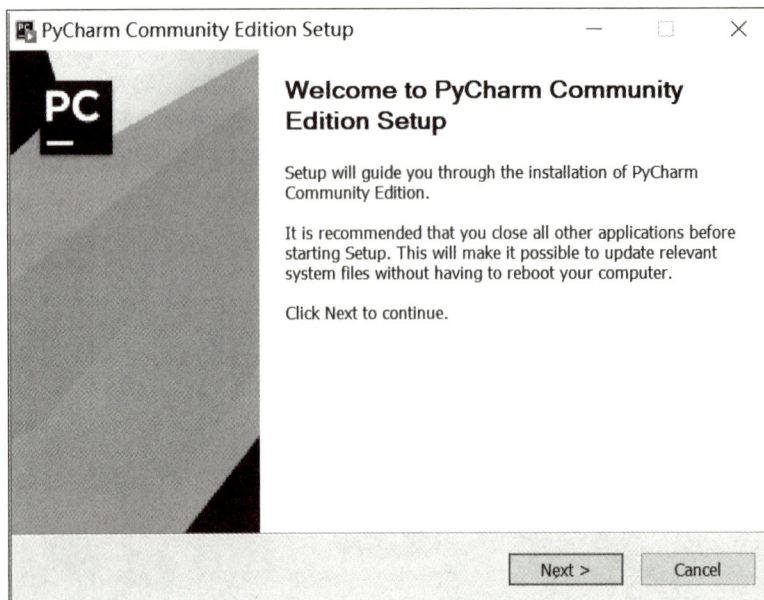

图 1-1-14   PyCharm 安装对话框

（3）单击"Browse"按钮选择安装路径，再单击"Next"按钮进入下一步，如图 1-1-15 所示。

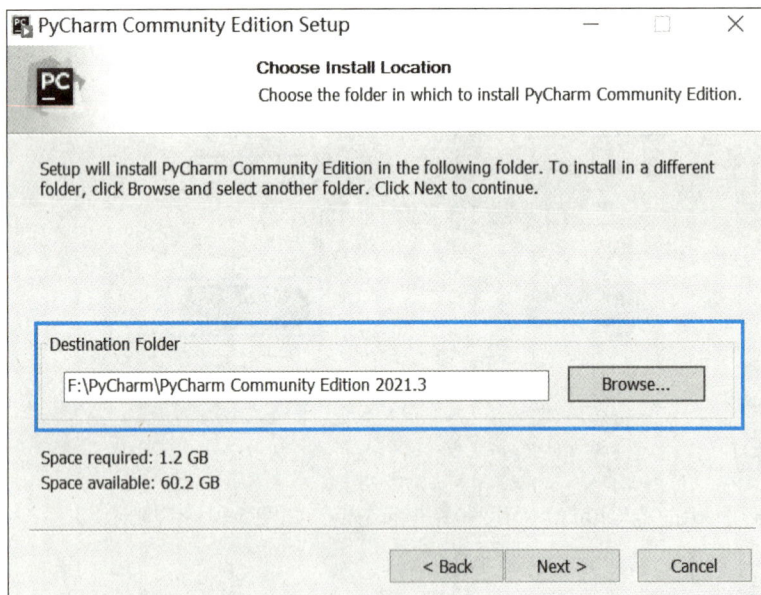

图 1-1-15   选择 PyCharm 安装路径

（4）勾选所有选项，单击"Next"按钮进入下一步，如图 1-1-16 所示。

图 1-1-16 选择 PyCharm 安装选项

（5）单击"Install"按钮进行安装，如图 1-1-17 所示。

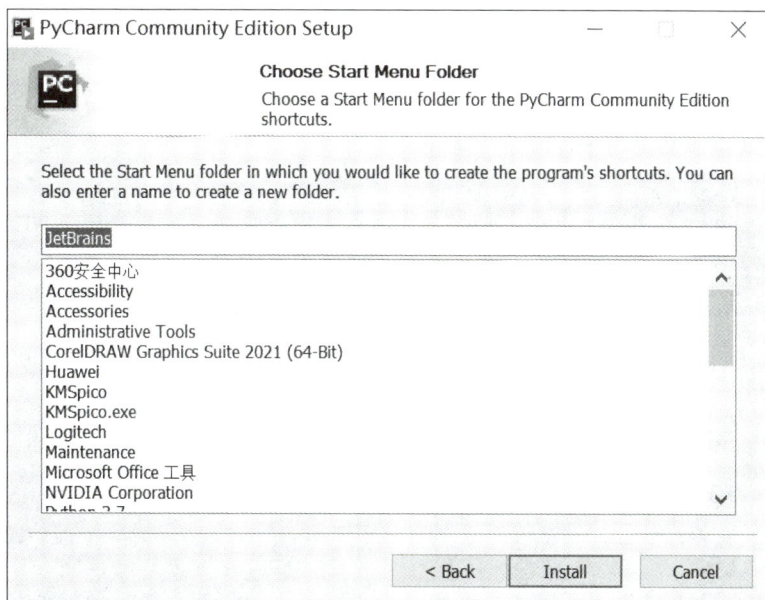

图 1-1-17 选择开始菜单文件夹

（6）安装完成后，单击"Finish"按钮，如图 1-1-18 所示。

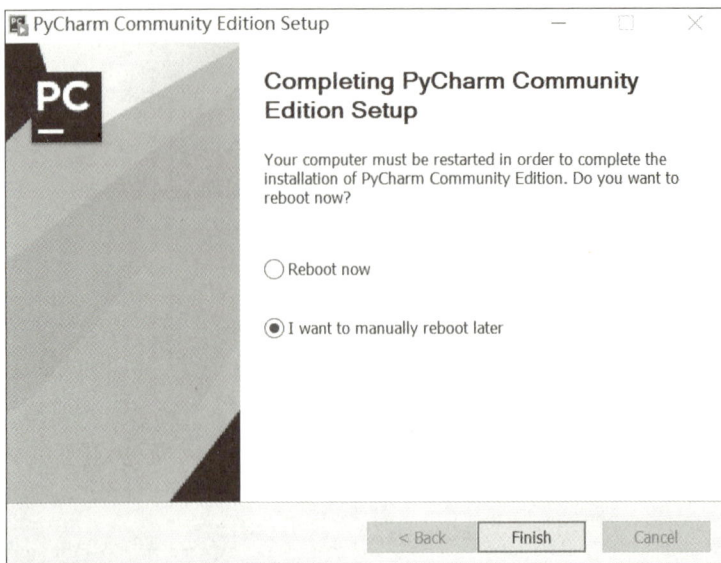

图 1-1-18　PyCharm 完成安装

【优化提升】

打开 PyCharm 软件，进入编辑器，选择"File"→"Settings…"命令，如图 1-1-19 所示，打开设置对话框，可设置功能参数，如图 1-1-20 所示。例如，默认界面是黑色背景，在使用过程中，可以在"Editor"下的"Color Scheme"中设置其他背景色；若想改变界面文字的大小，可在"Font"中设置。

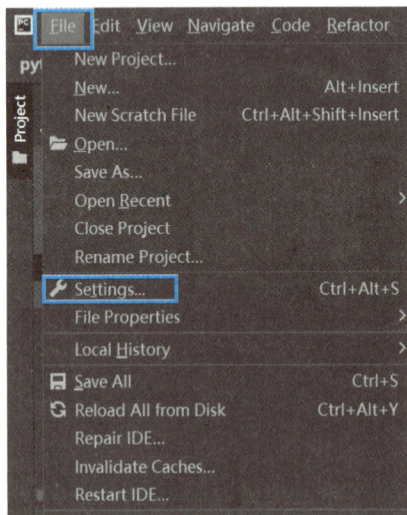

图 1-1-19　菜单命令

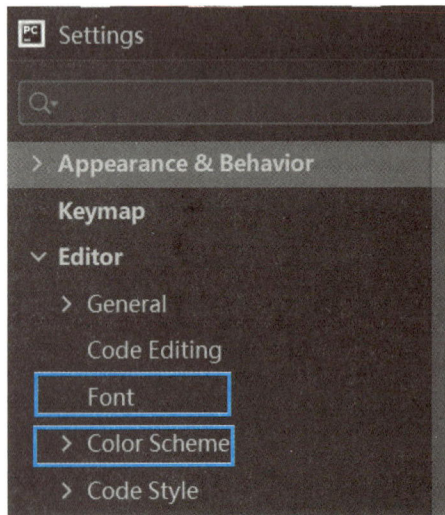

图 1-1-20　设置对话框

一展身手

请你从 PyCharm 官网下载并安装适合自己计算机系统的 PyCharm 软件，并将界面设为白色背景。

任务二　运行一个简单的 Python 程序

在前面的任务中，我们已经成功安装了 Python 和 PyCharm。本任务需要使用搭建好的环境进行简单的程序开发。

活动一　创建一个 Python 程序项目

微课

【问题描述】

在 PyCharm 中新建名为"PythonProject"的第一个 Python 程序项目，了解 PyCharm 的界面特点及各个菜单的作用，并在项目中创建文件夹和程序文件。

【题前思考】

根据问题描述，填写表 1-2-1。

表 1-2-1　问题分析

问题描述	问题解答
PyCharm 与 Python 的区别是什么	
PyCharm 创建程序项目的过程中，如何配置项目环境	
观察 PyCharm 的界面，包含哪些菜单？各自的作用是什么	

【创建步骤】

（1）启动 PyCharm，进入欢迎界面，如图 1-2-1 所示。

图 1-2-1　欢迎界面

欢迎界面中有 3 个主要的按钮：

- New Project：新建项目；
- Open：导入并打开本地项目；
- Get from VCS：配置 GitHUB/SVN 仓库地址。

（2）单击"New Project"按钮新建一个项目，进入设置界面，设置项目的存储路径，单击"Create"按钮创建项目"PythonProject"，如图 1-2-2 所示。

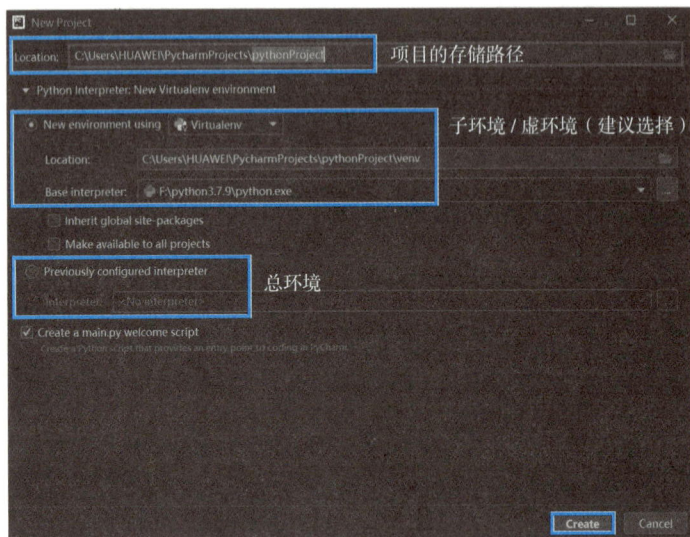

图 1-2-2　新建项目设置界面

（3）"PythonProject"项目创建成功，操作界面的结构包括：菜单栏、项目目录/结构区域、代码区域、运行信息区/控制台，如图 1-2-3 所示。

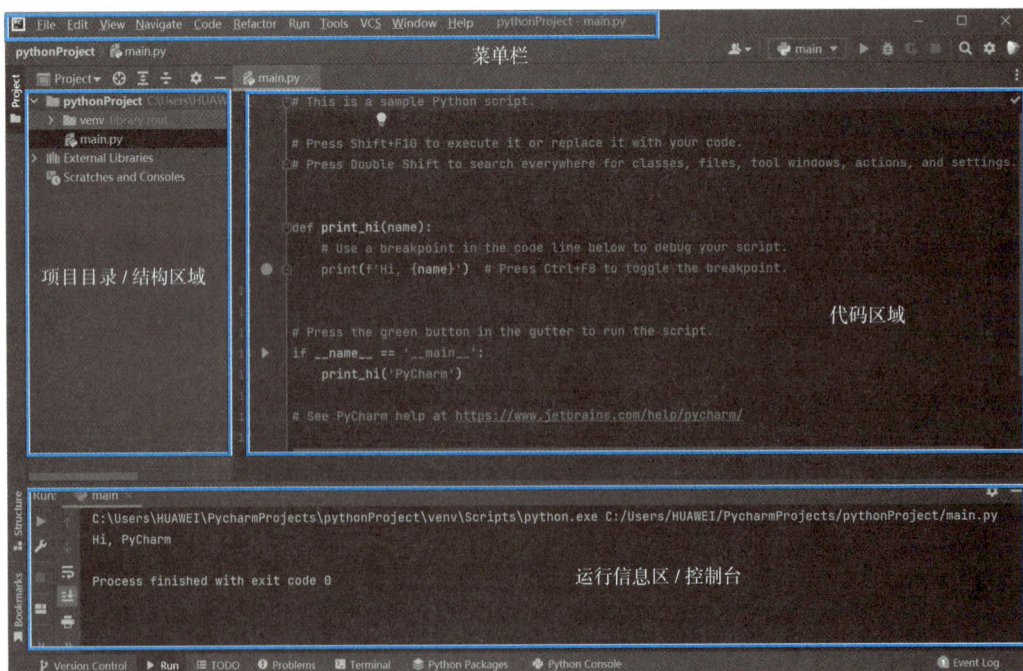

图 1-2-3　PyCharm 操作界面的结构

（4）右键单击项目目录中的"venv"文件夹，在弹出的快捷菜单中选择"New"→"Python File"命令，如图 1-2-4 所示，创建一个名为"hello.py"的 Python 文件，如图 1-2-5 所示。

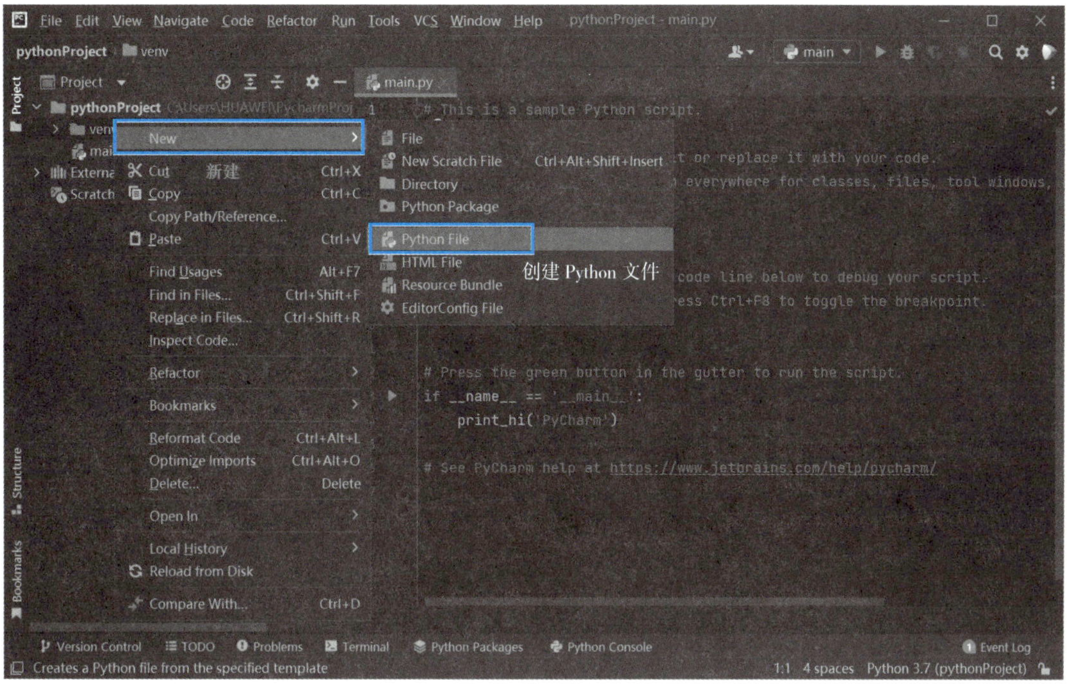

图 1-2-4　新建菜单

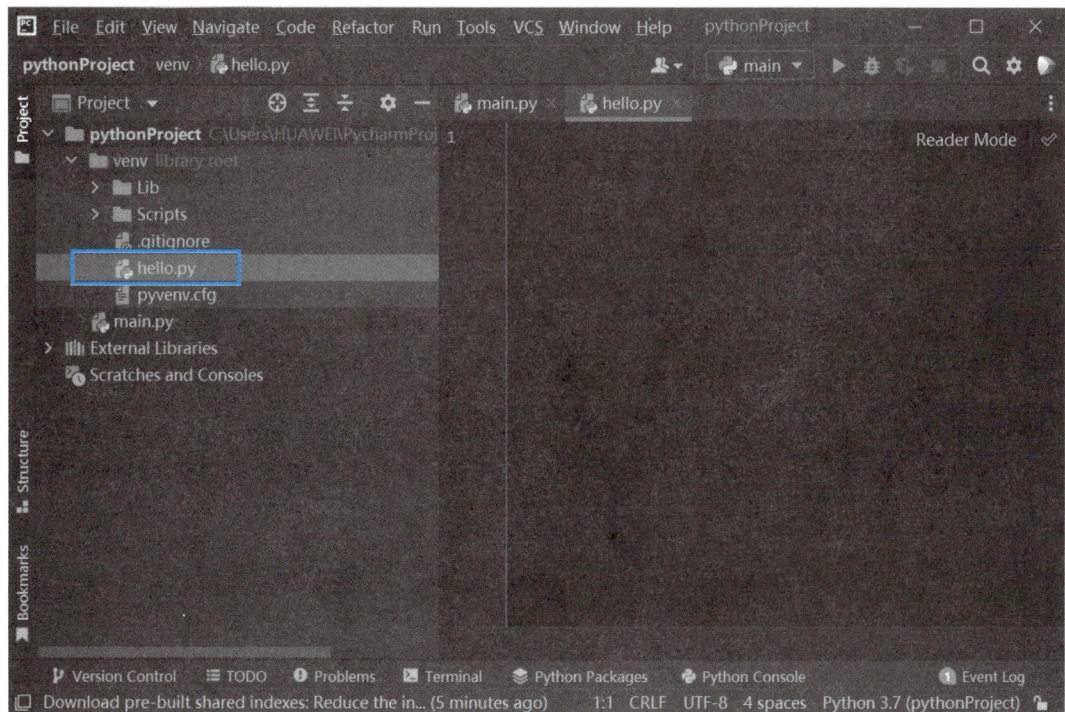

图 1-2-5　新建 Python 文件

【优化提升】

创建项目的方法：
➤ 在欢迎界面单击"New Project"按钮。
➤ 在操作界面选择"File"→"New Project"命令。

一展身手

（1）在 PyCharm 中创建程序项目"pyproject"。
（2）在"pyproject"项目下创建文件夹"demo"。
（3）在"demo"文件夹下创建 Python 程序文件"HelloPython.py"。

微课

活动二   在 PyCharm 中运行 Python 程序

【问题描述】

活动一已经在 PyCharm 中创建了一个名为"hello.py"的 Python 程序，请在 PyCharm 中运行这个程序，打印输出内容。

• 输出结果：

hello python!

hello python!

【题前思考】

根据问题描述，填写表 1-2-2。

表 1-2-2   问题分析

问题描述	问题解答
在 PyCharm 中如何运行 Python 程序？print( ) 函数有什么作用	
运行结果显示在 PyCharm 的哪个区域	
除了 PyCharm，还能用什么方法运行 Python 程序	

【解题思路】

（1）启动 PyCharm，打开活动一中新建的 Python 程序文件"hello.py"，如图 1-2-6 所示。

（2）输入以下程序，如图 1-2-7 所示。

（3）在打开的文件上单击右键，在弹出的快捷菜单中选择"Run 'hello'"命令（按快捷键 Ctrl+Shift+F10）运行 Python 程序，如图 1-2-8 所示。

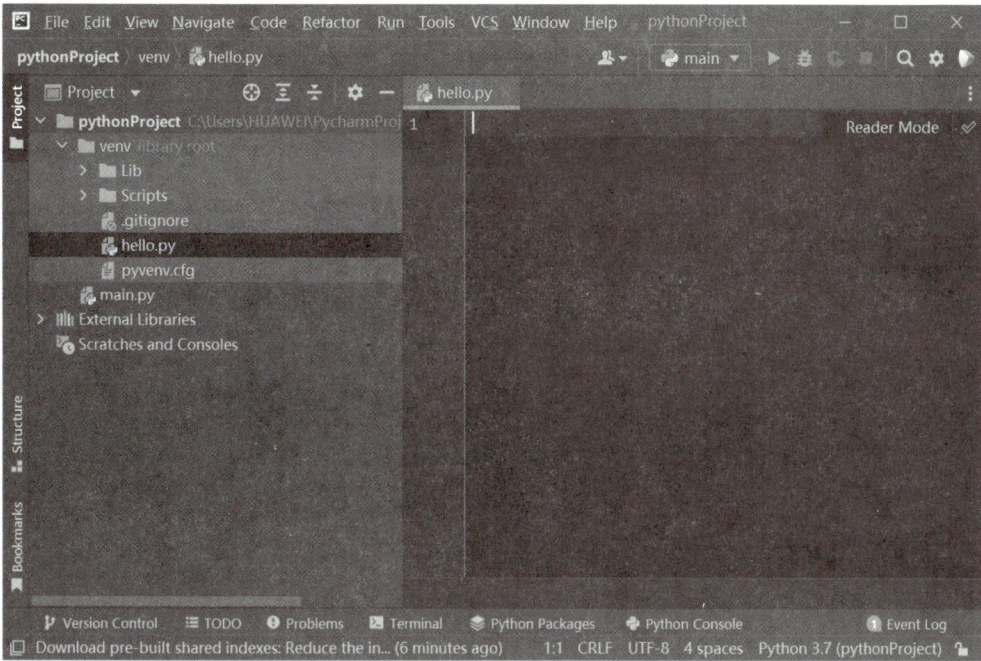

图 1-2-6 Python 文件编辑区

图 1-2-7 输入 Python 程序

图 1-2-8 运行 Python 程序

（4）运行结果如图 1-2-9 所示。

图 1-2-9　程序运行结果

【程序代码】

```
print("hello python!")
print("hello python!")
```

【代码分析】

print( )是 Python 的基本输出命令，用来实现计算机"说话"。

注意：（1）输出字符串时，括号里面使用单引号或者双引号。

（2）输出数值时，可直接输出。

如：print（20），输出结果：20

（3）输出包含运算符的表达式时，输出计算结果。

如：print（1+1），输出结果：2

【优化提升】

除了 PyCharm，我们还可以使用 Python 的交互模式运行 Python 程序。

进入 Python 的交互模式，运行 Python 程序有两种方法：

（1）在"管理员：命令提示符"中运行。打开"管理员：命令提示符"窗口，输入"Python"，按"Enter"键，进入 Python 交互模式，在交互模式中使用 print( )打印输出，如图 1-2-10 所示。

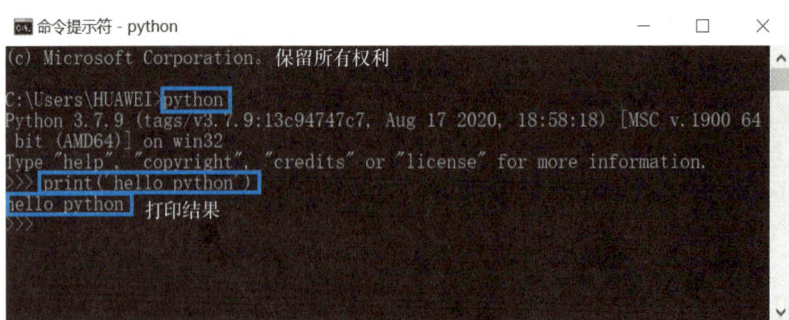

图 1-2-10　通过"命令提示符"运行 Python 程序

（2）在 IDLE 中运行。在计算机左下角的"开始"菜单中找到"IDLE"打开交互模式，如图 1-2-11 和图 1-2-12 所示。

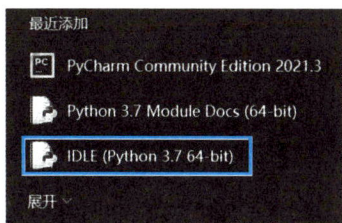

图 1-2-11 IDLE 编辑器

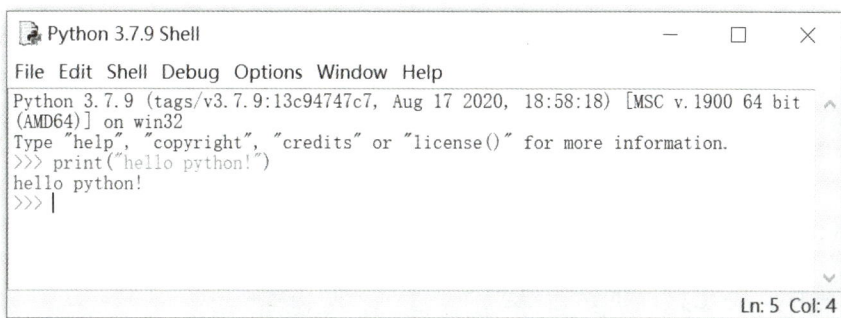

图 1-2-12 IDLE 程序编辑界面

一展身手

（1）在 Python 环境下，使用不同的方法运行输出"欢迎来到精彩的 Python 世界！"。

（2）在活动一创建的 Python 文件"HelloPython.py"中运行输出"3+5"的运算结果。

✓ 项目小结

从本项目的操作中可以看出，Python 和 PyCharm 的下载安装都很简单，环境搭建好后，就可以开始在 Python 世界中探索它的奥妙了。在 Python 中，print()是输出信息的内置函数，它的作用是将Python程序结果展示输出。在编辑过程中要注意正确的书写格式，如中英文字符、字母大小写及空格都要规范使用。安装 Python 后，虽然在命令提示符和 IDLE 交互模式中也能实现程序的运行，但是对于项目的开发，借助 PyCharm 等编辑器，不但更利于项目资源的管理，还会大大提高工作效率。

自我检测

一、选择题

1. Python 是一个（　　）。

　　A. 开发环境　　　　　　　B. 程序语言　　　　　　　C. 编辑工具　　　　　　　D. 游戏

2. Python 语言属于（　　）。

　　A. 机器语言　　　　　　　B. 汇编语言　　　　　　　C. 高级语言　　　　　　　D. 科学计算语言

3. print (2+3) 的运行结果是（　　　）。

   A. 2+3　　　　　　　　　　B. 6　　　　　　　　　　C. 23　　　　　　　　　　D. 5

4. print（"2+3"）的运行结果是（　　　）。

   A. 2+3　　　　　　　　　　B. 6　　　　　　　　　　C. 23　　　　　　　　　　D. 5

5. Python 程序文件的扩展名是（　　　）。

   A. Python　　　　　　　　　B. pyt　　　　　　　　　C. pt　　　　　　　　　　D. py

二、填空题

1. Python 的官方下载地址是_____。

2. print( ) 的作用是_____。

3. PyCharm 有_____和_____两个版本。

4. 在 PyCharm 中运行 Python 程序的快捷键是_____。

5. 要运行 Python 程序，除了可用命令提示符，还可使用_____。

三、阅读程序，写出程序的运行结果

name=input（"请输入你的姓名："）

age=input（"请输入你的年龄："）

print（"大家好，我叫",name,"今年",age,"岁"）

四、编写程序

1. 用 print 命令输出如下图形。

```
        *                    *
       ***                  ***
      *****                *****
       ***                  ***
        *                    *
```

2. 体质指数是国际上常用的衡量人体胖瘦程度的一个标准，它的定义如下：

   体质指数（BMI）= 体重（kg）/ 身高（m）的平方

   如：70/(1.75*1.75)=22.86

   请用 print 命令输出自己的体质指数，如：王林的体质指数是 22.86。

项目评价

任务	标准	配分 / 分	得分 / 分
安装软件	能描述 Python 和 Pycharm 的下载和安装过程	10	
	能成功下载并安装 Python	15	
	能使用命令提示符检测环境是否搭建成功	10	
	能成功下载并安装 PyCharm	15	
运行一个简单的 Python 程序	能在 PyCharm 中创建 Python 程序项目	10	
	能在 PyCharm 中创建文件夹和 Python 程序文件	10	
	能使用 print 命令进行打印输出	10	
	能在 PyCharm 中运行 Python 程序	20	
总分		100	

阅读有益

我国自主研发的微处理器——龙芯处理器

2002 年 8 月 10 日诞生的"龙芯 1 号"是我国首枚拥有自主知识产权的通用高性能微处理芯片。龙芯 1 号系列为 32 位低功耗、低成本处理器,主要面向低端嵌入式和专业应用领域;龙芯 2 号系列为 64 位低功耗单核或双核系列处理器,主要面向工业控制和终端设备等领域;龙芯 3 号系列为 64 位多核系列处理器,主要面向桌面和服务器等领域。2015 年 3 月 31 日,中国发射首枚使用"龙芯"的北斗卫星。

项目二　操作基本类型数据

////////// **项目描述** //////////

　　数据与我们的生活、工作息息相关，就像空气一样，无处不在。计算机编程语言提供不同数据类型，来表示现实世界中的不同数据信息。Python 中常见的基本数据类型是数值型和字符串。数值型变量的赋值和计算都是很直观的，可以使用内置的 type() 函数查询变量的类型。字符串是用单引号或双引号括起来的若干字符序列，可以进行索引、切片以及格式化等操作。认识这些基本的数据类型后，可以尝试用 Python 帮我们解决一些简单的问题，让大家初步体验编程的乐趣。

////////// **项目目标** //////////

知识目标：
能识记基本数据类型的标识符；
能描述基本数据类型的特点和常用操作。

技能目标：
能根据需要选用合适的数据类型处理数据；
能对基本的数据进行类型转换；
能按要求格式化数据。

思政目标：
培养计算思维，形成严谨、科学处理数据的意识。

任务一　处理数值型数据

储存在计算机中的数值型数据，有整型和实型两种基本类型，如班级学生的人数是整型数据，购买商品的金额是实型数据。整型 integer（简写为 int）用于表示整数，实型（又称浮点数 float）用于表示实数。两种不同类型的数据是可以相互转换的，使用 int() 函数可以返回一个浮点数的整数部分，使用 float() 函数可以将整数转换为浮点数。

活动一　计算一个三位正整数各位数字的立方和

【问题描述】

输入一个三位正整数，输出各位数字的立方和。

- 输入数据：

请输入一个三位正整数：123

- 输出结果：

各位数的立方和为：36

【题前思考】

根据问题描述，填写表 2-1-1。

表 2-1-1　问题分析

问题描述	问题解答
如何提取三位正整数的百位数、十位数和个位数（举例说明）	
如何计算一个数的立方？Python 使用的是哪个运算符	

【解题思路】

首先运用算术运算符提取各个数位上的数字，个位数字：n%10，十位数字：n%100//10，百位数字：n//100，再计算各位数的立方和。

【程序代码】

```
n=int(input("请输入一个三位正整数："))        ①
x=n//100                                    ②
y=n%100//10                                 ③
z=n%10                                      ④
m=x**3+y**3+z**3                            ⑤
print("各位数的立方和为：",m)                 ⑥
```

【代码分析】

①：input( ) 输入的内容为字符串，而程序需要输入整数，因此使用 int( ) 函数将其转换为整数，再将转换的整数赋给变量 n。

②：运算符 // 是整除运算符，要求两个操作数必须为整数。n//100 取整数部分，得到的是 n 的百位数，再把这个数用 "=" 赋值给 x，变量 x 存储的是百位上的数字。

③：运算符 % 是取模运算符，即取两个操作数相除的余数，其操作数也必须是整数。n%100 取余数，得到的是十位和个位，再用这个数与 10 整除得到十位数，最后将取得的十位数字赋值给变量 y，变量 y 存储的是十位上的数字。

④：n%10 提取个位数，将结果赋值给变量 z，变量 z 存储的是个位上的数字。

⑤：运算符 ** 是幂运算符，x**3 表示计算 x 的 3 次方。m=x**3+y**3+z**3 是计算个位、十位、百位数字的立方和，将结果赋值给变量 m。

⑥：print( ) 是输出函数，输出变量存储的数值，双引号中的字符串原样输出。

【技术全貌】

Python 语言中，对数据进行运算时，要使用规定的运算符。表 2-1-2 所示为算术运算符；表 2-1-3 所示为增强型赋值运算符，它既有算术运算的功能，又有赋值的功能。

表 2-1-2 算术运算符

运算符	描述
+	加法运算符，n=a+b，将操作数 a 与 b 相加后的值赋给 n
−	减法运算符，n=a-b，将操作数 a 减 b 的值赋给 n
*	乘法运算符，n=a*b，将操作数 a 乘以 b 的值赋给 n
/	除法运算符，n=a/b，将 a 除以 b 的值赋给 n，得到的是一个浮点数
//	整除运算符，n=a//b，将 a 除以 b 的整数部分赋给 n
%	取模运算符，n=a%b，将 a 除以 b 的余数赋给 n
**	幂运算符，n=a**b，将 a 的 b 次方的值赋给 n

表 2-1-3 增强型赋值运算符

运算符	描述
+=	加法赋值运算符，a+=b 等价于 a=a+b
−=	减法赋值运算符，a-=b 等价于 a=a-b
*=	乘法赋值运算符，a*=b 等价于 a=a*b
/=	除法赋值运算符，a/=b 等价于 a=a/b
//=	整除赋值运算符，a//=b 等价于 a=a//b
%=	取模赋值运算符，a%=b 等价于 a=a%b
**=	幂赋值运算符，a**=b 等价于 a=a**b

运算符

一展身手

编写一个程序，输入两个整数 m 和 n，输出 m^2+n^2 的值。程序流程图如图 2-1-1 所示。

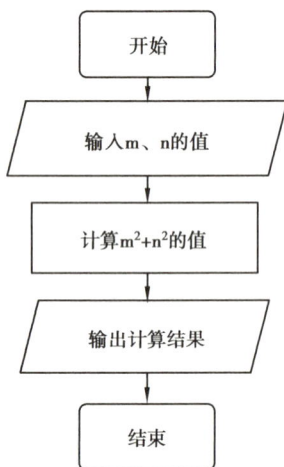

图 2-1-1　程序流程图

活动二　计算实数的十分位、百分位和千分位之和

【问题描述】

输入一个实数（又称为小数或浮点数），请输出十分位、百分位、千分位上的数字之和。

● 输入数据：

请输入一个实数：123.456

● 输出结果：

这个实数的十分位、百分位、千分位数字之和为：15

【题前思考】

根据问题描述，填写表 2-1-4。

表 2-1-4　问题分析

问题描述	问题解答
哪些数位是实数的十分位、百分位和千分位（举例说明）	
如何提取实数的十分位、百分位和千分位上的数字	

【解题思路】

要提取实数的十分位、百分位和千分位上的数字，只有将实数转换为整数后运用 % 和 // 运算才能取得对应数位上的数字。将输入的这个实数乘以 10，原本十分位的数就变成了实数整数部分的个位，再将这个实数转换为整数，用取余的方法提取出十分位的数字，以此类推，分别提取出百分位和千分位上的数字。最后将 3 个数位上的数字相加求和即可。

【程序代码】

```
n=float(input(" 请输入一个实数："))
s=int(n*10)%10                                        ①
b=int(n*100)%10                                       ②
q=int(n*1000)%10                                      ③
m=s+b+q
print(" 这个实数的十分位、百分位、千分位数字之和为：",m)
```

【代码分析】

①：将实数乘以 10 后，用 int( ) 函数将操作数转换为整数，去除了小数部分，再除以 10 取余，即得到了十分位上的数字。

②：将实数乘以 100 后，用 int( ) 函数将操作数转换为整数，再除以 10 取余数，即取得了百分位上的数字。

③：将实数乘以 1 000 后，用 int( ) 函数将操作数转换为整数，再除以 10 取余数，即取得了千分位上的数字。

【技术全貌】

Python 中除了基本数据类型转换函数外，还有其他不同作用的函数，表 2-1-5 中列举了一些常用内置函数。

内置函数

表 2-1-5　常用内置函数

函数及使用	描述
int(x)	将 x 转换为整数，舍去小数部分。int(123.45) 的结果为：123
float(x)	将 x 转换为实数（浮点数）。float(12) 的结果为 12.0
str(x)	将 x 转换为字符串。str(123) 的结果为"123"
round(x,d)	将 x 进行四舍五入，保留 d 位小数。round(10.123,2) 的结果为 10.12
type(x)	查看 x 的数据类型
len(x)	返回序列 x 的长度。x="123"，len(x) 的结果为 3
abs(x)	返回 x 的绝对值。abs(-2) 的结果为 2
max(x1,x2,…)	返回 x1,x2,…的最大值。max(1,6,3) 的结果为 6
min(x1,x2,…)	返回 x1,x2,…的最小值。min(1,6,3) 的结果为 1

一展身手

编写一个程序实现以下功能：输入圆柱体的半径 r 和高 h，计算圆柱体的底面积和体积，结果保留两位小数。程序流程图如图 2-1-2 所示。

底面积计算公式：area= πr^2

体积计算公式：volume=area*h

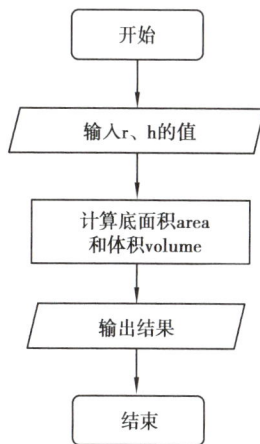

图 2-1-2　程序流程图

任务二　处理字符串数据

Python 的基本数据类型，除了数值型数据外，还有字符串。字符串是用 ' ' 或 " " 括起来的字符序列。字符串的类型为 str，str( ) 也可以作为函数进行调用，用于创建字符串对象。使用 str( ) 可以将对象转换为字符串。字符串可以使用运算符 + 进行连接，得到一个新字符串，也可以用 * 复制字符串。

活动一　从身份证号码中提取出生日期

微课

【问题描述】

输入一个身份证号码，从这个号码中提取出身份证主人的出生日期。

• 输入数据：

请输入身份证号码：500101200001018456

• 输出结果：

出生日期是：2000 年 01 月 01 日

【题前思考】

根据问题描述，填写表 2-2-1。

表 2-2-1　问题分析

问题描述	问题解答
出生日期是身份证号码中的哪几位数	
如何准确提取字符串中的部分字符序列	

【解题思路】

身份证号码是字符串，可以用索引获取单个字符，用切片获取字符串中的多个字符。字符串的索引号可以是正数，表示从左向右的序号，也可以是负数，表示从右向左的序号。

【程序代码】

```
num=input(" 请输入身份证号码： ")
year=num[6:10]                                                    ①
month=num[10:12]
day=num[12:14]
print(" 出生日期是： %s 年 %s 月 %s 日 "%(year,month,day))           ②
```

【代码分析】

①：num[6:10] 表示身份证号码第 6 位到第 9 位的字符构成的一个切片，第一个字符下标

为 0，不包括右边界 10。切片的一般格式为 num[start:end]，表示字符串中，下标从 start 到 end（不包含）的字符构成的新字符串。索引序号可以是正数（从左向右），也可以是负数（从右向左），如图 2-2-1 所示。

从左向右 →

序列索引	0	1	2	3	4	5	6	7	8	9	10	11	12	13	14	15	16	17
num	5	0	0	1	0	1	2	0	0	0	0	1	0	1	8	4	5	6
序列索引	-18	-17	-16	-15	-14	-13	-12	-11	-10	-9	-8	-7	-6	-5	-4	-3	-2	-1

← **从右向左**

图 2-2-1 字符串序列位置索引

②：输出出生年月日，字符串中的 % 是占位符，将其他变量置入字符串指定位置以生成新字符串。%s 代表将对应输出数据转换为字符串格式（%d 表示整数，%f 表示浮点数）。字符串后的 % 将其后表达式列表中的项依次映射到字符串中，替换其中的占位符，如图 2-2-2 所示。

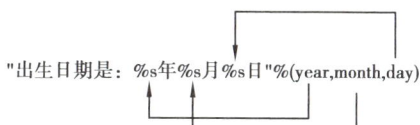

"出生日期是：%s年%s月%s日"%(year,month,day)

图 2-2-2 格式转换映射图

【技术全貌】

切片是从字符串序列中取出一部分字符序列构成一个新字符串的操作，字符串的切片语法格式一般有 3 种，见表 2-2-2。

内置类型及运算

表 2-2-2 切片操作的语法格式

格式	描述
＜字符串＞[start]	返回字符串中单个字符
＜字符串＞[start: end]	返回字符串中从 start 开始到 end-1 的子串
＜字符串＞[: end]	start 缺省，默认为 0，表示从头开始到 end-1
＜字符串＞[start:]	end 缺省，表示从 start 开始到结尾
＜字符串＞[start: end: step]	step 表示步长，是每隔 step 个字符进行提取，step 是正数，表示提取的方向是从左向右，step 是负数，表示提取的方向是从右向左。如 s[::-1] 表示对原字符串逆序排列构成一个新字符串

一展身手

编写一个程序，提示用户输入一个 5 位数，并以反向顺序输出。如输入：12345，输出：54321。程序流程图如图 2-2-3 所示。

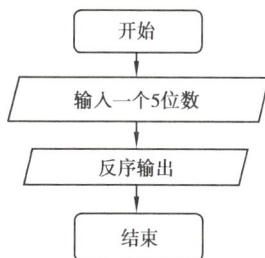

开始
↓
输入一个5位数
↓
反序输出
↓
结束

图 2-2-3 程序流程图

活动二　对齐文本

【问题描述】

将字符串 "hello Python" 赋给一个变量，再以居中对齐、左对齐、右对齐的方式格式化输出字符串。

- 输出结果：

　　　　　hello Python

hello Python

　　　　　　hello Python

【题前思考】

根据问题描述，填写表 2-2-3。

表 2-2-3　问题分析

问题描述	问题解答
常用的对齐方式有哪些	
不同对齐方式的格式有什么区别	
怎样设置文本的对齐方式	

【解题思路】

Python 中的对齐方式与文字处理软件中的对齐方式一样，有左对齐、居中对齐、右对齐，Python 中使用函数 ljust( )、center( ) 和 rjust( ) 实现左对齐、居中对齐、右对齐的功能。

【程序代码】

```
# 文本居中对齐
text="hello Python"
print(text.center(30))                                    ①


# 文本左对齐
text="hello Python"
print(text.ljust(30))                                     ②


# 文本右对齐
text="hello Python"
print(text.rjust(30))                                     ③
```

【代码分析】

①：text.center(30) 表示字符串占用 30 个字符的宽度，居中对齐。字符串 text 本身的长

度只有 12，函数要求的宽度为 30，于是在字符串中填充空格，使总长度达到 30，且让原字符串处于中心位置。

②：text.ljust(30) 表示字符串占用 30 个字节的宽度，左对齐。

③：text.rjust(30) 表示字符串占用 30 个字节的宽度，右对齐。

【技术全貌】

字符串对象的方法除了 center( )、ljust( ) 和 rjust( ) 外，还有很多，熟练掌握这些方法可以加快字符串处理。常用字符串对象的方法见表 2-2-4。

表 2-2-4　字符串对象的方法

方法	描述
string.capitalize( )	把字符串的第一个字符改为大写
string.center(width, fillchar)	在字符串左右两边用字符 fillchar 填充，使字符串居中且长度为 width。fillchar 默认为空格
string.count(str, beg=0, end=len(string))	返回 str 在 string 里面出现的次数，如果 beg 或者 end 指定则返回指定范围内 str 出现的次数
string.endswith(obj, beg=0, end=len(string))	检查字符串是否以 obj 结束，如果 beg 或者 end 指定则检查指定范围内是否以 obj 结束，如果是，返回 True，否则返回 False
string.find(str, beg=0, end=len(string))	检测 str 是否包含在 string 中，如果 beg 和 end 指定则检查是否包含在指定范围内，如果是，返回开始的索引值，否则返回 −1
string.format( )	格式化字符串
string.index(str, beg=0, end=len(string))	跟 find( ) 方法一样，只不过如果 str 不在 string 中会报一个异常
string.isalnum( )	如果 string 至少有一个字符并且所有字符都是字母或数字则返回 True，否则返回 False
string.isalpha( )	如果 string 至少有一个字符并且所有字符都是字母则返回 True，否则返回 False
string.isdecimal( )	如果 string 只包含十进制数字则返回 True，否则返回 False
string.isdigit( )	如果 string 只包含数字则返回 True，否则返回 False
string.islower( )	如果 string 中包含至少一个区分大小写的字符，并且所有字符都是小写，返回 True，否则返回 False
string.isnumeric( )	如果 string 中只包含数字字符，返回 True，否则返回 False
string.isspace( )	如果 string 中只包含空格，返回 True，否则返回 False
string.istitle( )	如果 string 是标题化（每个单词的首字母大写）的，返回 True，否则返回 False
string.isupper( )	如果 string 中包含至少一个区分大小写的字符，并且所有字符都是大写，返回 True，否则返回 False
string.join(seq)	以 string 作为分隔符，将 seq 中所有的元素（字符串表示）合并为一个新的字符串
string.ljust (width, fillchar)	在字符串右侧填充字符 fillchar，使字符串左对齐且长度为 width。fillchar 默认为空格
string.lower( )	将 string 中所有大写字符转换为小写
string.lstrip( )	截掉 string 左边的空格

续表

方法	描述
max(str)	返回字符串 str 中最大的字母
min(str)	返回字符串 str 中最小的字母
string.partition(str)	有点像 find( ) 和 split( ) 的结合体，从 str 出现的第一个位置起，把字符串 string 分成一个 3 元素的元组 (string_pre_str,str,string_post_str)，如果 string 中不包含 str，则 string_pre_str == string
string.replace(str1, str2, num=string.count(str1))	把 string 中的 str1 替换成 str2，如果 num 指定，则替换不超过 num 次
string.rfind(str, beg=0,end=len(string))	类似于 find( ) 函数，返回字符串最后一次出现的位置，如果没有匹配项则返回 −1
string.rindex(str, beg=0,end=len(string))	类似于 index( )，不过是从右边开始
string.rjust(width, fillchar)	在字符串左侧填充字符 fillchar，使字符串右对齐且长度为 width。fillchar 默认为空格
string.rpartition(str)	类似于 partition( ) 函数，不过是从右边开始查找
string.rstrip( )	删除 string 字符串末尾的空格
string.split(str="", num=string.count(str))	以 str 为分隔符切片 string，如果 num 有指定值，则仅分隔 num+1 个子字符串
string.splitlines ([keepends])	按照行 ('\r', '\r\n', \n') 分隔，返回一个包含各行作为元素的列表，如果参数 keepends 为 False，不包含换行符，如果为 True，则保留换行符
string.startswith(obj, beg=0,end=len(string))	检查字符串是否是以 obj 开头，是则返回 True，否则返回 False。如果 beg 和 end 指定值，则在指定范围内检查
string.strip([obj])	在 string 上执行 lstrip( ) 和 rstrip( )
string.swapcase( )	翻转 string 中的大小写
string.title( )	返回"标题化"的 string，就是说所有单词都是以大写开始，其余字母均为小写
string.upper( )	转换 string 中的小写字母为大写
string.zfill(width)	返回长度为 width 的字符串，原字符串 string 右对齐，前面填充 0
s1+s2	连接字符串 s1 和 s2
"abc"*3	将字符串"abc"重复 3 次得到"abcabcabc"
in	如果字符串中包含给定的字符，返回 True
not in	如果字符串中不包含给定的字符，返回 True

一展身手

编写一个程序，打印输出购物小票，内容如下：

购物小票

可口可乐 ********************* 3

康师傅方便面 ****************** 4.5

香飘飘奶茶 ******************* 5

活动三　转换数的进制

【问题描述】

输入一个整数，分别将这个整数转换为二进制数、八进制数和十六进制数。

- 输入数据：

请输入一个整数：10

- 输出结果：

二进制数：0b1010

八进制数：0o12

十六进制数：0xa

【题前思考】

观察输出结果，根据问题描述，填写表 2-2-5。

表 2-2-5　问题分析

问题描述	问题解答
二进制数以哪两个字符开始，由哪些数字组成	
八进制数以哪两个字符开始，由哪些数字组成	
十六进制数以哪两个字符开始，由哪些字母和数字组成	

【解题思路】

Python 提供了强大的内置函数来完成进制数之间的转换，函数 bin( ) 是将对象转换为字符串表示的二进制数，函数 oct( ) 是将对象转换为字符串表示的八进制数，函数 hex( ) 是将对象转换为字符串表示的十六进制数。首先将读入的一个字符串转换为 int 类型，再利用内置函数 bin( )、oct( ) 和 hex( ) 转换为相应的进制数即可。

【程序代码】

```
n=int(input(" 请输入一个整数："))                    ①
print(" 二进制数：",bin(n))                          ②
print(" 八进制数：",oct(n))                          ③
print(" 十六进制数：",hex(n))                        ④
```

【代码分析】

①：用 int( ) 函数将输入的字符串转换为十进制整数。

②：用 bin(n) 函数将十进制数 n 转换为二进制数。

③：用 oct(n) 函数将十进制数 n 转换为八进制数。

④：用 hex(n) 函数将十进制数 n 转换为十六进制数。

【技术全貌】

使用 Python 内置函数 int( )、bin( )、oct( ) 和 hex( ) 可实现进制数之间的转换，十进制数、二进制数、八进制数和十六进制数相互转换的具体方法见表 2-2-6。

表 2-2-6　Python 常见内置转换函数

函数及使用	描述
int(x)	将 x 转换为十进制数
bin(x)	将 x 转换为二进制数
oct(x)	将 x 转换为八进制数
hex(x)	将 x 转换为十六进制数
int(x,b)	将字符串形式的 b 进制数 x 转换为整数
oct(int(x,2))	将二进制数 x 转换为八进制数
hex(int(x,2))	将二进制数 x 转换为十六进制数
bin(int(x,8))	将八进制数 x 转换为二进制数
int(x,8)	将八进制数 x 转换为十进制数
hex(int(x,8))	将八进制数 x 转换为十六进制数
bin(int(x,16))	将十六进制数 x 转换为二进制数
int(x,16)	将十六进制数 x 转换为十进制数
oct(int(x,16))	将十六进制数 x 转换为八进制数
chr(x)	将 ASCII 码 x 转换为对应的字符
ord(x)	将字符 x 转换为对应的 ASCII 码

一展身手

编写一个程序，将二进制数 101101 分别转换为十进制数、八进制数和十六进制数，并去掉八进制数和十六进制数的前缀。程序流程图如图 2-2-4 所示。

输出结果如下：

十进制数：45

八进制数：55

十六进制数：2d

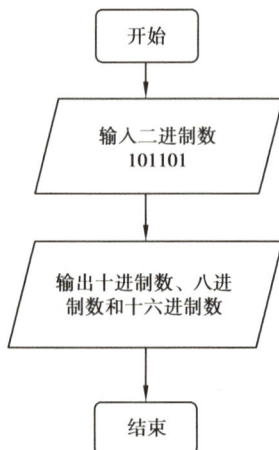

图 2-2-4　程序流程图

活动四　用指数形式输出一个实数

微课

【问题描述】

输入两个实数，用指数形式（即科学记数法）输出它们的乘积。

- 输入数据：

请输入实数 a 的值：314.15926

请输入实数 b 的值：29.3892

- 输出结果：

314.159260*29.389200=9.23e+03

【题前思考】

根据问题描述，填写表 2-2-7。

表 2-2-7　问题分析

问题描述	问题解答
什么是指数	
分析指数形式表示的数，数据的组成有什么特点	
如何将实数显示成指数形式	

【解题思路】

将实型数据转化为指数形式，调用字符串的 format( ) 方法将实数转换为指数形式，指数形式格式化的转换码是 e。

【程序代码】

```
a=float(input(" 请输入实数 a 的值 :\n"))
b= float(input(" 请输入实数 b 的值 :\n"))
print("{0:f}*{1:f}={2:10.2e}".format(a,b,a*b))                    ①
```

【代码分析】

①：为了便于查看，将等号后的内容写为□□ 9.23e+03，这里的方格子□表示空格，小数点占一个字符位置，总宽度为 10，四舍五入保留两位小数。在左侧填充两个空格的原因是数据实际宽度为 8。具体格式如图 2-2-5 所示。{} 称为占位符，占位符中的内容被冒号分成两个部分，冒号前的数是被格式数据在 format( ) 方法参数中的序号（也可以是在调用format( ) 方法时指定的参数名称，还可以缺省），冒号后是格式说明符，被格式数据将被格式说明符按其指定格式转换为字符串。程序中格式化的语句还可以写为以下两种形式。

形式 1：

#: 前缺省时各占位符依次从 format( ) 方法的参数中取数据作为被格式数据

```
"{:f}*{:f}={:10.2e}".format(a,b,a*b)
```

形式 2：

#format() 方法中参数名可以自行命名，此处命名为 x，y，z

"{x:f}*{y:f}={z:10.2e}".format(x=a,y=b,z=a*b)

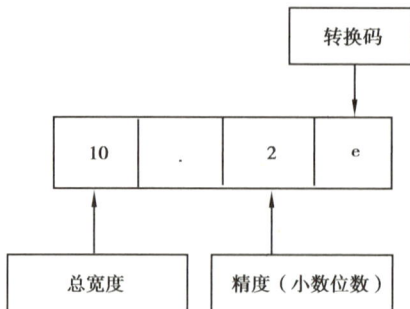

图 2-2-5　数据格式说明

【优化提升】

将实数用指数形式格式化，除了可以用 str.format() 方法外，还可以用格式字符串字面量表示为 f"{a:f}*{b:f}={a*b:10.2e}"。以 f 开头的字符串就表示格式字符串，{a*b:10.2e} 是占位符，表示用 10.2e 的格式输出 a*b 的值，占位符以外的其他字符原样输出。

【技术全貌】

Python 的数据格式化主要有 % 格式符、format() 函数、str.format() 方法和格式字符串字面量 4 种方式，常用的输出格式转换码见表 2-2-8。

表 2-2-8　常用的格式转换码

转换码	描述
f	格式化为浮点数
e	以科学记数法格式化
s	格式化为字符串
%	格式化为百分数
d	格式化为十进制数
b	格式化为二进制数
o	格式化为八进制数
x	格式化为十六进制数

format() 函数、str.format() 方法和格式字符串字面量的占位符结构如下所示：

{

表达式	：	填充字符	对齐方式	+/-	#	0	最小宽度	,	. 精度	类型

}

- 表达式可以是任意合法的 Python 表达式。
- 填充字符可以是任意字符。当实际宽度小于指定宽度时，将会用填充字符填充字符串，直到宽度达到指定宽度。

● 对齐方式包括左对齐、居中对齐和右对齐，分别用符号 <,^,> 表示。

● + 表示任何情况下都有正负号；– 表示只在负数的情况下加负号，正数没有符号。

● # 表示自动添加各进位制的前缀。如果用二进制输出会加前缀 0b，八进制数加前缀 0o，十六进制数加前缀 0x。

● 0 表示用 0 来填充符号至第一位整数间的位置。

● 最小宽度表示整个占位符要占用的宽度，如果实际宽度小于这个宽度，使用填充符填充，反之原样输出。

● , 表示对整数部分使用逗号作为千位分隔符。

● . 精度表示小数位数，要四舍五入。

● 类型使用表 2-2-8 中的格式转换码。

str.format( ) 方法格式字符串的使用方法与格式字符串字面量的结构类似，不同点在于 str.format( ) 方法将冒号 (:) 前的内容放到了参数中，比如以下各 print( ) 函数会输出相同的内容：3.26　　+7.85　　=11.10。

```
a=3.256
b=7.848
print(f"{a: <10.2f}+{b: <10.2f}={a+b: <10.2f}")
print("{0: <10.2f}+{1: <10.2f}={2: <10.2f}".format(a,b,a+b))
print("{: <10.2f}+{: <10.2f}={: <10.2f}".format(a,b,a+b))
print("{a: <10.2f}+{b: <10.2f}={c: <10.2f}".format(a=a,b=b,c=a+b))
```

一展身手

有变量及其值如下：

a,b,c,d=18.9,–3,19.25,"abc"

写出下面语句的输出结果：

```
print(f"{a:^5.2f}+{b:^5d}={a+b:>6.2f}")
print("{:<10.2f}-{:<10.2f}={:>10.2f}".format(a,b,a-b))
print("{s1}*3={s2:^12s}".format(s1=d,s2=d*3))
print("{a:5d}*{a:5d}={b:5d}".format(a=b,b=b*b))
```

项目小结

通过本项目的学习，认识了基本的数据类型：整型、实型和字符串。在 Python 中，默认情况下输入的数据类型为字符串，可以用 int( )、float( ) 函数进行数据类型的转换。整数通常以十进制数表示，也可以转换为字符串形式的二进制数、八进制数和十六进制数。实型数据又称为浮点型数据，可以按照科学计数法表示。字符串是一个字符序列，可以使用切片操作符 [ ] 存取某个特定的字符或字符串，可以使用 + 来连接字符串，用 * 复制字符串，也可以使用字符串转换码、内置函数和字符串方法格式化输出数据。

自我检测

一、选择题

1. 下列哪一项不是 Python 的数据类型？（　　　）
　　A. int　　　　　　　B. str　　　　　　　　　　C. float　　　　　　　D. rational

2. 幂运算的运算符是（　　　）。
　　A. %　　　　　　　　B. *　　　　　　　　　　　C. //　　　　　　　　D. **

3. 用（　　　）函数接收输入的数据。
　　A. accept( )　　　　　B. input( )　　　　　　　　C. readline( )　　　　D. login( )

4. print 输出语句可以将（　　　）作为参数，表示后面指定要输出字符串。
　　A. %d　　　　　　　　B. %t　　　　　　　　　　C. %c　　　　　　　　D. %s

5. 字符串 s 从右向左第 4 个字符的索引是（　　　）。
　　A. s[4]　　　　　　　B. s[-4]　　　　　　　　　C. s[0:-4]　　　　　　D. s[:-4]

6. 表达式 "python".captitalize( ) 的结果为（　　　）。
　　A. "PYTHON"　　　B. "python"　　　　　　　C. "Python"　　　　　D. "pYTHON"

7. Python 的内置函数（　　　）用来返回序列中的最大元素。
　　A. min( )　　　　　　B. max( )　　　　　　　　C. sum( )　　　　　　D. len( )

8. 表达式 "Hello world!".count（"l"）的结果为（　　　）。
　　A. 2　　　　　　　　　B. 3　　　　　　　　　　　C. 4　　　　　　　　D. 5

9. 有 n="abcd"，若想将 n 变成 "mbcd"，则正确的语句是（　　　）。
　　A. n[0]="m"　　　　　B. n.replace("m","a")　　　C. n[1]="m"　　　　　D. n="m"+n[1:]

二、填空题

1. 用于查看数据类型的 Python 内置函数是＿＿＿＿＿＿＿＿。

2. Python 的数值运算符中用来获取余数的是＿＿＿＿＿＿＿＿。

3. Python 中两种基本的数值数据类型是＿＿＿＿＿＿＿＿和＿＿＿＿＿＿＿＿。

4. 下面代码的显示结果为＿＿＿＿＿＿＿＿。

```
sum=2+3
print(sum)
s="2"+"3"
print(s)
```

5. ＿＿＿＿＿＿＿＿函数对数字进行四舍五入并将之转换为最近的整数。

6. 29/4 的结果是＿＿＿＿＿＿＿＿，如果希望结果是整数应该写为＿＿＿＿＿＿＿＿。

7. 表达式 1234%1000//100 的结果为＿＿＿＿＿＿＿＿。

8. 已知 x="hello Python"，执行语句 x.replace("hello","hi") 之后，x 的值为＿＿＿＿＿＿＿＿。

9. 已知 x="a234b123c"，执行语句 x[-4:-1] 后，x 的值为＿＿＿＿＿＿＿＿。

10. 表达式 "123"*3 的执行结果为＿＿＿＿＿＿＿＿。

三、阅读程序，写出程序的运行结果

1. message="welcome "+"to "+"Python "
　　message+="and Python is fun"
　　print(message)

2. s="hello Python"

   print(s[: :2])

   print(s[: :-2])

四、编写程序

1. 编写一个程序，把输入的华氏温度转换为摄氏温度。转换公式是 C=5/9*(F-32)，结果保留一位小数。

2. 编写一个程序，输入一个四位正整数，并计算各位数字的和。

3. 编写一个程序，提取出"Python"中的"yhn"字符串。

项目评价

任务	标准	配分 / 分	得分 / 分
处理数值型数据	能描述数值型数据的类型	10	
	能转换数据类型	10	
	能根据需求准确提取出数据，并进行运算	10	
处理字符串数据	能描述字符串的格式	10	
	能使用索引和切片提取字符或字符串	10	
	能设置字符串的对齐方式	10	
	能在不同进制数之间进行转换	10	
	能描述常用的格式化数据的方法	10	
	能用 %、format( ) 函数和 str.format( ) 方法格式化数据	10	
	能用格式字符串格式化数据	10	
总分		100	

阅读有益

中国研发全球最大量子比特数的超导量子体系"祖冲之号"

2021 年 5 月 8 日，拥有全球最大量子比特数的超导量子体系在中国诞生了！这无疑是一次重大突破：中国科学家成功研发出 62 比特的超导量子计算原型机"祖冲之号"。衡量"量子计算机"的能力，主要是看它能够操纵的超导量子比特数量，量子比特数量越多，量子计算机的能力就越强，而且还是指数级增强。谷歌"量子计算机"可操纵的超导量子比特数量是 53 个，"祖冲之号"能达到 62 个，比谷歌的多出 9 个！

项目三 控制程序执行流程

项目描述

不管多么复杂的程序，都可以用顺序结构、分支结构和循环结构这 3 种基本程序结构来表示。顺序结构就是按语句排列的顺序依次执行的程序结构。分支结构是根据条件选择不同分支执行的程序结构，如根据用户登录是否成功显示不同的界面。循环结构是在条件成立时反复执行循环体的程序结构，如采集温度数据的程序就需要反复从温度传感器读取温度数据。本项目将介绍分支结构和循环结构。

项目目标

知识目标：
能描述单分支、双分支和多分支程序的执行流程及基本格式；
能描述 for 循环和 while 循环的执行流程以及循环控制语句 continue 和 break 的使用方法。
技能目标：
能运用单分支、双分支和多分支结构解决相关问题；
能使用 for、while、continue、break 解决简单的循环问题。
思政目标：
养成做事坚持不懈、细致认真的职业精神。

任务一　使用分支结构

在现实生活中，对于一件事情可能会有多个解决方案。例如，如果今天不下雨就去爬山，如果下雨就去看电影。在程序设计语言中使用分支结构来解决这类问题，分支结构能够根据不同的条件选择执行不同的分支，从而增强程序的灵活性和实用性。

活动一　计算整数的绝对值

【问题描述】

输入一个整数，输出这个整数的绝对值。

- 输入数据：

-564

- 输出结果：

x 的绝对值为 564

【题前思考】

根据问题描述，填写表 3-1-1。

表 3-1-1　问题分析

问题描述	问题解答
数学上，正数和负数的绝对值是如何计算的	
在 Python 中，如何表示一个正数的绝对值	
在 Python 中，如何表示一个负数的绝对值	

【解题思路】

计算一个数的绝对值，首先判断这个数是负数还是正数，如果是负数就取相反数，如果是正数就不变。因此，我们只需要考虑输入的数为负数的情况，将其转换为它的相反数即可，而正数就不做任何改变。

【程序代码】

```
x=int(input("请输入一个整数 :\n"))                          ①
if  x<0 :                                                  ②
    x=-x
print("x 的绝对值为 ",x)
```

【代码分析】

①：将输入数据转换为整数存入变量 x。

②：判断 x 是否小于 0（为负数），如果为负数就执行语句 x=-x。注意 if 和其后的表达式 x<0 之间至少要有一个空格，而且表示条件的表达式之后还有一个西文的冒号 (:)。if 下方受 if 控制的语句块要缩进，当条件成立时会执行 if 下方的语句块。此处的语句块只有一条语句 x=-x，表示将 x 的相反数再赋给 x。注意观察 print( ) 函数，它就没有缩进，这就意味着它与 if 无关，不管条件是否成立，都需要执行。

【技术全貌】

1. 单分支结构语句

if 语句的一般格式为：

if 条件表达式：

    语句块

其功能是先计算条件表达式的值，如果条件表达式成立，则执行后面的语句块，执行的语句块可以是多行，以缩进格式来表示同一范围；当条件表达式不成立时，则跳过语句块，结束分支结构，执行分支结构后面的代码，执行流程图如图 3-1-1 所示。

条件表达式可以是一个单一的值或者变量，也可以是复杂的表达式。False、0、空字符串、None(空值)、[ ](空列表)、{ }(空字典) 等都表示不成立，其他表示成立。

语句块由相同缩进量的若干条语句组成，表示条件成立时要执行的语句序列。

注意：条件表达式后面的冒号（:）千万不要忘记。

2. 比较运算符和关系表达式

if 后的表达式可以是任何类型的表达式，但通常是关系表达式和逻辑表达。本活动介绍关系表达式，关系表达式中的运算符称为比较运算符，Python 中的比较运算符见表 3-1-2。

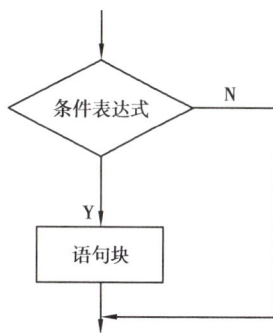

图 3-1-1　if 语句执行流程图

表 3-1-2　比较运算符

比较运算符	关系表达式	描述
>	x>y	x>y 成立则值为 True，反之为 False
>=	x>=y	x>y 或 x==y 成立则值为 True，反之为 False
<	x<y	x<y 成立则值为 True，反之为 False
<=	x<=y	x<y 或 x==y 成立则值为 True，反之为 False
==	x==y	x 的值与 y 相等时为 True，反之为 False
!=	x!=y	x 的值与 y 不相等时为 True，反之为 False
in	x in lst	如果 x 是 s 的成员则 x in s 的值为 True，否则为 False
not in	x not in lst	如果 x 不是 s 的成员则 x not in s 的值为 True，否则为 False
is	x is y	当且仅当 x 和 y 是同一对象时，x is y 为 True
is not	x is not y	当 x 和 y 不是同一对象时，x is not y 为 True

一展身手

输入两个数,按从大到小的顺序输出。程序流程图如图3-1-2所示。

输入: 12 26

输出: 26 12

活动二　判断闰年

【问题描述】

输入一个年份,判断是否为闰年。闰年的条件是年份能被4整除且不能被100整除,或者能被400整除。

• 输入数据:

2000

• 输出结果:

是闰年

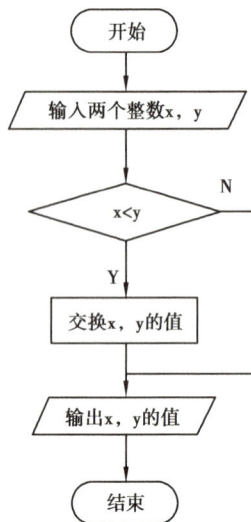

图 3-1-2　程序流程图

【题前思考】

根据问题描述,填写表3-1-3。

表 3-1-3　问题分析

问题描述	问题解答
判断闰年的第一个条件是什么	
判断闰年的第二个条件是什么	
两个条件只要一个成立,应该怎么表达	

【解题思路】

根据闰年的定义,判断闰年的第一条件为年份能被4整除且不能被100整除,第二条件为能被400整除,两者只需要一个成立即是闰年。

【程序代码】

```
y=int(input(" 请输入一个年份 :\n"))
if  y%4==0  and  y%100!=0  or  y%400 == 0 :           ①
    print(" 是闰年 ")
else:                                                  ②
    print(" 是平年 ")
```

【代码分析】

①：一个年份，要么是平年，要么是闰年，因此使用分支来进行判断。首先判断闰年，只要满足两个条件中的任意一个即是闰年，一个是年份能被 4 整除但不能被 100 整除，表示为 y%4==0 and y%100!=0，运算符 and 是布尔运算符表示运算符两边都成立结果才成立，意思就是 y 能被 4 整除而且 y 不能被 100 整除。另一个条件则是能被 400 整除，表示为 y%400 = = 0 即除以 400 的余数为 0。这两个条件满足其中之一就是闰年，所以中间用 or 来连接。or 也是布尔运算符，表示运算符两边只要一边成立结果就成立，整个表达式的意思就是 (y%4==0 and y%100!=0) 成立或者 (y%400 = = 0) 成立。如果整个表达式成立，就执行下面缩进的语句块，在这里是 print(" 是闰年 ")，输出"是闰年"这 3 个字。

②：如果不是闰年就是平年，执行 else 下面的语句，注意 else 后也有冒号 (:)，且下面的语句块也要缩进，表示 if 后的表达式不成立时要执行的语句。

【优化提升】

以上代码可改写为 if-else 表达式，代码更加简洁：

" 是闰年 " if y%4==0 and y%100!=0 or y % 400 == 0 else " 是平年 "，这个表达式表示的意思是如果 y%4==0 and y%100!=0 or y % 400 == 0 成立，则其值为 if 前的表达式的值"是闰年"，否则其值为 else 后的表达式的值"是平年"。

【技术全貌】

1. 双分支结构语句

if else 语句的一般格式为：

if 条件表达式：
    语句块 1
else：
    语句块 2

其功能是先计算条件表达式的值，如果条件表达式成立，则执行后面的语句块 1；当条件表达式不成立时，则执行语句块 2，执行流程图如图 3-1-3 所示。

else 不能单独使用，必须和 if 一起使用，并且要正确配对。

if 条件表达式和 else 后面的冒号（:）千万不能忘记。

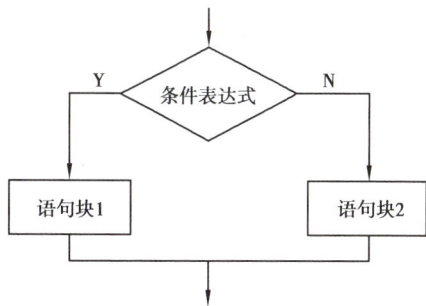

图 3-1-3 if else 语句执行流程图

在编程的过程中，有时候我们会先搭建起程序的整体逻辑结构，只是暂时不去实现某些细节，而是在这些地方加一些注释，方便以后再添加代码。Python 还提供了空语句 pass，用来让解释器跳过此处，什么都不做。

if t < = 0:
    pass

else:

    print("t 大于 0")

当条件表达式 t<=0 成立时，执行空语句 pass，跳过此处执行 if else 语句后面的语句。

2. 逻辑运算符和逻辑表达式

Python 支持布尔运算（也称逻辑运算），详细描述见表 3-1-4。

表 3-1-4   逻辑运算

逻辑运算符	逻辑表达式	描述
and	x and y	如果 x 和 y 的值都为 True，则返回 True，否则返回 False
or	x or y	如果 x 和 y 的值都为 False，则返回 False，否则返回 True
not	not x	如果 x 为 True，返回 False；如果 x 为 False，返回 True

例如：

a = 10

b = 20

if a and b:

    print("1 - 这是与运算，a、b 都为 true")

else:

    print("1 - 这是与运算，a、b 有一个不为 true")

if a or b:

    print("2 - 这是或运算，a、b 都为 true，或其中一个变量为 true")

else:

    print("2 - 这是或运算，a、b 都不为 true")

if not a:

    print("3 - 这是非运算，a 为假 ")

else:

    print("3 - 这是非运算，a 为真 ")

输出结果为：

1 - 这是与运算，a、b 都为 true

2 - 这是或运算，a、b 都为 true，或其中一个变量为 true

3 - 这是非运算，a 为真

把 a 的值改为 0，输出结果为：

1 - 这是与运算，a、b 有一个不为 true

2 - 这是或运算，a、b 都为 true，或其中一个变量为 true

3 - 这是非运算，a 为假

一展身手

编写一个程序，输入一个字符，如果是大写字母就输出对应的小写字母，如果是小写字母就输出对应的大写字母。程序流程图如图 3-1-4 所示。

提示：字符串的方法 islower( ) 和 isupper( ) 用于判断字符串的字符是否全是大写或全是小写。

活动三 百分制成绩转换成等级

【问题描述】

输入一个学生的百分制成绩，按以下规则将百分制成绩转换成等级：90 分及以上为 A 等级，70~89 分为 B 等级，60~69 为 C 等级，60 分以下为 D 等级。

- 输入数据：

75

- 输出结果：

B

图 3-1-4　程序流程图

【题前思考】

根据问题描述，填写表 3-1-5。

表 3-1-5　问题分析

问题描述	问题解答
判断为等级 A 的条件是什么？请尝试写出表达式	
判断为等级 B 的条件是什么？请尝试写出表达式	
判断为等级 C 的条件是什么？请尝试写出表达式	
判断为等级 D 的条件是什么？请尝试写出表达式	

【解题思路】

成绩有 A、B、C、D 4 个等级，即有 4 个条件，需要使用多分支来解决这个问题。成绩在 90 分及以上为 A 等级，成绩在 70~89 分为 B 等级，成绩在 60~69 分为 C 等级，成绩在 60 分以下为 D 等级，正确表示几个条件非常重要。

【程序代码】

```
x=int(input(" 请输入一个百分制成绩 :\n"))
```

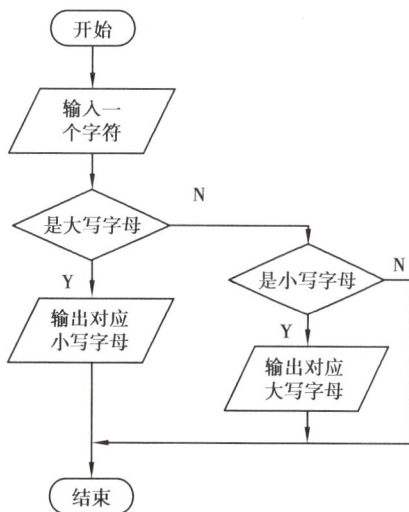

```
if  x>=90 :
    print("A")
elif  x>=70  and  x<90:                                          ①
    print("B")
elif  x >= 60  and  x < 70:
    print("C")
else :                                                          ②
    print("D")
```

【代码分析】

①：判断输入的成绩是否在 70~90 分（包括 70，不包括 90）。elif 是 else if 的缩写，表示"反之再判断"的意思。elif 前面的 if 或其他 elif 判断失败之后，才会执行此处的判断，也就是说 x>=90 不成立时才会执行到这里判断后面的条件 x>=70 and x<90。当条件成立时执行其后缩进的语句块 print("B")，如果不成立执行后面的 elif 或 else 子句。

②：当前面列出的所有条件都不成立时执行 else 后面缩进的语句块 print("D")，这是一个可选的子句，根据情况选用。

【技术全貌】

多分支结构语句的格式为：

```
if  条件表达式 1:
    语句块 1
elif 条件表达式 2:
    语句块 2
elif 条件表达式 3:
    语句块 3
    ……
else:
    语句块 n+1
```

其功能是先计算条件表达式 1 的值，如果条件表达式 1 成立，则执行后面的语句块 1；如果条件表达式 1 不成立则判断条件表达式 2，如果条件表达式 2 成立，则执行后面的语句块 2；如果条件表达式 2 不成立则继续判断条件表达式 3，如果条件表达式 3 成立，则执行后面的语句块 3；依次类推，如果前面的条件表达式均不成立，则执行语句块 n+1，如果没有 else 后面的语句块 n+1，则什么也不执行，结束分支语句，结构流程图如图 3-1-5 所示。

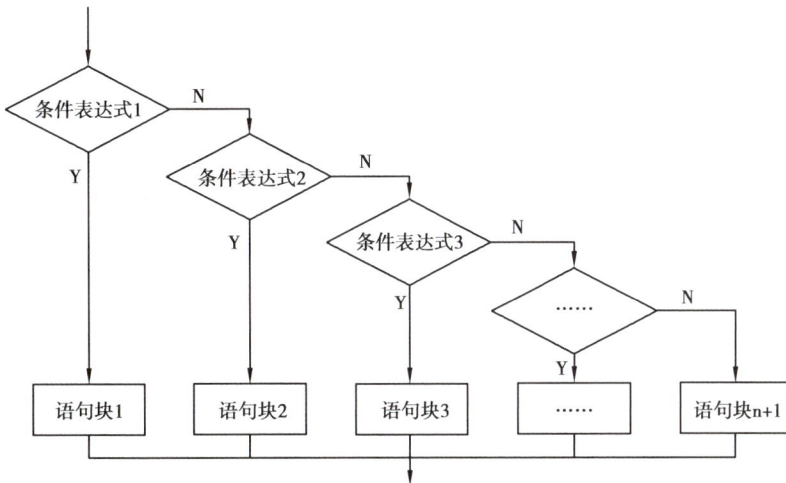

图 3.1.5 多分支结构流程图

注意:

- elif 和 else 均不能单独使用,必须和 if 一起使用,并且要正确配对。
- 每一个 if、elif、else 后面都有冒号(:),均不能省略。
- 不管有多少个分支,都只能执行一个分支,或者一个也不执行,不能同时执行多个分支。

一展身手

编写一个程序,输入 x 的值,计算分段函数 $y=\begin{cases} x*x\,(x<0) \\ 0\,(x=0) \\ x\,(x>0) \end{cases}$ 的值。程序流程图如图 3-1-6 所示。

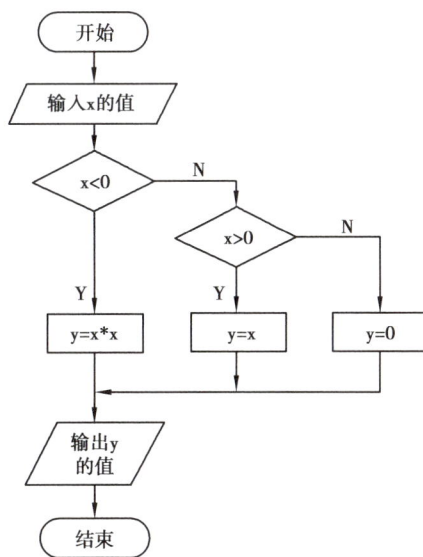

图 3-1-6 程序流程图

任务二　使用循环结构

现实生活中有很多任务是由重复的多个操作组成的，如教师批改作业、食堂阿姨给学生打饭、医生给病人诊病等。反复执行某个操作的程序结构就称为循环结构。Python 语言提供了 for 语句和 while 语句来实现循环结构。

活动一　数列求和

【问题描述】

编程计算 1+2+3+⋯+100 的和。

• 输出结果：

1+2+3+⋯+100 的和为 5050

【题前思考】

根据问题描述，填写表 3-2-1。

表 3-2-1　问题分析

问题描述	问题解答
第一个加数是几？前后两个加数的大小有什么关系？如何实现加数的变化	
存放和的变量在累加前需要做什么操作	

【解题思路】

第 1 个加数为 1，最后一个加数为 100，相邻两个数之间相差 1，我们每一次累加的数是从 1 变成 2，再变成 3，一直变到 100 即可。一开始一个数都没有加上，所以需要事先将存放和的变量置初值 0。

【程序代码】

```
s=0                                    ①
for i in range(1, 101):                ②
    s = s + i                          ③
print("1+2+3+⋯+100 的和为 ",s)
```

【代码分析】

①：存放累加和的变量 s 赋初值 0。

②：range(1, 101) 用来生成 1 到 100 的整数序列，for i in range(1, 101) 表示对这个

序列中的每一个数 i 执行循环体中的操作。循环体就是 for 语句下面缩进的语句块，也就是要反复执行的操作，此处为 s = s + i，表示将每个 i 的值累加到变量 s 里面。观察各次循环后变量值的变化过程，见表 3-2-2。

表 3-2-2 循环后变量值的变化

循环次数	变量 i 的值	变量 s 的值
0（表示循环之前）		0
1	1	1
2	2	3
3	3	6
4	4	10
…	…	…
99	99	4 950
100	100	5 050

【技术全貌】

1.for 语句

for 语句是通过遍历序列中的每一个项目来执行循环，循环次数取决于序列中项目的个数。for 语句的一般格式为：

for 变量 in 序列：

　　循环体

else：

　　语句块

for 循环为迭代循环，任何有序的序列如字符串、列表、元组等都可以遍历。

如果序列中所有项目都被遍历，则 for 循环正常执行结束，如果后面有 else 子句则执行子句，如果没有 else 子句则执行 for 语句后面的语句，如图 3-2-1 所示。

2.range( ) 函数

在循环中经常需要产生具有一定规律的数列，range( ) 函数通常都能解决这个问题。range( ) 函数的完整写法为 range(start，stop[，step]) ，start 表示起始值，stop 表示

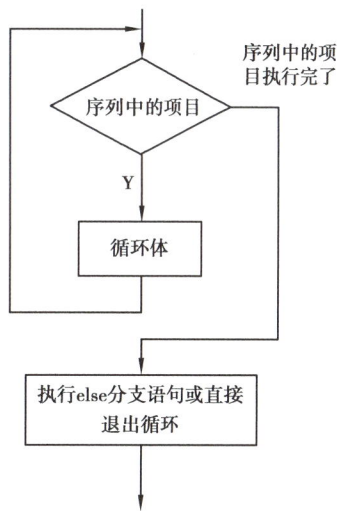

图 3-2-1 for in 循环流程图

终止值，step 表示步长，函数产生从 start 开始到 stop（不包含在序列中）结束的整数序列，每一个数比前一个数多 step。如果只有一个参数，这个参数表示 stop，start 默认为 0，step 默认为 1；如果有两个参数，则第一个参数为 start，第二个参数为 stop，step 默认为 1。range( ) 函数的使用见表 3-2-3 所示。

表 3-2-3　range( ) 函数的示例

语句	用法
range(1,5)	产生序列 [1,2,3,4]，省略参数 3 表示步长为 1
range(1,5,2)	产生序列 [1,3]，表示步长为 2
range(5)	产生序列 [0,1,2,3,4]，省略第 1 个参数表示从 0 开始

一展身手

编写一个程序，输入一个整数 x，求 x！。程序流程图如图 3-2-2 所示。

活动二　猜数

【问题描述】

在程序中随机产生一个 100 以内的整数，编写一个猜数程序，即输入一个数，判断输入的数和随机产生的数的大小关系，如果输入的数大则输出"大了"，如果输入的数小则输出"小了"，如果两个数相等则输出"恭喜你，猜对了，共猜了 × 次"，次数最多为 10 次，10 次未猜中则输出"你失败了"。

● 程序交互：

请输入你的答案

30

大了

请输入你的答案

20

大了

请输入你的答案

10

恭喜你，猜对了，共猜了 3 次

图 3-2-2　程序流程图

【题前思考】

根据问题描述，填写表 3-2-4。

表 3-2-4　问题分析

问题描述	问题解答
如何产生一个随机数	
如何统计猜数的次数	
怎么判断输入数与随机产生的数的大小关系？如何输出提示信息	

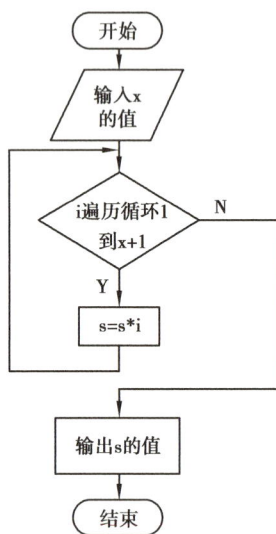

【解题思路】

调用 random 模块的 randint( ) 函数可以产生整数随机数，为了记录猜数的次数需要定义一个变量，每输入一个数这个变量的值加 1。程序中首先产生一个随机整数，然后判断输入的数是否和随机数相等并且次数不超过 10 次，如果不相等则判断输入的数与随机数的关系，记录输入次数，并输入一个新的数进入下一次循环判断，直到循环条件不成立结束循环。退出循环之后，判断输入的数和随机数是否相同，如果相同则输出猜对的文字及猜的次数，如果不相同则输出失败的文字。

【程序代码】

```
import random
x = random.randint(1,100)                                    ①
a = int(input(" 请输入你的答案 \n"))
n = 1
while x != a and n < 10:                                      ②
    if a < x:
        print(" 小了 ")
    else:
        print(" 大了 ")
    n += 1
    a = int(input(" 请输入你的答案 \n"))
if  x == a :                                                  ③
    print(f" 恭喜你，猜对了，共猜了 {n} 次 ")
else:
    print(" 你失败了 ")
```

【代码分析】

①：调用 random.randint(1,100) 函数，产生一个 1~100 的整数并保存到变量 x 中。

②：输入的数与产生的随机数不相同，即没有猜对，并且次数小于 10，则输出提示信息。

③：在循环之后判断输入的数与产生的随机数是否相同，如果相同输出猜对的文字和猜的次数，如果不同则输出"你失败了"。

【技术全貌】

1.while 语句

while 语句的格式为：

while 条件表达式：

　　循环体

else：

　　执行语句块

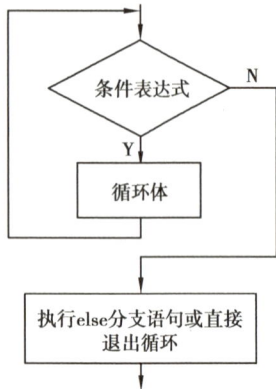

图 3-2-3　while 循环流程图

random 模块

当条件表达式成立时执行循环体，直到不满足条件时才退出循环。通常用于循环次数不确定的场合，如图 3-2-3 所示。

如果需要使用无限循环，可以设置条件表达式的值为 True，如果循环体中没有 break 语句，循环将无限执行下去，可以按 Ctrl+C 来强制中断程序。

else 分支是可选项，如果是在程序中执行了 break 语句使得循环提前结束，则不再执行 else 子句中的代码。

2.random 模块

random 模块是用于产生并运用随机数的标准库，random 模块函数见表 3-2-5。

表 3-2-5　random 模块函数

语法	解释
seed(a)	设置初始化随机数种子 a，用 random 库产生随机数不一定要设置随机数种子，如果不设置，则 random 库默认以系统时间产生随机数种子。设置种子的好处是可以重复再现相同的随机数序列
random( )	生成一个 [0.0,1.0) 之间的随机小数
randint(a,b)	生成一个 [a,b] 之间的随机整数
randrange(start,stop[,step])	生成一个 [start,stop) 之间以 step 为步数的随机整数
uniform(a,b)	生成一个 [a,b] 之间的随机小数
choice(seq)	从序列类型（如列表）seq 中随机返回一个元素

一展身手

编写一个程序，输入一个多位数，输出各位数字之和。程序流程图如图 3-2-4 所示。

微课

活动三　求解百钱百鸡问题

【问题描述】

我国古代数学家张丘建在《算经》一书中曾提出过著名的"百钱买百鸡"问题，该问题叙述如下：鸡翁一，值钱五；鸡母一，值钱三；鸡雏三，值钱一；百钱买百鸡，则翁、母、雏各几何？翻译为现代文的意思是公鸡一只五块钱，母鸡一只三块钱，小鸡三只一块钱，现在要用一百块钱买一百只鸡，问公鸡、母鸡、小鸡各多少只？

•输出结果：

公鸡 0 只，母鸡 25 只，小鸡 75 只

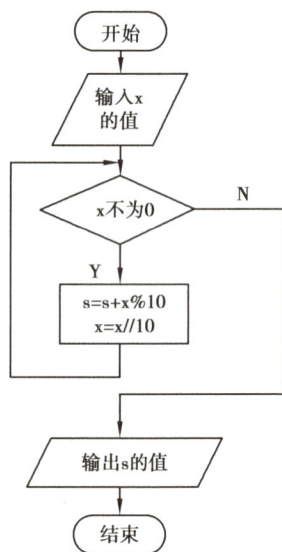

图 3-2-4　程序流程图

公鸡 4 只，母鸡 18 只，小鸡 78 只

公鸡 8 只，母鸡 11 只，小鸡 81 只

公鸡 12 只，母鸡 4 只，小鸡 84 只

【题前思考】

根据问题描述，填写表 3-2-6。

表 3-2-6　问题分析

问题描述	问题解答
公鸡的数量范围是多少	
母鸡的数量范围是多少	
小鸡的数量范围是多少	
满足什么条件的时候输出结果	

【解题思路】

首先依次设定每一重循环变量的范围，也就是公鸡只数的范围、母鸡只数的范围和小鸡只数的范围，其次判断满足什么条件时就输出结果。

【程序代码】

```
for cock in range(100//5+1):                                                    ①
    for hen in range(100//3+1):
        for chicken in range(0,100,3):
            if cock+hen+chicken==100 and cock * 5 + hen * 3 + chicken // 3 == 100:   ②
                print(f' 公鸡 {cock}，母鸡 {hen}，小鸡 {chicken}')
```

【代码分析】

①：依次设定公鸡只数的范围、母鸡只数的范围和小鸡只数的范围。

②：设定满足以下两个条件时输出结果：一是公鸡、母鸡和小鸡的总只数为 100；二是总价格为 100。

【优化提升】

在本程序中用了 3 层 for 循环嵌套，也可以用两层循环完成以上功能。例如：

```
for cock in range(100//2+1):
    for hen in range(100//3+1):
        chicken = 100 − cock − hen
        if cock * 5 + hen * 3 + chicken / 3 == 100:
            print(f' 公鸡 {cock}，母鸡 {hen}，小鸡 {chicken}')
```

【技术全貌】

一个循环的循环体内部包含另一个完整的循环结构，称为循环嵌套。for 循环和 while 循环可以相互嵌套，且循环可以嵌套多层。

一展身手

编写一个程序解决鸡兔同笼问题。鸡兔同笼问题：今有鸡兔同笼，上有35头，下有94足，问鸡兔各几何？程序流程图如图3-2-5所示。

项目小结

通过本项目的学习,知道了控制程序执行流程的方法。Python 通过 if、if else、if elif else 语句来实现分支结构程序,同时提供了比较运算、布尔运算来构成关系表达式和逻辑表达式,还提供了if else 表达式来简化一些if else 语句。循环结构用 for in 语句和 while 语句来实现, for in 用于可迭代对象,常用的迭代对象有 Range、列表、字典、集合等; while 语句根据循环条件来决定是否继续下一次循环。

自我检测

一、选择题

1. 下列选项中,（　　　）不是 Python 的基本控制结构。

　　A. 跳转结构　　　　　　B. 顺序结构

　　C. 循环结构　　　　　　D. 分支结构

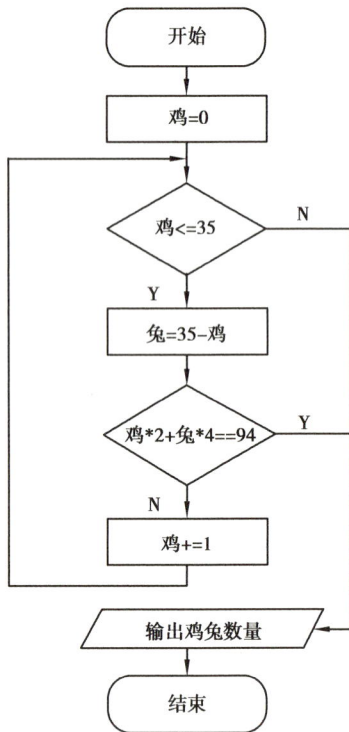

图 3-2-5　程序流程图

2. 关于循环结构,下列描述错误的是（　　　）。

　　A. continue 语句只结束本次循环

　　B. break 语句用来结束循环, 执行 else 子句

　　C. 可以用 for、while 等保留字构建循环结构

　　D. 迭代循环通过 for 语句实现

3. 判断当前语句是否在分支结构中时, 根据的是（　　　）。

　　A. 冒号　　　　　　B. 缩进　　　　　　C. 引号　　　　　　D. 大括号

4. 下列程序运行后的输出结果是（　　　）。

```
for a in "this is a cat":
    if a=='i':
        continue
    print(a,end=' ')
```

　　A. this is a cat　　　B. i i　　　　　　C. ths s a cat　　　　D. thssacat

5. 实现多分支的最佳控制结构是（　　　）。

　　A. try　　　　　　B. if else　　　　　C. if　　　　　　D. if elif else

6. 下列程序运行后的输出结果是（　　　）。

```
for i in range(2,6,2):
```

```
        s=1
        for j in range(i,6):
            s+=j
    print(s,end=" ")
```
   A. 9　　　　　　　　B. 1　　　　　　　　C. 11　　　　　　　　D. 10

7. 下列循环结构用法中，错误的是（　　　）。

　　A. for __count in range(20):　　　　　B. for i in range(0,10):

　　C. for i in range(10,0,2):　　　　　　D. while s<50 :

8. 仔细阅读下列代码，以下各项描述正确的是（　　　）。

```
    sum1=0
    for i in range(0,10,2):
        sum1+=i
    print(sum1)
```
　　A. 该代码求的是 1~10 所有数的和，结果是 45

　　B. 该代码求的是 0,2,4,6,8 这 5 个数的和，结果是 20

　　C. 该代码求的是 1,3,5,7,9 这 5 个数的和，结果是 25

　　D. 该代码求的是 2,4,6,8,10 这 5 个数的和，结果是 30

二、填空题

1. 循环结构有两种，分别是_____和_____。

2. Python 中支持跳转的语句有_____和_____两种。

3. 在循环结构中，_____语句的作用是提前结束循环，_____语句的作用是提前
   进入下一次循环。

4. 如果 while 或 for 循环正常结束，那么就_____（会 / 不会）执行 else 后的语句块。

5. 产生一个 0~5 的随机实数的语句是_____。

三、阅读程序，写出程序的运行结果

1.
```
    s=0
    x=int(input( ))
    for i in range(1,x) :
        if i%2==0 :
            s=s+i
    print(" 和为 ",s)
```
　　输入：5

2.
```
    for i in range(1,6):
        for j in range(1,i):
            print(' ',end='')
        for k in range(1,12-2*i):
            print("*",end='')
        print(' ')
```

3. adj = ["red", "big", "tasty"]

   fruits = ["apple", "banana",]

   for x in adj:

       for y in fruits:

           print(x, y)

4. i = 0

   while i < 10:

       i += 1

       if i == 5 or i%3==0:

           continue

       print(i)

四、编写程序

1. 编写一个程序，输入一个字符，判断是大写字母、小写字母、数字字符还是其他字符。

2. 编写一个程序，输入一个自然数 n，如果 n 为奇数，输出表达式 1+1/3+1/5+⋯+1/n 的值；如果 n 为偶数，输出表达式 1/2+1/4+⋯+1/n 的值，结果保留 2 位小数。

3. 编写一个程序，输出如下图形：

   *****

   ****

   ***

   **

   *

4. 编写一个程序，输入一个数，判断其是否为质数。

项目评价

任务	标准	配分 / 分	得分 / 分
使用分支结构	能描述分支结构的语法	10	
	能描述分支结构的执行流程	10	
	能正确选择分支结构解决问题	10	
使用循环结构	能描述循环结构的语法	10	
	能描述循环结构的执行流程	10	
	能使用循环结构解决问题	15	
	能合理使用循环控制语句解决问题	15	
	能利用多重循环解决问题	20	
总分		100	

阅读有益

新中国的第一台电子计算机

新中国成立之初，中国还没有自己的计算机。1956年，周总理亲自主持制定的《十二年科学技术发展规划》中把计算机列为发展科学技术的重点之一，并在1957年筹建中国计算技术研究所，从此开启了中国计算机事业的新纪元。1958年，中国第一台数字电子计算机（103机）交付使用，领衔研制这台计算机的是张梓昌高级工程师，骨干有董占球、王行刚等年轻人，随后的编译系统由钟萃豪、董蕴美领导的团队自行设计。中国的计算机事业虽然起步较晚，但是经过老一辈科学家的艰苦努力，已经取得了长足的进步，在超级计算机和量子计算机领域已经处于世界领先地位。

项目四 操作组合类型数据

///////// **项目描述** /////////

现实世界中有很多数据是由若干项其他数据组成的，如你所在的班级就是由你和你的同学组成的。像这种由多个数据组成的数据就是组合类型的数据。Python 提供了列表、字典、集合等组合类型用来处理现实世界中的组合类型数据，其中列表、元组是序列类型，字典是映射类型，集合是由多项无序的具有唯一性的数据构成的一种数据类型。这些类型不仅可以存储组合类型的数据值，还提供了丰富的处理这些值的方法，为我们编写程序解决问题提供了非常大的帮助。

///////// **项目目标** /////////

知识目标：
能描述列表、字典和集合的数据特点；
能描述列表、字典和集合的常用操作。

技能目标：
能产生列表、字典和集合的初值；
能对列表、字典和集合进行添加、删除和修改；
能使用列表、字典和集合解决简单问题。

思政目标：
养成精益求精的职业精神。

任务一　处理列表

在现实生活中，经常可以看到由多个项按顺序排列构成的数据，如班级学生名单、超市商品列表、工人工资列表等。多个项按线性顺序构成的数据就称为序列，值可变的序列称为列表（用 [ ] 作定界符），值不变的序列称为元组（用 ( ) 作定界符）。为了处理列表数据，Python 提供了列表类型。列表类型可以方便灵活地将数据保存进去，并且提供了添加、删除、查找、排序、合并等方法，可以高效地对列表中的数据进行操作。

活动一 **产生完全平方数的列表**

【**问题描述**】

请产生一个列表保存 100~400 的完全平方数。完全平方数就是整数的平方，如 100 是整数 10 的平方，所以 100 就是完全平方数。

• 输出结果：

100　121　144　169　196　225　256　289　324　361　400

【**题前思考**】

根据问题描述，填写表 4-1-1。

表 4-1-1　问题分析

问题描述	问题解答
如何判断一个数是不是完全平方数	
如何产生一个完全平方数	
100~400 的完全平方数的平方根在什么范围	

【**解题思路**】

如果依次对 100~400 的数判断其是否为完全平方数，程序会很复杂。但是，我们用两个整数相乘就可以直接得到一个完全平方数。100~400 的完全平方数恰是 10~20 的平方。

【**程序代码**】

```
res=[ ]                           ①
for i in range(10,21):
    res.append(i*i)               ②
for a in res:
    print(f"{a:5d}",end='')       ③
```

【代码分析】

①：res=[ ] 表示产生一个空的列表，用于存放完全平方数，也可以写成 res=list( )。

②：产生 10~20 的整数，将其平方存入列表 res。range(10,21) 表示产生 10~20 的整数，注意要包括左边界，不包括右边界。for i in range(10,21) 表示对区间内的每一个数 i，执行循环体的所有操作，循环体就是 for 下面缩进的语句块。在本程序里面，循环体就只有一条语句 res.append(i*i)，它表示将 i 的平方添加到列表 res 的末尾，如图 4-1-1 和图 4-1-2 所示。

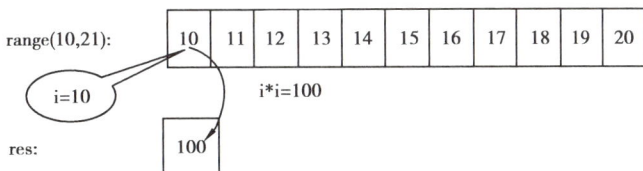

图 4-1-1　将第一个数 10 的平方置于列表 res 末尾

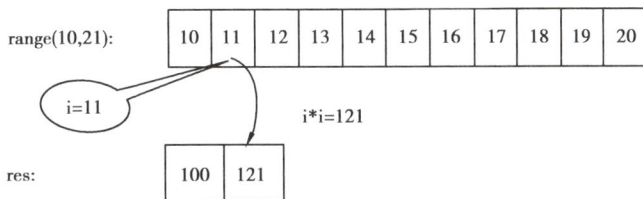

图 4-1-2　将第二个数 11 的平方置于列表 res 末尾

③：按输出要求格式化输出数据。 f"{a:5d}" 表示一个格式字符串，其中 f 就是格式字符串的标志，{} 括起来的内容是需要格式化的数据，{} 以外的内容会被原样输出。: 前的内容为输出的表达式，后面为格式，整数 5 表示数据输出占用的宽度，如果小于实际宽度将以实际宽度输出，如果大于实际宽度将在数据左边填充空格补足 5 个空格。字符 d 表示以十进制整数输出。end=" 表示每次输出以后添加一个空字符串，默认情况下会添加换行符。

【优化提升】

Python 可用列表推导式快速产生一个列表，上例的问题也可以使用如下形式来实现。

res=[i*i for i in range(10,21)]

上式表示对区间 10~20 的每一个数 i，将 i*i 作为项构成一个列表 res。

【技术全貌】

序列包括列表和元组，元组可用的操作一定能用于列表，但可用于列表的操作不一定能用于元组，因为元组中的项不允许修改，所以将这些方法分成两部分，一部分是列表和元组都能使用的不改变序列项的操作，称为通用序列操作，见表 4-1-2；另一部分是仅用于列表的要改变序列项的操作，称为可变列表操作，见表 4-1-3。

表 4-1-2　通用序列操作

语法	解释
x in s	如果 s 中的某项等于 x 则结果为 True，否则为 False
x not in s	如果 s 中的某项等于 x 则结果为 False，否则为 True
s + t	s 与 t 相拼接
s * n 或 n * s	相当于 s 与自身进行 n 次拼接，n 的值为正整数
s[i]	s 的第 i 项，起始为 0，如 s[3] 表示第 4 项
s[i:j]	s 从 i 到 j 的切片，不含右边界
s[i:j:k]	s 从 i 到 j 步长为 k 的切片，不含右边界，s[3:9:2] 包括项 a[3]、a[5] 和 a[7]
len(s)	s 的长度，即序列中项的个数
min(s)	s 的最小项
max(s)	s 的最大项
s.index(x[, i[, j]])	x 在 s 中首次出现项的索引号（索引号在 i 或其后且在 j 之前）
s.count(x)	x 在 s 中出现的总次数

表 4-1-3　可变序列（列表）操作

语法	解释
s[i] = x	将 s 的第 i 项替换为 x
s[i:j] = t	将 s 从 i 到 j 的切片替换为可迭代对象 t 的内容
del s[i:j]	等同于 s[i:j]=[ ]
s[i:j:k] = t	将 s[i:j:k] 的元素替换为 t 的元素
del s[i:j:k]	从列表中移除 s[i:j:k] 的元素
s.append(x)	将 x 添加到序列的末尾（等同于 s[len(s):len(s)]=[x]）
s.clear( )	从 s 中移除所有项（等同于 del s[:]）
s.copy( )	创建 s 的浅拷贝（等同于 s[:]）
s.extend(t) 或 s += t	用 t 的内容扩展 s(基本上等同于 s[len(s):len(s)]=t)
s *= n	使用 s 的内容重复 n 次来对其进行更新
s.insert(i, x)	在由 i 给出的索引位置将 x 插入 s(等同于 s[i:i]=[x])
s.pop([i])	提取在 i 位置上的项，并将其从 s 中移除
s.remove(x)	删除 s 中第一个 s[i] 等于 x 的项目
s.reverse( )	就地将列表中的元素逆序
x in s	如果 x 是 s 的成员则值为 True，否则为 False
x not in s	如果 x 不是 s 的成员则值为 True，否则为 False

一展身手

编写一个程序，给你一个长度超过 1 且已经排好序的列表 a，请你删除重复出现的元素，使每个元素只出现一次。如 a=[3,3,9,12,12,20]，删除重复元素之后 a=[3,9,12,20]。程序流程图如图 4-1-3 所示。

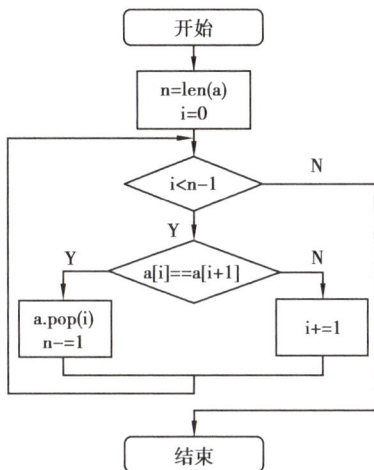

图 4-1-3　程序流程图

活动二　计算列表中的偶数和

【问题描述】

请产生一个列表，保存 0~100 的整数（包含 0 和 100），输出列表的所有偶数和。

• 输出结果：

100 以内的偶数和 =2550

【题前思考】

根据问题描述，填写表 4-1-4。

表 4-1-4　问题分析

问题描述	问题解答
如何判断一个数是偶数	
如何产生 0~100 的整数，其右边界的值应该是多少	
输出的内容中，哪些内容是字符串？哪个内容是变量的值？如何按指定格式要求输出结果	

【解题思路】

计算 0~100 的所有偶数和，首先需要定义一个变量来保存偶数和，其初值需要置为 0；

然后依次判断各个数是否是偶数，如果是偶数，则将其与保存"和"的变量相加；最后再按要求的格式输出结果。

【程序代码】

```
a = [i for i in range(101)]                                    ①
s = 0
for i in a:                                                    ②
    if i % 2 == 0:
        s += i
print(f"100 以内的偶数和 ={s}\n")                               ③
```

【代码分析】

①：产生 0~100 的列表，将其保存在列表 a 中，range(101) 表示列表右边界的范围，但不包含 101。

②：表示对列表 a 中的每一个项 i 执行循环体中的操作。if i % 2 == 0: s += i，判断 i 是否能被 2 整除，如果能被 2 整除，则与 s 相加，最后 s 保存了 0~100 的所有偶数和。

③：按格式输出结果 s，f 表示格式化输出数据，字符串中的内容原样输出，{s} 表示输出变量 s 的值。

【优化提升】

0~100 的最小的偶数是 0，相邻两个偶数之间的大小相差 2，因此可以只产生 0~100 的偶数列表，使用函数 sum() 来计算列表和。有以下几种优化的方法：

（1）sum([i for i in range(101) if i % 2 == 0]) 表示产生 0~100 满足条件 i % 2 == 0 的序列，并用 sum() 函数求和。列表推导的 [ ] 可以改为 ( ) 表示生成器表达式，即不会一次产生所有项，而是读取一项才产生一项。如果将生成器用作函数参数可省略 ( )。上式用生成器可写为 sum(i for i in range(101) if i % 2 == 0)。

（2）sum([2*i for i in range(51)]) 表示产生 0~50 的整数 i，再用 i*2 构成列表，就得到了 100 以内的所有偶数，最后调用 sum() 函数求这些偶数之和。

（3）sum(2*i for i in range(51)) 表示对列表生成器 (2*i for i in range(51)) 求和，列表生成器用作参数时可以省略外面的圆括号。生成器与列表不同的地方在于，生成器不保存项，只在访问到相应的项时才会去计算这个项，而列表会将各个项存放到内存。

（4）sum([i for i in range(0,101,2)]) 或 sum(i for i in range(0,101,2))，range() 函数的第 3 个参数表示步长，即从第一个参数开始，每次加几。在这个例子中步长 2 表示从第一个参数 0 开始每次加 2，就得到了 100 以内的所有偶数。注意：第一个语句是对列表求和，第二个语句是对生成器求和。

一展身手

编写一个程序，计算 100~300（包含 100 和 300）既能被 3 整除又能被 5 整除的各数之和，输出格式为：100~300 既能被 3 整除又能被 5 整除的数字之和为 2 835。程序流程图如图 4-1-4 所示。

活动三　找出回文串

【问题描述】

有字符串列表 ['xyx', 'abc', 'abba', '1123']，输出列表中的所有回文串。回文串就是逆序排列其字符后与原来内容相同的字符串，如 "xyx" 和 "abba" 都是回文串。

• 输出结果：

['xyx', 'abba']

【题前思考】

根据问题描述，填写表 4-1-5。

图 4-1-4　程序流程图

表 4-1-5　问题分析

问题描述	问题解答
什么是回文串？如何判断字符串是回文串？请写出 3 个回文字符串	
如何产生字符串列表	
使用哪个函数将回文串添加到列表中	

【解题思路】

要输出列表中的回文串，首先需要判断每一个字符串是否是回文串，判断回文串的方法就是比较原串和逆序串，在项目三学习了使用字符串切片求逆序串的方法，即 "字符串 [::-1]"。之后再把回文串加入列表 res 中，最后输出结果。

【程序代码】

```
a = ['xyx', 'abc', 'abba', '1123']        ①
res = [ ]                                  ②
for s in a:                                ③
    if s == s[::-1]:
        res.append(s)
print(res)
```

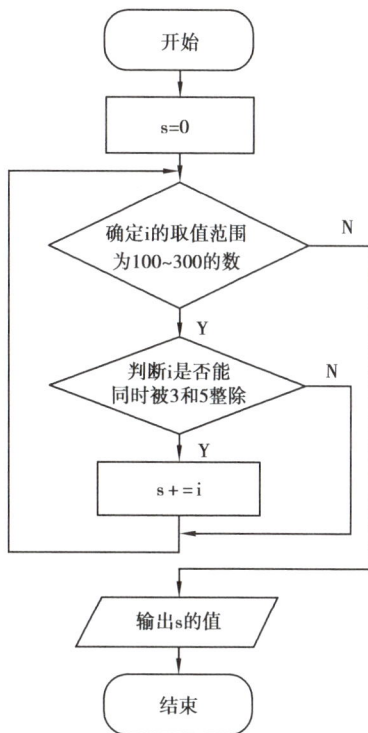

【代码分析】

①：将字符串存入列表 a 中。

②：产生一个空列表 res，用于保存回文串。

③：将列表 a 中的回文串追加到列表 res 中。for s in a：的意思是对列表 a 中的每个项 s 执行循环体中的操作。if s == s[::-1]: res.append(s) 表示如果字符串 s 与 s 的逆序串相等 就将 s 追加到列表 res。一个字符串与其逆序串相等，这个字符串就是回文串。

【优化提升】

要输出列表中的回文串，也可以使用列表推导式，程序代码如下：

print([s for s in ['xyx', 'abc', 'abba', '1123'] if s == s[::-1]])

一展身手

编写一个程序，给定一个正整数列表，输出列表中的回文数。程序流程图如图 4-1-5 所示。

输入：s = [121, 233, 253, 232, 1221, 2332, 13431, 345, 243, 464]

输出：[121, 232, 1221, 2332 13431, 464]

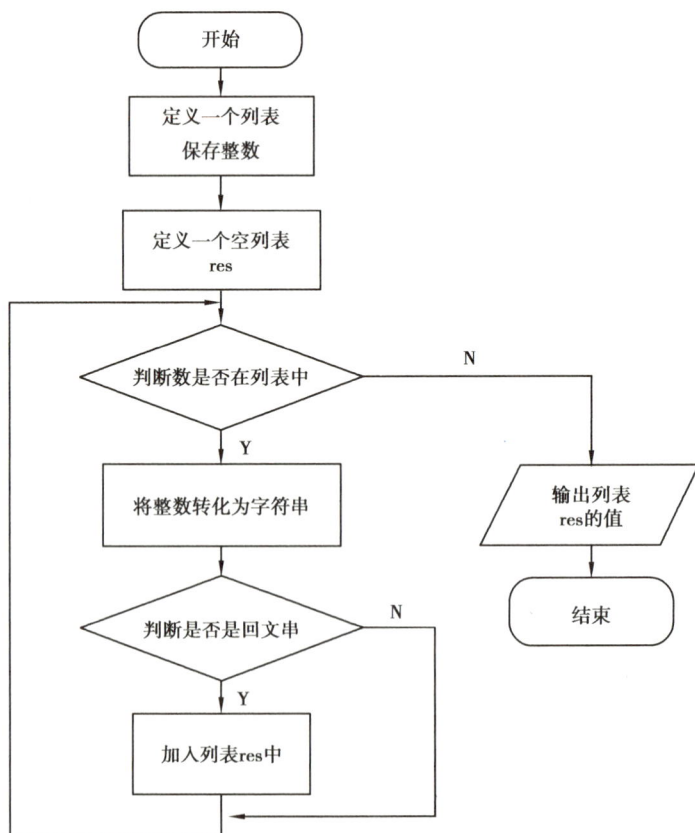

图 4-1-5　程序流程图

任务二　处理字典

字典对象就像现实生活中的词典一样，可以根据一个数据查找到它所对应的信息，如图 4-2-1 所示。用于查找的数据对应词典里面的字，称为键；这个数据对应的信息就像词典里面这个字所在的页码，称为值；键和值组成的数据对就像字典里的索引条目，称为项。字典是由键－值对构成的映射类型的数据，其基本功能就是将键映射到值，即根据键来查找对应的值。

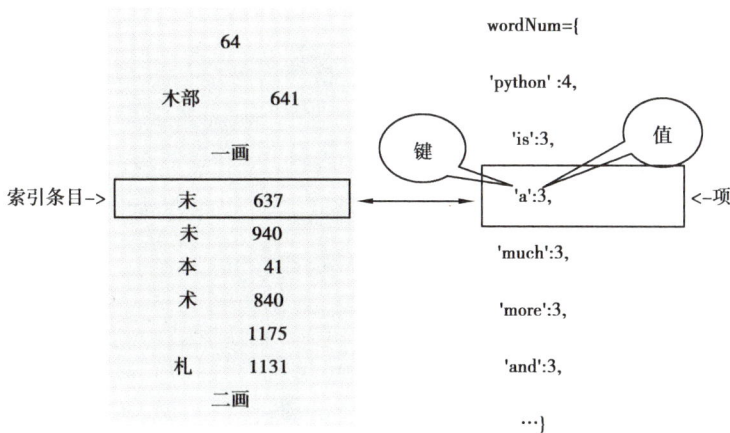

图 4-2-1　词典的索引与 Python 字典

活动一　统计文章中单词出现的次数

【问题描述】

有若干个用空格分隔的英语单词，请你编写程序统计出现次数超过两次的单词及其出现次数。假设单词中只含有大小写英文字母，各单词之间只用若干个空格分隔。

• **输入数据：**

Python is simple to use but it is a real programming language offering much more structure and support for large programs than shell scripts or batch files can offer　On the other hand Python also offers much more error checking than C and being a very high level language it has high　level data types built in such as flexible arrays and dictionaries Because of its more general data types Python is applicable to a much larger problem domain than Awk or even Perl yet many things are at least as easy in Python as in those languages

• **输出结果：**

(python:4),(is:3),(a:3),(much:3),(more:3),(and:3),(than:3),(in:3),(as:3)

【题前思考】

根据问题描述，填写表 4-2-1。

表 4-2-1　问题分析

问题描述	问题解答
如何把字符串切割成单个的单词	
在统计词频时，英文文章中"Python"和"python"都统计为同一词语，该如何处理	
如果用字典来统计单词出现的次数，应该以什么为键，又该以什么为值	

【解题思路】

首先使用字符串的 split( ) 方法将字符串按空格切割构成列表，随后将列表中的单词全部转换为小写。使用字典统计各单词出现的次数，统计的目标是单词，所以以单词为键，以次数为值。对列表中的每一个单词，如果单词在字典中存在，就将字典中记录的单词个数的值加 1；如果不存在，就以这个单词为键添加到字典中，将其值设为 1，表示这个单词出现了 1 次。

【程序代码】

```
text=input(" 请输入一段英文文章 :")
words=[word. lower( )  for word in text.split(' ')]          ①
wordNum={}                                                   ②
for word in words:
    if word in wordNum:                                      ③
        wordNum[word]+=1
    else:
        wordNum[word]=1
res=[f"({word}:{num})"  for word,num in  wordNum.items( ) if len(word)>0 and
num>2]                                                       ④
print(",".join(res))
```

【代码分析】

①：使用列表推导式取得文章中的单词列表。

- text.split( )：用空格切割 text，保留空格间的字符串，连续空格切割出空串。

    ...batch│files│can│offer││On│the│other│hand│Python...

- word：切割得到的列表，每一个元素用变量 word 迭代。

    batch,files,can,offer,,,On,the,other,hand,Python

- word.lower( )：将变量 word 中的每个字母变成小写。

    batch,files,can,offer,,,on,the,other,hand,python

②：定义一个空的字典 wordNum（以单词为键、次数为值）来保存单词出现次数。

③：使用字典统计单词个数。表达式 word in wordNum 成立表示这个单词在字典中存在，那么这个词对应的个数就应该加 1（wordNum[word]+=1）；反之，就应该在字典中为新词创

建一个项目，其键就是这个新单词，值为 1（第 1 次出现这个词）。

④：使用列表推导式产生结果列表。

• wordNum.items( )：将每一个项变成元组，元组的第一个元素是键，第二个元素是值，再组成一个列表。

{ 'python' : 4 , 'is' : 3, 'a' : 3, 'much' : 3, 'more' : 3, 'and' : 3, ...}

[('python', 4) , ('is', 3), ('a', 3), ('much', 3), ('more', 3), ('and', 3), ...]

• for word, num in wordNum.items( ) 将 wordNum.items( ) 列表中的每一个元素拆分成两个变量 word 和 num，如 ('python', 4) 就拆成了 'python', 4 两个变量。

• if len(word)>0 and num>2：筛选长度大于 0 且出现次数大于 2 的元素。

• f"({word}:{num})"：对数据进行格式化，重新构成一个列表，字符串前的 f 表示需要将其中 {} 括起来的表达式转换成字符串。

【优化提升】

字典的用途很广，统计单词个数只是一个小应用，并非其长项。如果仅仅是统计数量，collections 包中的 Counter 类可以提供更为便捷的方法。如果单词已处理好并放到列表 words 中，可以用如下代码实现以上相同功能。

```
from collections import  Counter
print([x for x in Counter(words).items( ) if len(x[0])>0 and x[1]>2])
```

Counter(words).items( ) 会得到一个可迭代的 dict_items 对象，该对象的元素为二元组（键，值），具体到此例就为（单词，数量）。

【技术全貌】

Python 中的字典类型提供了很多存储和操作映射数据的方法，表 4-2-2 中仅列出了其中常见的方法，全部方法及其说明请扫描二维码查阅官网文档。

表 4-2-2　字典方法

语法	解释
d=dict(one=1, two=2, three=3) d=dict(one=1, two=2, three=3) d={'one': 1, 'two': 2, 'three': 3} d=dict(zip(['one', 'two', 'three'], [1, 2, 3])) d=dict([('two', 2), ('one', 1), ('three', 3)]) d=dict({'three': 3, 'one': 1, 'two': 2}) d=dict({'one': 1, 'three': 3}, two=2)	创建字典字 {"one": 1, "two": 2, "three": 3}
d[key]	返回 d 中以 key 为键的项
d[key] = value	将 d[key] 设为 value
del d[key]	将 d[key] 从 d 中移除
key in d	如果 d 中存在键 key 则返回 True，否则返回 False
key not in d	等价于 not key in d

续表

语法	解释
d.items( )	返回由字典项 ((键 , 值) 对) 组成的一个新视图
d.keys( )	返回由字典键组成的一个新视图
d.values( )	返回由字典值组成的一个新视图
d.update([other])	使用来自 other 的键值对更新字典，覆盖原有的键
d | other	合并 d 和 other 中的键和值来创建一个新的字典，两者必须都是字典。当 d 和 other 有相同键时，other 的值优先
d |= other	用 other 的键和值更新字典 d，other 可以是 mapping 或 iterable 的键值对。当 d 和 other 有相同键时，other 的值优先

注：由 dict 对象和 Counter 对象的 keys( ),values( ) 和 items( ) 所返回的对象都是视图对象。该对象提供字典条目的一个动态视图，这意味着当字典改变时，视图也会相应改变。字典视图可以被迭代以产生与其对应的数据 (for ... in)，并支持成员检测 (in 和 not in)。

一展身手

有 4 位候选人，他们的编号依次为 1，2，3，4，现输入选民的投票，以 0 作为结束，统计各候选人的最后票数。选民可能会投出如 5 这样的无效票，需要忽略。请编程实现以上功能。程序流程图如图 4-2-2 所示。

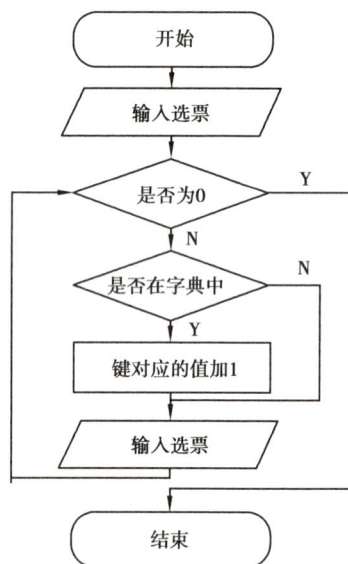

活动二 统计选修课名单

【 问题描述 】

有学生选修课报名列表，值为 [(' 王浩 ',' 手工 '), (' 李斌 ',' 摄影 '), (' 张一山 ',' 手工 '),(' 唐红 ',' 手工 '), (' 陈朋 ',' 广告设计 '), (' 赵明 ',' 摄影 ')]，请编写一个程序统计各选修课的学生名单。

● 输出结果：

选修了 " 手工 " 的同学有：王浩，张一山，唐红

选修了 " 摄影 " 的同学有：李斌，赵明

选修了 " 广告设计 " 的同学有：陈朋

【 题前思考 】

根据问题描述，填写表 4-2-3。

图 4-2-2　程序流程图

表 4-2-3　问题分析

问题描述	问题解答
使用字典来处理选修课名单时，哪一个信息作为字典的键？哪一个信息作为该键对应的值	
一门课程可能会有多个学生选修，那么字典的值应该是一个什么类型的数据	

【解题思路】

我们要统计的对象是课程，因此使用课程名称作为字典的键，而选修了本课程的学生名单作为该键的值。当课程名称在字典中时，将学生姓名追加到该课程对应的学生名单中；如果课程名称没有在字典中，则为该课程创建项，以这个学生构成的列表作为其值。

【程序代码】

```
a = [(' 王浩 ',' 手工 '), (' 李斌 ',' 摄影 '), (' 张一山 ',' 手工 '),
     (' 唐红 ',' 手工 '), (' 陈朋 ',' 广告设计 '), (' 赵明 ',' 摄影 ')]
res = {}                                                    ①
for s in a:
    if s[1] in res:                                         ②
        res[s[1]].append(s[0])
    else:                                                   ③
        res[s[1]] = [s[0]]
for s in res:                                               ④
    print(f' 选修了 "{s}" 的同学有 :{",".join(res[s])}')
```

【代码分析】

①：定义一个空的字典用于保存选修各课程的学生名单。

②：for s in a: 对列表 a 中的每个值执行循环体中的操作。　if s[1] in res: res[s[1]].append(s[0]) 判断 s[1] 中的值（课程名称）是否在字典 res 中，如果在字典中，就将姓名 s[0] 追加到课程名 s[1] 对应的学生名单中。res[s[1]] 表示选修了课程 s[1] 的学生名单，即学生姓名构成的列表。

③：如果课程没有在 res 中，则在字典 res 中为课程 s[1] 新建一个项，同时给出选修这门课的初始学生名单，此时显然只有一个学生 s[0] 选修了这门课，学生名单就表示为 [s[0]]。

④：print(f' 选修了 "{s}" 的同学有 :{",".join(res[s])}') 表示格式化输出数据，res[s] 是选修了课程 s 的学生名单，",".join(res[s]) 表示用 "，" 将学生名单中的姓名连接成一个字符串。

一展身手

编写一个程序，给定一个赎金信 (ransom) 字符串和一个杂志 (magazine) 字符串，判断第一个字符串 ransom 能不能由第二个字符串 magazine 里面的字符构成。如果可以构成，返回 True，否则返回 False。程序流程图如图 4-2-3 所示。

提示：为了不暴露赎金信字迹，要从杂志上搜索各个需要的字母，组成单词来表达意思。杂志字符串中的每个字符只能在赎金信字符串中使用一次。

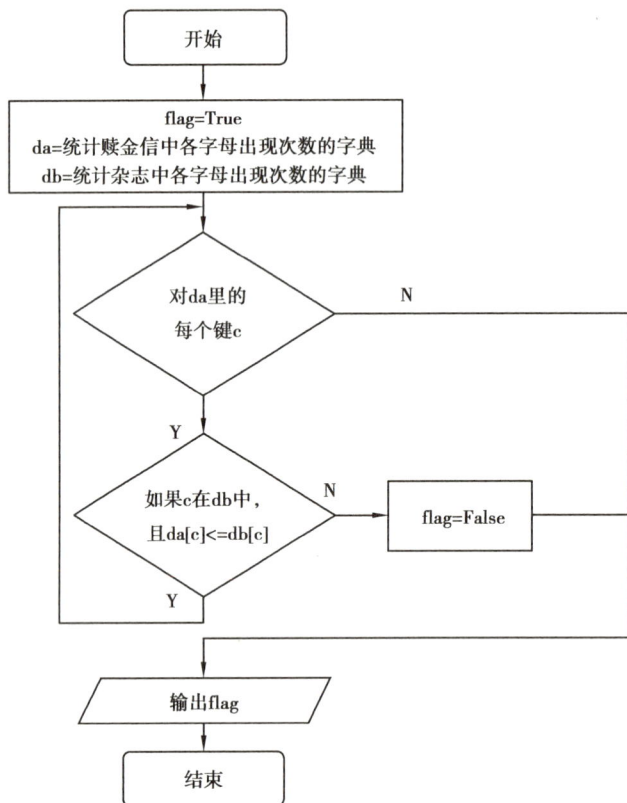

图 4-2-3　程序流程图

活动三　计算两数之和

【问题描述】

给定一个整数列表 a 和目标值 s，请在该列表中找出两数之和为 s 的两个整数，并返回这两个数的下标。

● 输出结果：

(2,1)

(6,4)

(8,4)

【题前思考】

根据问题描述，填写表 4-2-4。

表 4-2-4 问题分析

问题描述	问题解答
用字典记录列表中各项的下标，应该以什么为键，又以什么为值	
知道其中一个加数及和，如何计算另一个加数	
使用什么方法来查找符合要求的两个加数的下标	

【解题思路】

用字典 dic 来存放列表 a 各项的下标，以项为键，以下标为值。对列表中的每一个项 a[i]，求 s 与这个项的差 b，即 b=s−a[i]，然后查找 b 是否在字典中，如果在字典中就表示 a[i]+b==s 符合题目要求，则打印出这两个数的下标 (dic[b] 和 i)，反之以这个项为键、下标为值创建项存入字典 dic。

【程序代码】

```
a = [3, 9, 11, 21, 8, 6, 12, 7, 12, 4]
s = 20
dic = {}                                    ①
for i in range(len(a)):                     ②
    b = s − a[i]                            ③
    if b in dic:                            ④
        print(f"({i},{dic[b]})")
    dic[a[i]] = i                           ⑤
```

【代码分析】

①：定义一个空的字典，存放列表 a 各项与下标的对应关系。

②：len(a) 计算列表 a 的长度，此处 a 的长度为 10。for i in range(len(a))，即对 0 到 9 的每个值 i 执行循环体（不包含 10）。

③：计算与项 a[i] 互补的数，即与 a[i] 之和为 s 的数。

④：a[i] 是列表中的项，字典 dic 的键也是列表中的项，且 a[i]+b 等于 s，此时如果 b 在字典 dic 中，则 a[i] 和 b 满足题目要求，则按格式输出 dic[b] 和 i，即这两个数的下标。

⑤：如果 b 不在字典中，就创建字典项，将 a[i] 与下标 i 的对应关系存到字典 dic 中。

一展身手

编写一个程序，给定两个长度相同的字符串 s 和 t，判断它们是否是同构的。程序流程图如图 4-2-4 所示。

提示：如果 s 中的字符可以按某种映射关系替换得到 t，那么这两个字符串是同构的。

每个出现的字符都应当映射到另一个字符，同时不改变字符的顺序。不同字符不能映射到同一个字符上，相同字符只能映射到同一个字符上，字符可以映射到自己本身。如 s = "egg"，t = "add" 时，s 和 t 就是同构字符串，e 映射为 t，g 映射为 d。再如 s = "foo"，t = "bar" 时，s 和 t 就不是同构字符串，它们的字母间就没有对应关系。

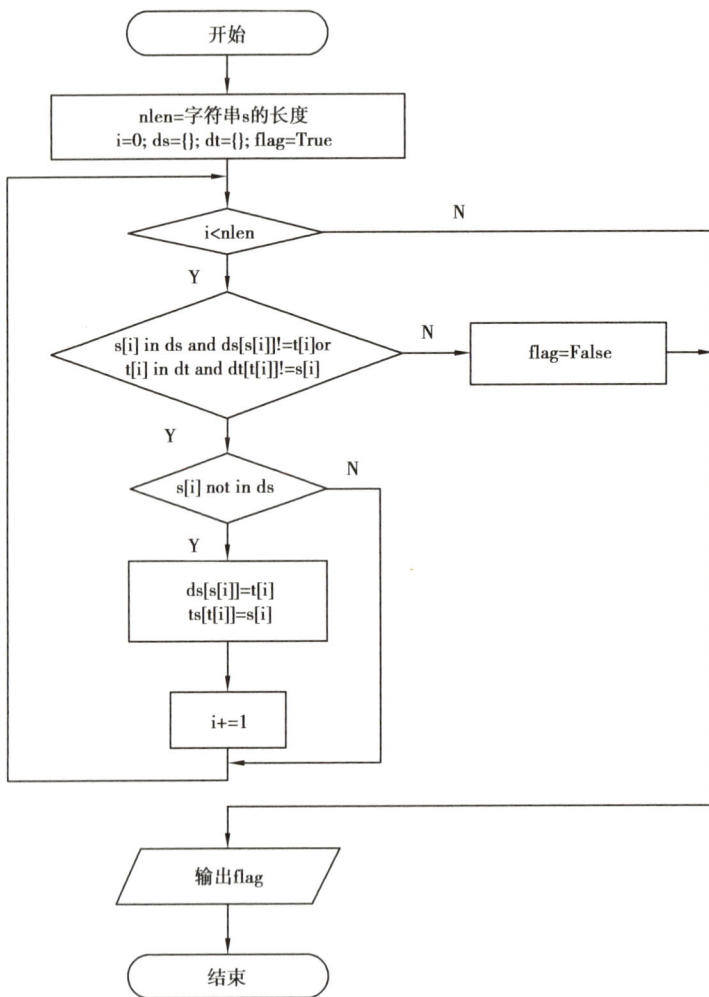

图 4-2-4　程序流程图

任务三 处理集合

Python 中的集合与数学中的集合具有相同的特征，即集合元素互不相同，且无序。集合可以进行元素检测、并、交、补、差等运算。现实生活中有很多信息可以用集合来表示，那么就可以用集合的操作来对这些信息进行处理，得到我们想要的结果。

活动一 转换数组序号

【问题描述】

给你一个整数数组 arr = [37, 12, 28, 9, 100, 56, 80, 5, 12]，请你将数组中的每个元素替换为它们排序后的序号。序号编号的规则如下：

①序号从 1 开始编号。

②一个元素越大，那么序号越大。如果两个元素相等，那么它们的序号相同。

③每个数字的序号都应该尽可能地小。

• 输出结果：

[5,3,4,2,8,6,7,1,3]

【题前思考】

根据问题描述，填写表 4-3-1。

表 4-3-1 问题分析

问题描述	问题解答
怎样去掉列表中的重复项	
怎样给项编号	

【解题思路】

为了能对不同的数进行唯一性编号，需要删除列表中的重复数据后再对数据排序。然后对排好序的列表进行编号得到各数的序号，以数为键，序号为值构建字典。最后对列表中的每一个数从字典中查找其对应的序号。

【程序代码】

```
arr = [37, 12, 28, 9, 100, 56, 80, 5, 12]
s = sorted(list(set(arr)))                          ①
dic = {}
for i, v in enumerate(s, 1):                        ②
    dic[v] = i                                      ③
```

```
res = [ ]
for i in arr:                                                                    ④
    res.append(dic[i])
print(res)
```

【代码分析】

①：将列表 arr 转换为集合，又转换为列表，再进行排序。

● set( ) 函数将列表转换为集合。set(arr) 将列表 arr 转换为集合，因为集合的性质，这个函数会去掉列表中的重复项。在本例中，arr = [37, 12, 28, 9, 100, 56, 80, 5, 12]，执行 set(arr) 后，得到的结果为 {37, 12, 28, 9, 100, 56, 80, 5 }，去掉了重复值 12，集合也用 {} 括起来。

● list( ) 是将集合转换为列表。list(set(arr)) 是将集合 set(arr) 转化为列表，即转化为 [37, 12, 28, 9, 100, 56, 80, 5]。将集合转换为列表的目的是为了排序，因为集合是无序的，不能排序。

● sorted( ) 是对列表进行排序。执行后的列表变为 [5, 9, 12, 28, 37, 56, 80, 100]。

②：对列表 s 中的每个项从 1 开始编号。enumerate( ) 函数用于给列表中的每一个项编号，形成一个新的列表，列表中的每一个项为一个元组 (序号，项)，编号的起始值由函数的第 2 个参数指定，本例中从 1 开始，如果未指定第 2 个参数则默认从 0 开始编号。在这个程序中，enumerate(s, 1) 的结果为 [(1,5),(2,9),(3,12),(4,28),…]，即最小的数为 5，第 2 小的数为 9，以此类推。

③：以项为键，序号为值构成字典 dic，见表 4-3-2。

表 4-3-2　字典 dic 键与值的对应关系

键	5	9	12	28	37	56	80	100
值	1	2	3	4	5	6	7	8

④：表示对 arr 列表中的每一个项查询其序号，将序号追加到列表 res 中，见表 4-3-3。

表 4-3-3　数组元素在字典中的值

列表 arr 中的项	37	12	28	9	100	56	80	5	12
项对应的序号	5	3	4	2	8	6	7	1	3

【优化提升】

使用字典推导式可以直接生成字典。如语句：

```
dic = {}
for i, v in enumerate(s, 1):
    dic[v] = i
```

用字典推导式可以表示为 dic={v:i for i,v in enumerate(s,1)}，最后的结果也可以用列表推导式来实现 res=[dic[i] for i in arr]，在 Python 中使用推导式的速度比循环要快，所以尽量使用推导式。

【技术全貌】

Python 中的集合类型同数学中的集合类似，集合是由不同元素组成的，是一组无序排列的值，可作为字典的 key。表 4-3-4 中仅列出了其中常见的方法，全部方法及其说明请扫描二维码查阅文档。

表 4-3-4　集合方法

语法	解释
g={1,2,3,4,5} fruit = {"apple", "banana", "cherry"}	创建集合 g，集合 g 有 5 个数值型的元素； 创建集合 fruit，集合 fruit 有 3 个字符串类型的元素
set(list[ ])	去掉列表 list 中的重复项，并将其转化为集合
fruit = {"apple", "banana", "cherry"} fruit.add("orange") fruit.update(["orange", "mango", "grapes"])	set.add( )：添加一个元素； update( )：添加多个元素
fruit = {"apple", "banana", "cherry"} print(len(fruit))	len( )：获取集合元素的个数（项数）
fruit = {"apple", "banana", "cherry","orange", "mango"} fruit.pop( ) print(fruit) fruit.remove("cherry") print(fruit) fruit.discard("banana") print(fruit)	remove(elem): 从集合中移除元素 elem，如果 elem 不在集合中则会引发 KeyError； discard(elem): 如果元素 elem 在集合中则将其移除； pop( ): 从集合中移除并返回任意一个元素。如果集合为空则会引发 KeyError。 输出： {'mango', 'apple', 'orange', 'cherry'} {'mango', 'apple', 'orange'} {'mango', 'apple', 'orange'}
fruit = {"apple", "banana", "cherry"} fruit.clear( ) del fruit	clear( )：清空集合中的元素； del: 彻底删除集合
set1 = {"a", "b" , "c"} set2 = {1, 2, 3} set3 = set1.union(set2) set1.update(set2) print(set1) print(set2) print(set3)	union( )：合并两个集合，也可以用运算符 |; update( )：相当于 set1|=set2； 输出： {'a', 1, 2, 'c', 3, 'b'} {1, 2, 3} {'a', 1, 2, 'c', 3, 'b'} 注意：union( ) 和 update( ) 都将排除重复项
set1 = {"a", "b" , "c"} set2 = set1.copy( ) print(set2)	copy( )：返回集合的副本； 输出：{'c', 'a', 'b'}
set1 = {"a", "b" , "c"} set2 = {'a', 'b', 'd'} set3 = set1.difference(set2) print(set3)	difference( )：求差集，返回集合，set1 中的元素在 set2 中的差集，也可以用运算符 – 来表示。 输出：{'c'}

续表

语法	解释
set1 = {"a", "b" , "c"} set2 = {'a', 'b', 'd'} set3 = set1.intersection(set2) print(set3)	intersection( )：返回两个其他集合的交集，也可以用运算符 & 来表示。 输出：{'b', 'a'}
set1 = {"a", "b" , "c"} set2 = {'a', 'b', 'd'} set3 = set1.isdisjoint(set2) print(set3)	isdisjoint( )：返回两个集合是否有交集的判定值，没有交集为真，返回 True；反之，返回 False。 输出：False
x in s	如果 x 是 s 的成员则值为 True，否则为 False
x not in s	如果 x 不是 s 的成员则值为 True，否则为 False

一展身手

编写一个程序，给定一个包含 [0,n] 中 n 个整数的数组 nums ，找出 [0, n] 这个范围内没有出现在数组中的那个数。注意 [0,n] 中一共有 n+1 个整数。程序流程图如图 4-3-1 所示。

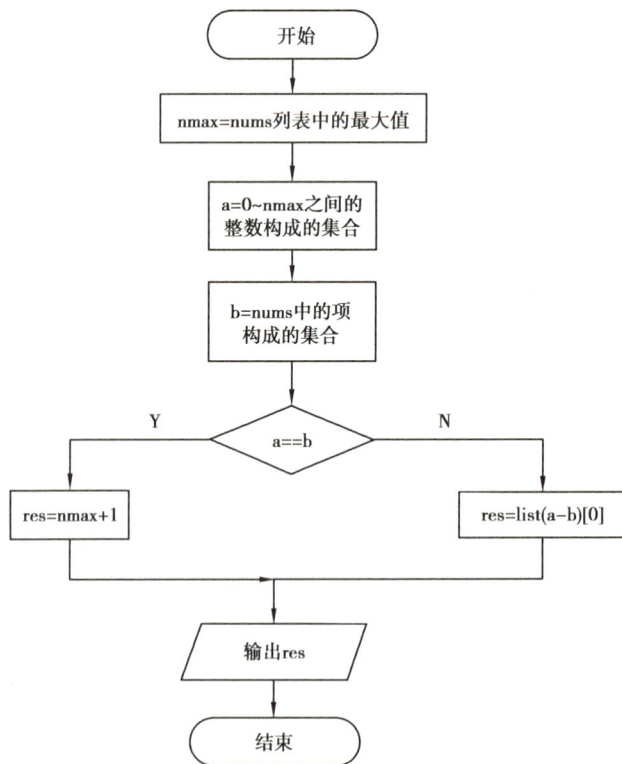

图 4-3-1 程序流程图

| 活动二 | 找出选修了所有课程的学生 |

【问题描述】

现有保存在字典中的选修课名单如下 course = {" 茶艺 ": {' 王朋 ', ' 黄立明 ', ' 任诗诗 '}, " 摄影 ": {' 刘山彬 ', ' 张红 ', ' 李珂 ', ' 黄立明 ', ' 王朋 '}, " 广告设计 ": {' 任诗诗 ', ' 黄立明 ', ' 刘山彬 '}}，假设所有学生姓名都不同，请输出选修了所有选修课的同学名单。

- 输出结果：

{' 黄立明 '}

【题前思考】

根据问题描述，填写表 4-3-5。

表 4-3-5　问题分析

问题描述	问题解答
一门选修课程后有多个学生姓名的信息，你将采用什么方法来保存这些数据	
在课程名称与学生姓名这两项数据中，课程名称是不重复的，你将采用什么方法来保存这些数据	
如果用数学中集合的方法，可以采用什么方法筛选出选修了三门课程的学生名单	

【解题思路】

每一门选修课信息包含课程名称和学生名单两项信息 { 课程：××,××,×× }，可以使用字典来存储选修课信息，字典的键是课程名称，值是学生名单，因为学生姓名不重复，因此可以使用集合来保存选修课的学生名单。选修了所有课程的学生名单，其实就是所有课程选修名单的交集。

【程序代码】

```
course = {" 茶艺 ": {' 王朋 ', ' 黄立明 ', ' 任诗诗 '},
          " 摄影 ": {' 刘山彬 ', ' 张红 ', ' 李珂 ', ' 黄立明 ', ' 王朋 '},
          " 广告设计 ": {' 任诗诗 ', ' 黄立明 ', ' 刘山彬 '}}          ①
res = course['茶艺']                                            ②
for a in course.values():                                      ③
    res&=a                                                     ④
print(res)
```

【代码分析】

①：course 存放的是三门课程的信息，如图 4-3-2 所示。

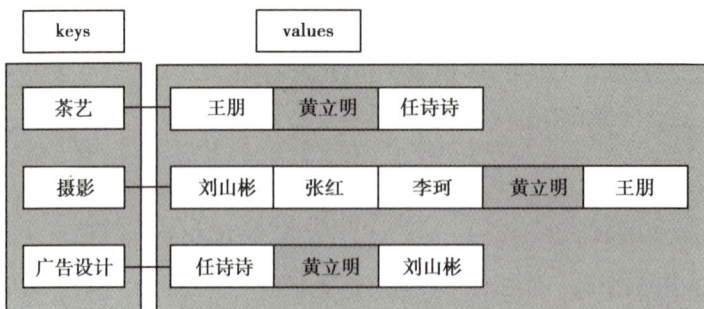

图 4-3-2　course 字典信息

②：将字典的第一个 key（键）的 values（值）加入列表 res 中，即将选择了茶艺的学生名单保存在变量 res 中。其目的是与后面选修了其他课程的学生信息做交运算。

③：对每一个课程的选修课名单执行循环体中的操作。

④：取 res 与 a 的交集作为 res 的值。res 的运算过程见表 4-3-6。

表 4-3-6　res 的运算过程

循环次数	res 的初值	a 的值	交集运算后 res 的值
1	{'王朋','黄立明','任诗诗'}	{'王朋','黄立明','任诗诗'}	{'王朋','黄立明','任诗诗'}
2	{'王朋','黄立明','任诗诗'}	{'刘山彬','张红','李珂','黄立明','王朋'}	{'黄立明','王朋'}
3	{'黄立明','王朋'}	{'任诗诗','黄立明','刘山彬'}	{'黄立明'}

一展身手

产生茶艺、摄影、广告设计三门课程的选修课名单，每一门选修课均有学生名单，输出所有选修了课程的学生名单。请编程实现以上功能。程序流程图如图 4-3-3 所示。

提示：求两个集合的并集的运算符是 |。

项目小结

从本项目的程序中可以看出，选择数据类型的唯一依据就是我们要解决的问题，如果数据是由依次排列的项组成，可以考虑用列表或元组来表示和处理；如果需要根据键来查找数据项，那就选择字典来存储和处理；如果组成数据的项是唯一的，且没有顺序要求，就用集合来表示和处理。至于具体如何表示和处理数据只能通过问题本身来决定，这就需要我们充分认识和分析问题。Python 提供了丰富的处理组合类型数据的方法，熟悉并灵活运用这些方法，可以简化问题的处理。

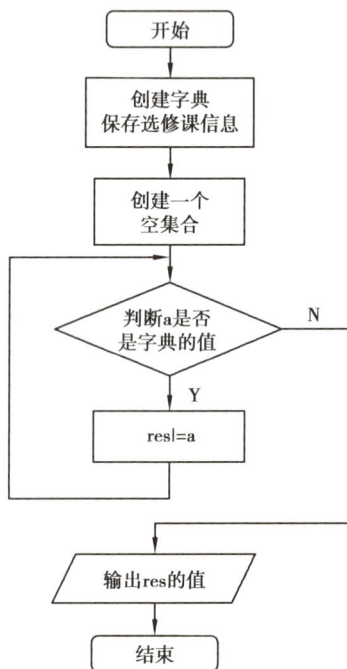

图 4-3-3　程序流程图

自我检测

一、选择题

1. 下列不属于组合数据类型的是（　　　　）。

　　A. 字典　　　　　　　　B. 列表　　　　　　　　C. 整型　　　　　　　　D. 集合

2. 下列列表定义正确的是（　　　　）。

　　A. [ ]　　　　　　　　B. (1,2,3)　　　　　　　C. {1,2,3}　　　　　　　D. <1,2,3>

3. 下列不能产生 10 以内的偶数的表达式是（　　　　）。

　　A. [a for a in range(0,11,2)]　　　　　　B. [a for a in range(11) if a%2==0]

　　C. [a*2 for a in range(6)]　　　　　　　D. [a for a in rane(11)]

4. 下列不正确的字典定义是（　　　　）。

　　A. {'a':1, 'b':2, 'c':3}　　　　　　　　B. {a:a*2 for a in range(6)}

　　C. {('a',1),('b',2),('c',3)}　　　　　　　D. dict(a=1,b=2,c=3)

5. 下列表达式能求出集合 a,b 中共同元素的是（　　　　）。

　　A. a|b　　　　　　B. a&b　　　　　　C. a-b　　　　　　D. a^b

6. 下列表达式能求出集合 a,b 中所有元素的是（　　　　）。

　　A. a|b　　　　　　B. a&b　　　　　　C. a-b　　　　　　D. a^b

7. 执行下列语句后，输出的结果是（　　　　）。

　　a = [1,2,3,4,5]

　　b = [2,3]

　　a.append(b)

　　print(a)

　　A. [1,2,3,4,5]　　　　　　　　　　B. [1, 2, 3, 4, 5, [2, 3]]

　　C. [1, 2, 3, 4, 5, 2, 3]　　　　　　　D. 1, 2, 3, 4, 5, [2, 3]

8. 有 a = 'abcba'，能判断 a 是回文串的语句是（　　　　）。

　　A. if a[::] == a[::1]　　　　　　　　B. if a[::] = a[::-1]

　　C. if a[:] == a[:1]　　　　　　　　　D. if a[:] = a[-1]

9. 执行下列语句后，输出的结果为（　　　　）。

　　dic = {}

　　s =sorted([1,9,4,2,6])

　　for i,j in enumerate(s,0):

　　　　dic[j] = i

　　print(dic[4])

　　A. 2　　　　　　B. 3　　　　　　C. 4　　　　　　D. 6

10. 下列集合表示方法中，正确的是（　　　　）。

　　A. {1,2,3,4}　　B. {1,2,2,3,4,5}　　C. (1,2,3,4)　　D. (1,2,2,3,4)

二、填空题

1. 定义一个列表 a，使其值为 10~100 中 3 的倍数，列表推导式为_____。

2. 如果一个序列中的各个项不允许被修改，则这个数据最好用_____来表示。

3. 字典里的每一条数据称为_____，它是由_____和_____组成。

4. 集合的特点是_____。

5. 求集合 a 与集合 b 的不同元素构成的集合的表达式为_____。

6. 列表 b = [a**3 for a in range(5)]，则执行 print(b) 后的结果为_____。

7. 有以下数据 num = "2021-05-19,23.82,24.13,23.52,23.6,429420.31"，在提取 num 中的各个数据时，需要使用 split( ) 函数对字符串切片，语句为_____。

8. 有语句 dic = {' 茶艺 ':3,' 舞蹈 ':7,' 绘画 ':7}，则 dic.values( ) 的值为_____。

9. 有语句 dic = {' 茶艺 ':3,' 舞蹈 ':7,' 绘画 ':7}，则 dic.keys( ) 的值为_____。

10. 执行以下语句，输出结果是_____。

```
a = {3,4,5}
b = {3,5,6,8}
print(a & b)
```

三、阅读程序，写出程序运行结果

1.
```
num=159
digit = "0123456789ABCDEF"
res=[]
while num:
    res.append(digit[num%16])
    num//=16
print(''.join(reversed(res)))
```

2.
```
s="12#910#21#114#"
dic={}
res=[]
for i in range(10,27):
    dic[str(i)+'#']=chr(96+i)
i=0
n=len(s)
while i<n:
    d=s[i:i+3]
    if d in dic:res.append(dic[d]);i+=3
    else:res.append(chr(96+int(s[i])));i+=1
print(''.join(res))
```

四、编写程序

1. 有一个整数列表 arr=[3,8,7,2,11,5]。编写一个程序，找到所有具有最小绝对差的元素对，并且按升序的顺序返回。

输出：（2,3）

　　　（7,8）

2.编写一个程序，对于一个整数 n，每隔三位添加逗号作为千位分隔符，并将结果以字符串格式返回。

输入：16786235

输出：16,786,235

项目评价

任务	标准	配分 / 分	得分 / 分
处理列表	能描述列表数据存储的特点	10	
	能创建列表，能引用、插入、删除列表项，并使用列表切片	10	
	能使用列表设计算法解决问题	10	
处理字典	能描述字典的构成	10	
	能创建字典，查询和修改键对应的值，遍历键和值	10	
	能使用字典进行统计	10	
	能使用字典设计算法解决问题	10	
处理集合	能描述集合的特点	10	
	能创建集合，对集合进行交、并、差等运算	10	
	能使用集合设计算法解决简单问题	10	
总分		100	

阅读有益

"天问一号"使用我国自研的操作系统

我国首个火星探测器"天问一号"已经在火星成功着陆，并拍摄了第一手的火星地貌高清大图。"天问一号"使用的操作系统是我国自研的，研制该系统的团队，平均年龄不到 30 岁。早在"嫦娥三号"任务中，该团队就加班加点修改了约 12 万行代码，研制出实时响应精度为 8 ms 的操作系统，而一般通用系统的响应精度最多能达到 20~30 ms。

项目五　使用函数实施模块化程序设计

///////// **项目描述** /////////

　　我们在实际生活中，经常会遇到一些重复性的工作，如洗衣服等。有了自动洗衣机，我们只需要点击一下按钮，就能轻松将衣服洗好烘干，大大节省了我们的时间。函数的作用和自动洗衣机的作用是相似的，它就是用来完成一些重复性工作的。在编写程序的过程中，我们可以将某些经常使用的功能，借助函数封装起来，当我们需要使用这些功能的时候，直接运行封装好的函数就可以了。我们用 Python 写一个较大的程序时，通常将各个功能写成函数，再由主函数调用其他函数，其他函数又互相调用，最终实现程序预期的功能。在程序设计中，要善于利用函数，以减少重复编写程序段的工作量。

///////// **项目目标** /////////

知识目标：
能描述定义函数的语法结构；
能描述递归函数的调用过程；
能描述使用函数修饰器的语法格式。

技能目标：
能根据需要正确定义函数；
能使用递归函数解决简单问题；
能定义和使用函数修饰器完成简单操作。

思政目标：
培养协作精神；
建立民族自信。

任务一　自定义函数

在程序设计实践中,你会发现有些代码会反复多次使用,如将数据保存到文件中,我们可以采用复制粘贴的方法把保存数据的代码复制到我们的程序中,但是这样做太耗时了,而且容易出错。于是,在程序设计中就出现了"重用"的概念。定义函数是实现代码"重用"的一种方式,简单地说就是把需要反复使用的代码用程序设计语言要求的格式"封装"起来,并取一个名字,以后使用的时候,直接给出这个名字就可以了,这样就免去了手工复制的麻烦和可能出现的错误。定义函数就是 Python 封装可重用代码的一种方式。

活动一　验证哥德巴赫猜想

【问题描述】

哥德巴赫在 1742 年给欧拉的信中提出了以下猜想:任一大于 2 的偶数都可写成两个素数之和。但是哥德巴赫自己无法证明它,于是就写信请赫赫有名的大数学家欧拉帮忙证明,但是一直到死,欧拉也无法证明。请编写程序验证 1 000 以内的偶数符合哥德巴赫猜想。

- 输出结果:

4=2+2

6=3+3

8=3+5

10=3+7

12=5+7

……

992=73+919

994=3+991

996=5+991

998=7+991

【题前思考】

根据问题描述,填写表 5-1-1。

表 5-1-1　问题分析

问题描述	问题解答
怎样将一个数分成两个数的和	
怎样将一个数分成两个质数之和	
怎样将判断质数的代码定义成函数?又怎么调用这个函数	

【解题思路】

把一个数分成两个数的和可以表示成 x=a+b，x 就是要分解的数，其中 a，b 都是正整数，为了避免重复，规定 a<=b。显然，a=1 时，b=x-1；a=2 时，b=x-2，以此类推就可以得到所有可能的分解式。按题目要求，a 和 b 都是质数就算找到了一个分解，于是，这个问题的关键就是判断 a 和 b 都是质数。这样，在程序中就需要两次用到判断质数的代码，我们可以将判断质数的代码定义成函数，然后在程序中直接调用就可以了。

【程序代码】

```
def prime(n):                              ①
    flag=True
    for j in range(2,n//2+1):
        if n%j==0:flag=False;break
    return flag                            ②
if __name__=="__main__":                   ③
    for a in range(4,1000,2):
     for b in range(2,a//2+1):
        if prime(b) and prime(a-b):        ④
            print(f"{a}={b}+{a-b}")
            break
```

【代码分析】

①：定义名为 prime 的函数用于判断一个数是否为质数，这个函数有一个形参（形式参数的简称）n，表示被判断的数，这行代码用自然语言翻译过来就是"定义函数 prime，判断 n 是否为质数"。定义函数以关键字 def 开始，后面是空格分隔的函数名。函数名后圆括号括起来的是形参列表。形参列表由逗号分隔的若干个形参组成，最后程序行以冒号结束。这一行代码称为函数头，函数头下方缩进的语句就是被封装重用的代码，称为函数体，函数的功能就是由函数体实现的。在本例中函数体的作用就是判断 n 是否为质数。定义函数的语法结构如图 5-1-1 所示。

关键字

冒号

def   函数名（参数列表）：

缩进   函数体

return 表达式

图 5-1-1 定义函数的语法结构

②：表示将变量 flag 的值返回给调用 prime 函数的程序，同时中止 prime 函数的执行。在程序中使用一个函数称为调用，被调用的函数称为被调函数，return 表示返回的意思，就是将被调函数的计算结果传回给调用者，同时中止被调函数的执行。从函数体的代码可以看出，在本例中当 n 的值是质数时返回 True，反之返回 False。

③：表示如果该模块被直接执行，而非用 import 命令导入则执行后面的代码。每个 Python 模块都有 __name__ 属性，表示模块的名称。如果使用 import 命令导入模块，则模

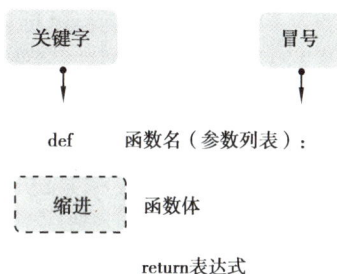

块的名称 (__name__ 属性的值) 为模块所在的文件名；如果模块被直接执行，则模块的名称 (__name__ 属性的值) 就是 "__main__"。在本例中，模块所在的文件名为 "哥德巴赫猜想 .py"，如果在另一个程序中使用命令 "import 哥德巴赫猜想 as module" 导入，则 module.__name__ 的值就为 "哥德巴赫猜想"。如果在终端用命令 "python 哥德巴赫猜想 .py" 直接执行程序，__name__ 的值就是 "__main__"。这就意味着，如果用 import 命令导入这个模块，if __name__=='__main__': 后的代码不会被执行，而在终端直接用命令运行这个模块，if __name__=='__main__': 后的代码会被执行。

④：将 a 分解成两个数：b 和 a-b，很明显 b 与 a-b 的和是 a，此时如果这两个数都是质数就输出这两个数，完成了将 a 分解成两个质数的操作，就不再需要循环 "for b in range(2,a//2+1)"，于是中止它 (break)。表达式 prime(b) and prime(a-b) 用于判断 b 和 a-b 是否都是质数。prime(b) 和 prime(a-b) 称为函数调用，此时参数 b 和 a-b 称为实参 (实际参数的简称)。下面以 a=12,b=3 为例，展示函数调用和返回的过程。

- 将实参的值传递给形参，也就是将 b 的值 3 传递给形参 n，如图 5-1-2 所示。

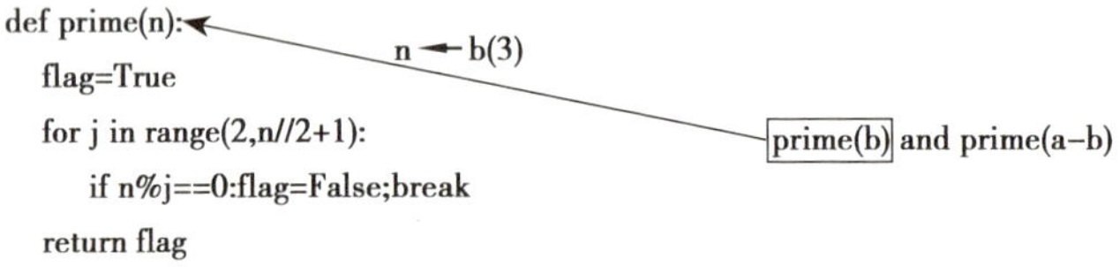

```
def prime(n):
    flag=True
    for j in range(2,n//2+1):
        if n%j==0:flag=False;break
    return flag
```

n ← b(3)

prime(b) and prime(a-b)

图 5-1-2　实参值传递给形参

- 执行函数体中的代码。参数传递，相当于执行前为 n 赋值为 3，如图 5-1-3 所示。

```
n=3#将实参值赋给形参，相当于执行此操作
flag=True
for j in range(2,n //2+1):
    if n%j==0:flag=False;break
return flag
```

图 5-1-3　执行函数体代码

- 将 flag 的值返回给调用者，替换表达式中的函数调用，如图 5-1-4 所示。

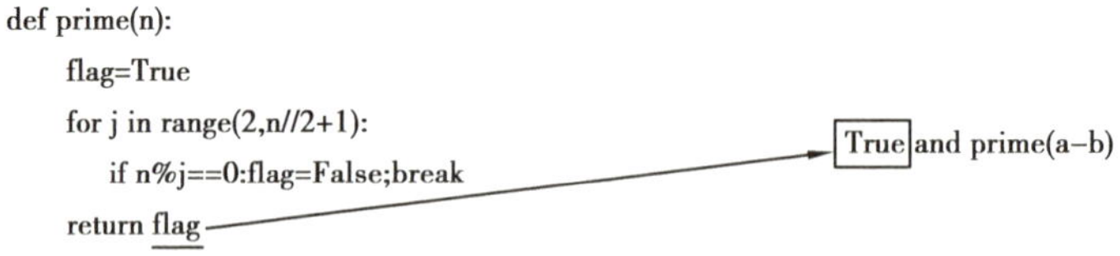

```
def prime(n):
    flag=True
    for j in range(2,n//2+1):
        if n%j==0:flag=False;break
    return flag
```

True and prime(a-b)

图 5-1-4　返回值替换函数调用

- 与 prime(a) 的执行过程一样，prime(a-b) 的值为 False，在两个函数调用结束之后，原表达式 prime(b) and prime(a-b) 变成了 True and False。

【优化提升】

以上代码中,if __name__=="__main__": 后的代码使用了双重循环,为了让代码更好理解,我们可以把内层循环也封装成一个函数 split( ),实现将一个数分解成两个质数的功能，代码

如下：

```
def prime(n):
    flag=True
    for j in range(2,n//2+1):
        if n%j==0:flag=False;break
    return flag
def split(n):
    for a in range(3, n // 2 + 1):
        if prime(a) and prime(n − a):
            return f"{n}={a}+{n − a}"
if __name__=="__main__":
    for a in range(4,1000,2):
        print(split(a))
```

【技术全貌】

在编程时，很多你想要的功能别人早就想到了，而且设计了非常高效的算法，封装成了函数，我们只需要调用这些函数就可以了。表 5-1-2 给出了 Python 中的常用内置函数。如果想要查询 Python 中更多的函数，请扫描二维码，阅读官网文档。

表 5-1-2　内置函数表

语法	解释
abs(x)	返回一个数的绝对值。参数可以是整数、浮点数或任何实现了 __abs__( ) 的对象。如果参数是一个复数，则返回它的模
all(iterable)	如果 iterable 的所有元素均为真值（或可迭代对象为空）则返回 True
any(iterable)	如果 iterable 的任一元素为真值则返回 True。如果可迭代对象为空，返回 False
bin(x)	将一个整数转变为一个前缀为"0b"的二进制字符串。结果是一个合法的 Python 表达式。如果 x 不是 Python 的 int 对象，那它需要定义 __index__( ) 方法返回一个整数
chr(i)	返回 Unicode 码位为整数 i 的字符的字符串格式。例如，chr(97) 返回字符串 'a'，chr(8364) 返回字符串 '€'。这是 ord( ) 的逆函数
divmod(a, b)	它将两个（非复数）数字作为实参，并在执行整数除法时返回一对商和余数。对于混合操作数类型，适用双目算术运算符的规则。对于整数，结果和 (a // b, a % b) 一致。对于浮点数，结果是 (q, a % b)，q 通常是 math.floor(a / b)，但可能会比 1 小。在任何情况下，q * b + a % b 和 a 基本相等；如果 a % b 非零，它的符号和 b 一样，并且 0 <= abs(a % b) < abs(b)
enumerate(iterable, start=0)	返回一个枚举对象。iterable 必须是一个序列，或 iterator，或其他支持迭代的对象。enumerate( ) 返回的迭代器的 __next__( ) 方法返回一个元组，里面包含一个计数值（从 start 开始，默认为 0）和通过迭代 iterable 获得的值

续表

语法	解释
filter(function, iterable)	对 iterable 的每一个项执行 function 函数,如果函数的值为 True,则将这个项加入到 filter( ) 的返回结果中,反之则丢弃这个项
hex(x)	将整数转换为以"0x"为前缀的小写十六进制字符串
isinstance(object, classinfo)	如果参数 object 是参数 classinfo 的实例或者是其(直接、间接或虚拟)子类则返回 True。如果 object 不是给定类型的对象,函数将总是返回 False。如果 classinfo 是类型对象元组(或由其他此类元组递归组成的元组),那么如果 object 是其中任何一个类型的实例就返回 True。如果 classinfo 既不是类型,也不是类型元组或类型元组的元组,则将引发 TypeError 异常
len(s)	返回对象的长度(元素个数)。实参可以是序列(如 string、bytes、tuple、list 或 range 等)或集合(如 dictionary、set 或 frozen set 等)
map(function, iterable, …)	返回一个将 function 应用于 iterable 中每一项并输出其结果的迭代器。如果传入了额外的 iterable 参数,function 必须接受相同个数的实参并被应用于从所有可迭代对象中并行获取的项。当有多个可迭代对象时,最短的可迭代对象耗尽则整个迭代就将结束
max(iterable, *[, key, default]) max(arg1, arg2, *args[, key])	返回可迭代对象中最大的元素,或者返回两个及以上实参中最大的
min(iterable, *[, key, default]) min(arg1, arg2, *args[, key])	返回可迭代对象中最小的元素,或者返回两个及以上实参中最小的
oct(x)	将一个整数转变为一个前缀为"0o"的八进制字符串
ord(c)	对表示单个 Unicode 字符的字符串,返回代表它 Unicode 码点的整数
reversed(seq)	返回一个反向的 iterator
round(number[, ndigits])	返回 number 舍入到小数点后 ndigits 位精度的值
sorted(iterable, *, key=None, reverse=False)	根据 iterable 中的项返回一个新的已排序列表
sum(iterable, /, start=0)	从 start 开始自左向右对 iterable 的项求和并返回总计值
zip(*iterables)	创建一个聚合了来自每个可迭代对象中的元素的迭代器。返回一个元组的迭代器,其中的第 i 个元组包含来自每个参数序列或可迭代对象的第 i 个元素。当所输入可迭代对象中最短的一个被耗尽时,迭代器将停止迭代。当只有一个可迭代对象参数时,它将返回一个单元组的迭代器

一展身手

编写函数 sumf(m) 计算 m 的不含自身的约数之和，然后调用这个函数输出 1 000 以内的所有完全数，即约数之和等于本身的数。程序流程图如图 5-1-5 所示。

活动二 对区间排序

【问题描述】

有区间列表 [(0,5),(-2,7),(3,9),(-5,-1),(12,20)]，每个区间由元组表示，元组的第一个元素表示左边界，第二个元素表示右边界，请编写程序对列表中的区间按左边界升序排序。

· 输出结果：

[(-5, -1), (-2, 7), (0, 5), (3, 9), (12, 20)]

【题前思考】

根据问题描述，填写表 5-1-3。

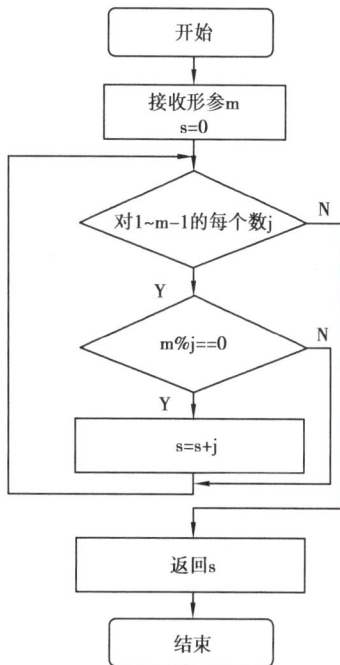

图 5-1-5 程序流程图

表 5-1-3 问题分析

问题描述	问题解答
对列表排序的函数是什么	
怎样按区间的左边界排序	
怎样确定排序的方式	

【解题思路】

Python 的内置函数 sorted( ) 或列表的方法 sort( ) 都可以排序。这两个函数都提供了参数 key 用于指定排序的依据，key 是一个函数，作用是从被排序数据中获得基本类型的数据用于排序。在这个问题中，被排序的数据是用元组表示的区间，所以需要定义一个函数 getleft( )，从元组中取得表示左边界的数据，然后根据 getleft( ) 函数返回数据排序。参数 reverse=False 表示升序，反之表示降序，默认值为 False。

【程序代码】

```
def getleft(a):
    return a[0]                                    ①
if __name__=='__main__':
    a=[(0,5),(-2,7),(3,9),(-5,-1),(12,20)]
    a.sort(key=getleft)                           ②
```

　　print(a)

【代码分析】

　　①：函数 getleft( ) 的作用就是返回参数（表示区间的元组）的第 1 个元素，所以函数体只有一条语句 return a[0]。

　　②：将 getleft 传递给参数 key，调用列表 a 的 sort 方法为列表排序。排序的基本操作就是对列表中的元素进行比较和移动。比较的时候，该方法内部会调用 key( ) 函数（此例中 key 被赋值为 getleft( ) 从被排序数据中取得基本类型的数据进行比较，此例就是用区间的左边界进行排序。

【优化提升】

　　上例中的函数非常简单，仅返回一个值，为了简化程序，Python 中引入了 lambda 表达式来表示这种简单函数。如上例中的函数 getleft( ) 就可以表示为 getleft=lambda a：a[0]。冒号前是参数，冒号后是返回值。用 lambda 表达式重写区间排序的程序如下：

　　print(sorted([(0,5),(-2,7),(3,9),(-5,-1),(12,20)],key=lambda x：x[0]))

一展身手

　　有三维空间的若干个点构成的列表 [(3,8,2),(-2,9,8),(7,-1,3),(9,0,12),(-9,-3,0),(11,-2,3),(-1,-2,-3),(11,8,-9)]，请根据这些点到原点的距离给这些点进行降序排序。原点 (x,y,z) 到原点的距离 $=\sqrt{x*x+y*y+z*z}$。请按以下两种方式编写程序：

　　（1）定义函数 dist(point)，求点 point 到原点的距离。

　　（2）用 lambda 函数计算点到原点的距离。

活动三　使用二分法求方程的根

【问题描述】

　　编写程序求方程 $\dfrac{1}{(1+x)^5}+\dfrac{1}{(1+x)^4}+\dfrac{1}{(1+x)^3}+\dfrac{1}{(1+x)^2}+\dfrac{1}{(1+x)^1}-3.5=0$ 在区间 [0.1,

0.2] 的根。函数 $y=\dfrac{1}{(1+x)^5}+\dfrac{1}{(1+x)^4}+\dfrac{1}{(1+x)^3}+\dfrac{1}{(1+x)^2}+\dfrac{1}{(1+x)^1}-3.5$ 的图像如图 5-1-6

所示。方程的根在函数图像中就是曲线与 *x* 轴交点的 *x* 坐标。

　　• 输出结果：

0.13201588341034948

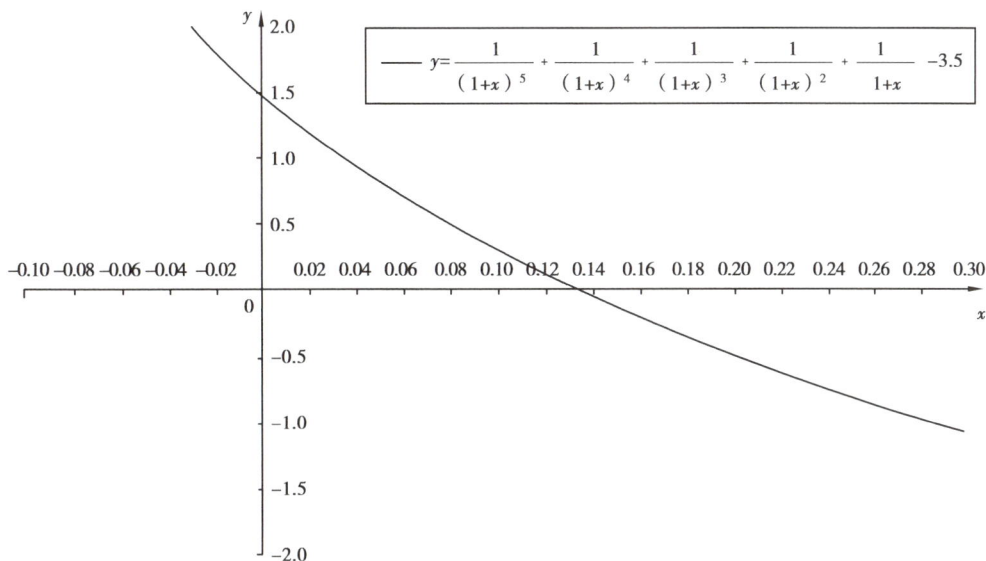

$$y= \frac{1}{(1+x)^5} + \frac{1}{(1+x)^4} + \frac{1}{(1+x)^3} + \frac{1}{(1+x)^2} + \frac{1}{1+x} -3.5$$

图 5-1-6　函数图像

【题前思考】

根据问题描述，填写表 5-1-4。

表 5-1-4　问题分析

问题描述	问题解答
什么是方程的根	
怎样判断一个数是否是方程的根	

【解题思路】

将 x 的值代入方程，使等式成立，则 x 就是方程的根。求方程的根的方法就是将可能的数逐个代入，等式成立就是它的根。但是，实数是无穷的，逐个试是没有办法找出根的。

但是，从函数图像可以看出，在区间 [0.1，0.2] 上的函数是减函数，即它的值随着 x 的增加不断变小，重要的是区间两个端点的函数值是异号的（即一正一负，分别处于 x 轴的上方和下方）。为了便于表述，用 l 表示区间的左边界，意为 left（左边），用 r 表示区间的右边界，意为 right（右边），用 m 表示区间的中点，意为 middle（中间）。我们可以求出区间的中点 m，将区间分成两个小区间（见图 5-1-7），两个小区间中，必定有一个小区间的两个端点上的函数值也是异号的，根就在这个小区间上。本例中左侧小区间两个端点的函数值就是异号的，分别处于 x 轴的上方和下方。

将这个小区间再分成两个小区间。本例中，就是求出左侧小区间的中点，将其分成两个更小的区间，如图 5-1-8 所示。

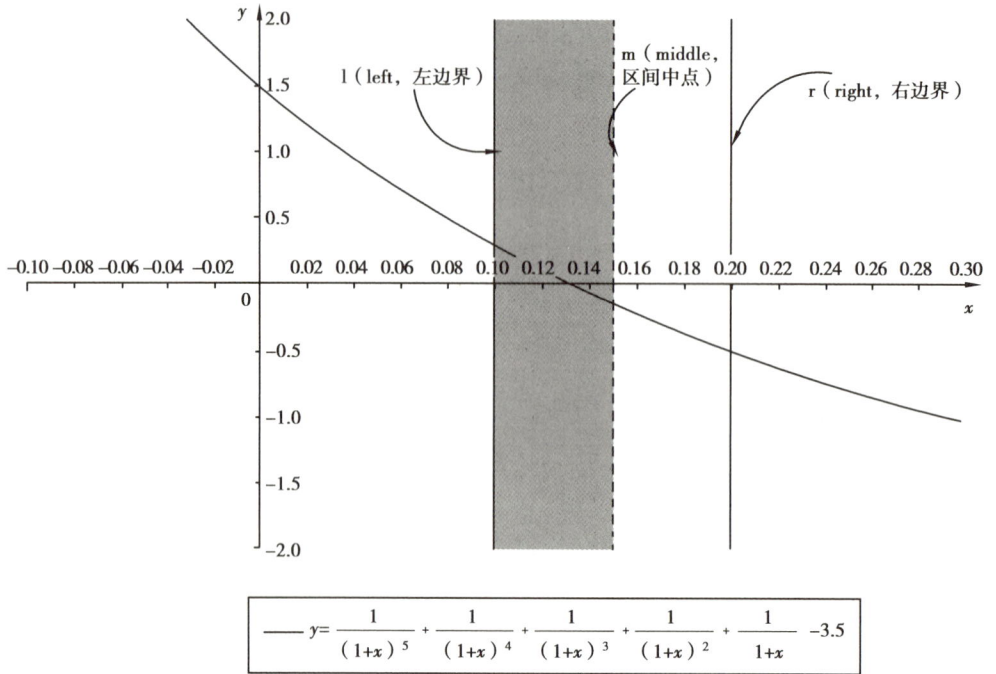

$$— \quad y = \frac{1}{(1+x)^5} + \frac{1}{(1+x)^4} + \frac{1}{(1+x)^3} + \frac{1}{(1+x)^2} + \frac{1}{1+x} \quad -3.5$$

图 5-1-7　第 1 次划分中点

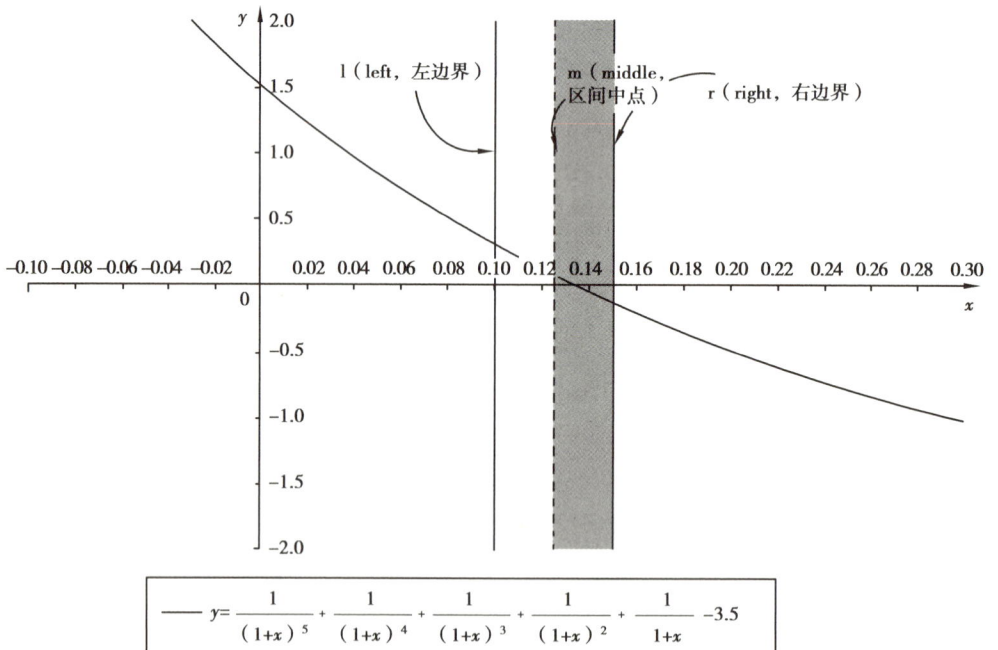

$$— \quad y = \frac{1}{(1+x)^5} + \frac{1}{(1+x)^4} + \frac{1}{(1+x)^3} + \frac{1}{(1+x)^2} + \frac{1}{1+x} \quad -3.5$$

图 5-1-8　第 2 次划分中点

　　从以上两幅图可以看出，区间的宽度变小了一半，而且会越来越小。重复以上的操作，直到小区间的宽度非常小，则我们就可以用这个小区间的中点近似表示方程的根，这就是二分法。

【程序代码】

```
def binsearch(f,l,r):                                          ①
    m=(l+r)/2                                                  ②
    while r-l>1e-10:                                           ③
        if f(l)*f(m)>0:l=m                                     ④
        else:r=m
        m=(l+r)/2                                              ⑤
    return m
def f(x):
    return (1+x)**-5+(1+x)**-4+(1+x)**-3+(1+x)**-2+(1+x)**-1-3.5
if __name__=='__main__':
    print(binsearch(f,0.1,0.2))                                ⑥
```

【代码分析】

①：定义函数 binsearch( ) 用于求方程的根，参数 f 是表示方程的函数，l 是根所在区间的左边界，r 是根所在区间的右边界。为了让这个函数能求所有方程的根，将方程本身定义为一个参数，这样这个函数就更具重用性。这是一个典型的以函数为参数的例子。

②：求左边界 l 和右边界 r 的中点 m。

③：r-l>1e-10 表示两个根的距离超过 10^{-10} 就继续求解。因为根就在两个边界之间，所以两个边界的距离越小，根的精度就越高，本例中的精度为 10^{-10}，即真实根与程序求出的根的误差不超过 10^{-10}，小数前 10 位都是准确的。

④：用来选择下一个小区间。如果 f(l)*f(m)>0 成立，则 f(l) 和 f(m) 同号，说明左边小区间没有根，那么根必然在右边的小区间，所以，以 m 为左边界 (l=m) 构造下一个小区间。如果 f(l)*f(m)>0 不成立，则 f(l) 和 f(m) 异号，说明根就在左侧小区间，于是，将 m 作为右边界 (r=m) 构造下一个小区间。

⑤：重新计算区间的中点。因为区间的左、右边界发生变化了，所以需要重新计算区间的中点。

⑥：binsearch(f,0.1,0.2) 表示调用函数求方程的根。方程就是函数 f，根的区间为 [0.1,0.2]，左边界为 0.1，右边界为 0.2。

一展身手

不调用系统函数，编写程序求一个实数 a 的平方根。提示：求实数 a 的平方根相当于求方程 $x^2-a=0$ 的根。

任务二　使用局部函数和递归函数

在实际的软件开发过程中，有些函数只在一个函数内反复使用，为了避免被其他函数误用，将这种函数定义在使用它的函数中。这种定义在另一个函数里面的函数称为局部函数，它的作用域仅在定义它的函数内，其他函数无法调用。还有一种函数，在函数体中调用了它自己，这种调用了自己的函数称为递归函数。递归函数的优点是简单易懂，缺点是占用资源多，运行速度慢。

活动一　求相亲数

【问题描述】

如果有两个正整数 a 和 b，a 的所有除本身以外的因数之和等于 b，b 的所有除本身以外的因数之和等于 a，则称 a,b 是一对相亲数。请输出 10 000 以内的相亲数对。

• 输出结果：

[(284, 220), (1210, 1184), (2924, 2620), (5564, 5020), (6368, 6232)]

【题前思考】

根据问题描述，填写表 5-2-1。

表 5-2-1　问题分析

问题描述	问题解答
判断相亲数的关键操作是什么	
两个数如果是相亲数，它们的约数之和有什么关系	

【解题思路】

从问题描述来看，判断两个数是否是相亲数，主要操作就是分别求它们的约数之和。为避免重复计算，用一个列表 sf 来表示约数之和。为了表示上的方便，约定整数 i 的约数之和保存在 a[i] 中。这样规定之后，相亲数的表示就比较方便了。只要 i==a[a[i]]，那么 i 和 a[i] 就是一对相亲数。

【程序代码】

```
def amicable(n):                                                    ①
    def sumfactor(m):
        return sum(j for j in range(1,m) if m%j==0)                 ②
    a=[sumfactor(x) if x>1 else x for x in range(n+1)]              ③
    return [(i,a[i]) for i in range(2,n+1) if a[i]<i and i==a[a[i]]] ④
if __name__ == '__main__':
```

```
print(amicable(1000))
```

【代码分析】

①：定义局部函数 sumfactor(m) 用于求 m 的约数之和。因为它定义在函数 amicable(n) 内部，所以只有在 amicable(n) 内才能调用这个函数。

②：sum(j for j in range(1,m) if m%j==0) 使用生成器求 m 的约数之和。如果表达式 j for j in range(1,m) if m%j==0 用 [ ] 括起来，它就是列表推导式，表达式会一次性产生所有值作为列表的项保存到内存中。像本例中的这种用法，用 ( ) 括起来或者不用 ( ) 括起来，它就是生成器，生成器与列表推导式的最大区别是它不会把项一次性产生出来，而是取一个生成一个，它比列表推导式更省内存。

③：使用列表推导式产生各个数的约数之和，保存规则就是将 i 的约数之和保存到 a[i] 中。sumfactor(x) if x>1 else x 表示 0 的约数之和为 0，1 的约数之和为 1，其他数的约数之和用局部函数 sumfactor(x) 求取。

④：[(i,a[i]) for i in range(2,n+1) if a[i]<i and i==a[a[i]]] 使用列表推导式筛选相亲数对。if a[i]<i and i==a[a[i]] 中，a[i]<i 既可以防止 a[a[i]] 越界，又可以防止重复输出和输出完全数，i==a[a[i]] 是判断相亲数的条件。

【优化提升】

上例中给出的程序虽然简单，但是在求约数和时速度比较慢，而且求约数和还是关键代码，运行次数非常多。所以，要提高整个程序的运行速度，关键在于提高求约数和的速度。

我们经过观察会发现，如果 j 是 m 的约数，那么 m//j 肯定也是 m 的约数，因为此时 j*m//j==m。采用这个方法，可以减少一半的判断。为了避免重复要求 j<= $\sqrt{m}$，此外还需要考虑完全平方数的问题。优化后的代码如下：

```
import math
def sumfactor(m):
    root=int(math.sqrt(m))
    s=1
    for j in range(2,root+1):
        if m%j==0:
            s+=j+m//j
    return s if root*root!=m else s-root
```

表达式 s if root*root!=m else s-root 表示对完全平方数要减去一个平方根，这是因为当 m 是完全平方数且 j==root 的时候，j 和 m//j 值相同，平方根被多加了一次。

一展身手

编写一个程序，采用局部函数的方法，将一个偶数分解成两个质数之和。

活动二 爬楼梯

【问题描述】

假设你正在爬楼梯，需要爬 n 级楼梯才能到达楼顶。每次你可以爬一或两级楼梯。你有多少种不同的方法可以爬到楼顶呢？

- 输入数据：

请输入楼梯的级数 :5

- 输出结果：

爬 5 级楼梯一共有 8 种不同的爬法

【题前思考】

根据问题描述，填写表 5-2-2。

表 5-2-2　问题分析

问题描述	问题解答
只有一级楼梯有几种方案？只有两级楼梯有几种方案	
第一次爬有几种不同的方案	
第一次爬完之后，不同方案下还剩多少级楼梯	

【解题思路】

很显然爬一级楼梯只有一种方案，爬两级楼梯有两种方案（一次爬一级和一次爬两级）。下面分析楼梯数量超过两级的情况。

- 3 级楼梯

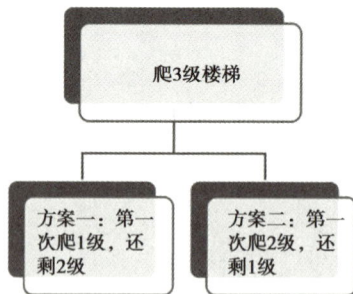

图 5-2-1　爬 3 级楼梯的方案

从图 5-2-1 可知，爬 3 级楼梯的方法数 = 爬 2 级的方法数 + 爬 1 级的方法数 =2+1=3 种方法。

• 4 级楼梯

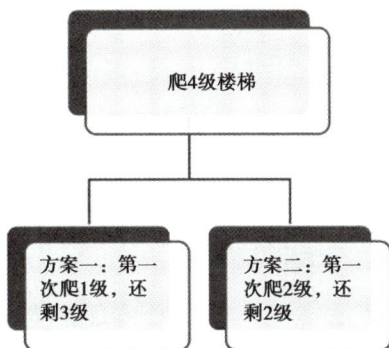

图 5-2-2　爬 4 级楼梯的方案

从图 5-2-2 可知，爬 4 级楼梯的方法数 = 爬 3 级的方法数 + 爬 2 级的方法数 =3+2=5 种方法。以此类推，我们可以得到爬 n 级楼梯的方法数。

• n 级楼梯

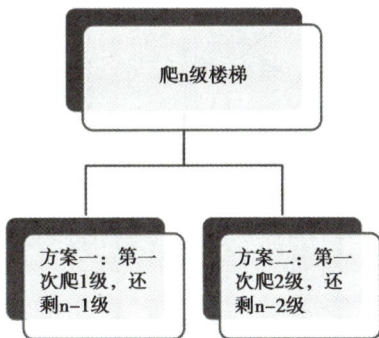

图 5-2-3　爬 n 级楼梯的方案

从图 5-2-3 可知，爬 n 级楼梯的方法数 = 爬 n-1 级的方法数 + 爬 n-2 级的方法数。前面的分析已经算到了 n=4，那么当 n=5、n=6、n=7，以至对于任意 n 我们都可以用这个方法推算出来。

如果用 stair(n) 表示爬 n 级楼梯的方法数，则可以用数学公式代表刚才的推导过程：

$$stair(n)=\begin{cases}1 & n=1 \\ 2 & n=2 \\ stair(n-1)+stair(n-2) & n>2\end{cases}$$

【程序代码】

```
def stair(n):                                    ①
    if n==1 or n==2:return n                      ②
    return stair(n-1)+stair(n-2)                  ③
if __name__=='__main__':
```

　　n=input(' 请输入楼梯的级数 :')

　　print(f' 爬 {n} 级楼梯一共有 {stair(int(n))} 种不同的爬法 ')

【代码分析】

①：定义函数 stair(n) 计算爬 n 级楼梯的方法数。

②：当 n=1，即只有一级楼梯时，方法数为 1，当 n=2，即只有两级楼梯时，方法数为 2。

③：对于 n>2 的情况，我们无法直接计算出结果，还要继续调用函数 stair(n-1) 和 stair(n-2)，然后求它们的和才能算出爬 n 级楼梯的方法数。函数体中采用了递归调用。第②步中能得到明确函数值的部分称为尾递归。一个递归函数必须要有尾递归才能正确工作，否则就会陷入死循环。图 5-2-4 以 n=5 为例展示递归调用过程中数据传递的过程。

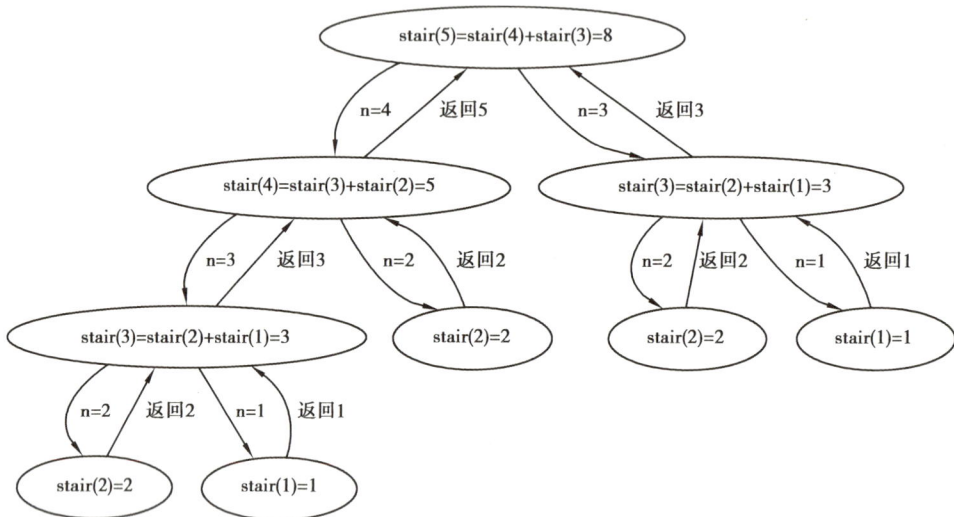

图 5-2-4　爬 5 级楼梯函数递归调用过程

一展身手

编写一个程序，定义递归函数 SumDigit(n) 求一个正整数 n 的各位数字之和。提示：求和公式为：

$$SumDigit(n)=\begin{cases} n & n<10 \\ SumDigit(n//10)+n\%10 & n\geq 10 \end{cases}$$

任务三 使用函数修饰器

在程序设计过程中，我们经常需要多个函数执行同一个操作，如检测运行速度、检查参数类型、检查返回值的范围等。如果我们对相应的函数进行逐一的修改，将是一个浩大的工程。而且，要求可能随时变化，甚至又不需要这项操作了，那又该怎么办？Python 的函数修饰器很好地解决了这一问题。函数修饰器其实就是对原函数进行一次包装，可以在调用这个函数之前做一些前置工作，也可以在函数调用后做一些善后工作，而且其语法也非常简单，使用很方便。

活动一 输出函数调用信息

【问题描述】

请设计一个函数修饰器，使之能输出函数的调用信息，包括函数名、参数值和返回值。

• 输出结果：

multiply(4,b=7) 返回值 :28

备注：multiply 是函数名，第 1 个参数值为 4，第 2 个参数名为 b，值为 7，函数的返回值为 28。

【题前思考】

根据问题描述，填写表 5-3-1。

表 5-3-1 问题分析

问题描述	问题解答
怎样取得函数名	
如何取得函数的参数名和参数值	
上述操作如何用代码表示	

【解题思路】

假设函数名为 fun，则其属性 __name__ 就可以取得与函数名相同的字符串"fun"。函数的参数分为位置参数和关键字参数两种，函数调用中写了参数名的就是关键字参数，没有写参数名的就是位置参数，如 multiply(4,b=7) 中 4 就是位置参数，b=7 就是关键字参数。Python 中所有位置参数可以形成一个列表，所有关键字参数可以构成一个字典，所以不管函数的参数是什么都可以归结为两个参数，一个列表和一个字典。可以定义一个包装函数以目标函数 fun 为参数，在这个函数里面取得相关信息输出之后，再调用目标函数 fun。这个包装函数就是函数修饰器。

【程序代码】

```
def funinfo(fun):                                                    ①
    def wrapper(*args,**kargs):                                      ②
        alist=[ ]
        for a in args:
            alist.append(str(a))                                    ③
        for k,a in kargs.items( ):
            alist.append(str(k)+'='+str(a))                         ④
        r=fun(*args,**kargs)                                        ⑤
        print(fun.__name__+"("+','.join(alist)+")"+' 返回值 :'+str(r))
        return r                                                    ⑥
    wrapper.__name__=fun.__name__                                   ⑦
    wrapper.__doc__=fun.__doc__                                     ⑧
    return wrapper                                                  ⑨
@funinfo                                                            ⑩
def multiply(a,b=5):
    return a*b
if __name__=='__main__':
    print(multiply(4,b=7))
```

【代码分析】

①：定义函数 funinfo(fun) 用来产生并返回函数 fun 的包装器函数 wrapper。函数名 funinfo 就是函数装饰器的名称。

②：定义函数 wrapper(*args,**kargs) 用于包装函数 fun。参数 *args 表示用形参中的所有位置参数构成一个列表，列表名为 args。**kargs 表示用形参中的所有关键字参数构成一个字典，字典名为 kargs。

③：将所有位置参数追加到列表 alist 后面。

④：将所有关键字参数追加到列表 alist 后面。

⑤：调用目标函数 fun，将返回值保存到变量 r。这是包装器函数必须要完成的工作，不然就与目标函数没有关系了。如果需要对参数进行一些前置处理就可以放到调用目标函数以前，如本例中的获取参数信息。如果要对函数进行一些善后处理，如检查返回值的范围，就可以在调用后进行。

⑥：包装器函数 wrapper 将目标函数的返回值 r 返回给调用者。返回的值可以是目标函数返回的值，也可以是处理之后的值，这由程序设计需要决定。

⑦⑧：将目标函数的 __name__ 属性和 __doc__ 属性复制到包装函数 wrapper，这样包装函数 wrapper 就完全变成了目标函数 fun。

⑨：返回包装器函数作为目标函数 fun 的替代品。以后对目标函数 fun 的调用其实会变成对包装器函数的调用。

⑩：对函数 fun 应用函数修饰器 funinfo。

```
@funinfo
def multiply(a,b=5):
    return a*b
```

以上代码等价于以下代码：

```
def multiply(a,b=5):
    return a*b
multiply= funinfo(multiply)
```

调用 funinfo(multiply) 后，它会返回包装器函数 wrapper，并赋值给变量 multiply，而函数 multiply 的"真身"也会存放到包装器 wrapper 中，以后对函数 multiply 的调用就变成了对 wrapper 的调用，而 wrapper 函数会在调用函数返回结果之前输出函数的调用信息。

【优化提升】

在上例中使用了 wrapper.__name__=fun.__name__ 和 wrapper.__doc__=fun.__doc__ 来保存目标函数 fun 的部分信息，在内置模块 functools 中提供了一个函数修饰器 wraps 用来保存更多目标函数的信息。修改之后的代码如下：

```
from functools import wraps
def funinfo(fun):
    @wraps(fun)
    def wrapper(*args,**kargs):
        alist=[ ]
        for a in args:
            alist.append(str(a))
        for k,a in kargs.items( ):
            alist.append(str(k)+'='+str(a))
        r=fun(*args,**kargs)
        print(fun.__name__+"("+','.join(alist)+")"+' 返回值 :'+str(r))
        return r
    return wrapper
```

使用了 functools 修饰后，我们可以从包装器函数 wrapper 中获得更多关于目标函数 fun 的信息。

【技术全貌】

除了提供 wraps 函数修饰器外，functools 模块还提供了很多有用的功能帮助我们高效使用函数，部分函数见表 5-3-2。

表 5-3-2　functools 模块函数

语法	解释
@functools. cache(user_function)	简单轻量级未绑定函数缓存

functools 模块

续表

语法	解释
@functools.lru_cache(user_function) @functools.lru_cache(maxsize=128, typed=False)	一个为函数提供缓存功能的装饰器，缓存 maxsize 组传入参数，在下次以相同参数调用时直接返回上一次的结果。用以节约高开销或 I/O 函数的调用时间
functools.partial(func, /, *args, **keywords)	返回一个新的部分对象，当被调用时其行为类似于 func 附带位置参数 args 和关键字参数 keywords 被调用。如果为调用提供了更多的参数，它们会被附加到 args。如果提供了额外的关键字参数，它们会扩展并重载 keywords
functools.reduce(function, iterable[, initializer])	将两个参数的 function 从左至右积累地应用到 iterable 的条目，以便将该可迭代对象缩减为单一的值。例如，reduce(lambda x, y: x+y, [1, 2, 3, 4, 5]) 是计算 ((((1+2)+3)+4)+5) 的值。左边的参数 x 是积累值而右边的参数 y 则是来自 iterable 的更新值。如果存在可选项 initializer，它会被放在参与计算的可迭代对象的条目之前，并在可迭代对象为空时作为默认值。如果没有给出 initializer 并且 iterable 仅包含一个条目，则将返回第一项
@functools.wraps(wrapped, assigned=WRAPPER_ASSIGNMENTS, updated=WRAPPER_UPDATES)	这是一个便捷函数，用于在定义包装器函数时发起调用。update_wrapper( ) 作为函数装饰器，它等价于 partial(update_wrapper, wrapped=wrapped, assigned=assigned, updated=updated)

一展身手

编写函数修饰器，输出函数返回值的类型。

活动二　检测函数运行时间

【问题描述】

因为很多函数的运行时间很短，数值很小，通常会被显示为 0，不便于与其他函数对比，从而评价函数的优劣，所以将函数运行多次，就可以检测它的运行时间。编写一个函数修饰器，反复调用 100 次求相亲数的函数，检测函数的总共运行时间，调用次数 100 次通过参数传递给函数修饰器。

• 输出结果：

运行 100 次 amicable 函数花费时间 :3.088855028152466 秒

【题前思考】

根据问题描述，填写表 5-3-3。

表 5-3-3 问题分析

问题描述	问题解答
以前的函数修饰器只有一个参数，那就是目标函数。如何将其他参数传递给修饰器	
取得函数执行前后的时刻就可以计算函数的执行时间，那么如何取得当前时刻呢	

【解题思路】

可以定义一个函数用于接收函数修饰器的参数，由这个函数返回真正的函数修饰器，并将参数保存到真正的修饰器中。内置模块 time 中提供了 time 函数，它可以提供以秒表示的当前时刻，将函数运行前和运行后的时刻相减，就可以得到函数运行花费的时间。

【程序代码】

```
from time import time
from functools import wraps
def timeit(n):                                                      ①
    def runtime(fun):                                               ②
        @wraps(fun)
        def wrapper(*args,**kwargs):
            start=time( )                                           ③
            for _ in range(n):
                r=fun(*args,**kwargs)                               ④
            print(f' 运行 {n} 次 {fun.__name__} 函数花费时间 :{time( )-start} 秒 ')   ⑤
            return r
        return wrapper                                              ⑥
    return runtime                                                  ⑦
@timeit(100)                                                        ⑧
def amicable(n):
    def sumfactor(m):
        return sum(j for j in range(1,m) if m%j==0)
    a=[sumfactor(x) if x>1 else x for x in range(n+1)]
    return [(i,a[i]) for i in range(2,n+1) if a[i]<i and i==a[a[i]]]
if __name__ == '__main__':
    print(amicable(1000))
```

【代码分析】

①：定义 timeit(n) 函数用于接收函数修饰器参数 n，n 表示函数的运行次数。

②：定义 runtime(fun) 函数，runtime 才是真正的函数修饰器，它的参数 fun 就是修饰器的目标函数。

③：使用 time( ) 函数返回以浮点数表示的从 1970 年 1 月 1 日 00：00：00 开始到调用时

刻的秒数的时间值。

④：以给定的参数调用函数 n 次。

⑤：输出函数的运行时间。变量 start 存放的是开始运行的时刻，time( ) 取得当前时刻，所以 time( )−start 就是目标函数调用 n 次所花的时间。

⑥：返回包装器函数 wrapper，也就是目标函数 fun 的"替身"函数。

⑦：返回真正的函数修饰器 runtime。

⑧：以参数 100 调用函数修饰器，意思是如果调用被修饰的函数，它就会被执行 100 次，然后输出运行时间。如果想要执行其他次数，改变参数值即可。

```
@timeit(100)
def  amicable(n):
    def sumfactor(m):
        return sum(j for j in range(1,m) if m%j==0)
    a=[sumfactor(x) if x>1 else x for x in range(n+1)]
    return [(i,a[i]) for i in range(2,n+1) if a[i]<i and i==a[a[i]]]
```

以上代码的执行过程如下：

```
def  amicable(n):
    def sumfactor(m):
        return sum(j for j in range(1,m) if m%j==0)
    a=[sumfactor(x) if x>1 else x for x in range(n+1)]
    return [(i,a[i]) for i in range(2,n+1) if a[i]<i and i==a[a[i]]]
# runtime 才是真正的函数修饰器，该调用将参数 100 存储到修饰器 runtime
runtime =timeit(100)
# 用函数包装器替代目标函数 amicable，目标函数存储于包装器函数中
amicable= runtime(amicable)
```

经过以上两次调用，修饰器参数和目标函数本身就传递到了包装器中，由包装器代替目标函数，以后对函数的调用就变成了对包装器函数的调用，于是就会在调用真正的目标函数后输出函数的运行时间。

一展身手

编写函数修饰器，判断函数参数是否为给定的类型，如果是则正常调用，反之则输出出错信息。

项目小结

本项目介绍了使用函数实现代码重用的方法。函数参数不仅可以传递数据，还可以用函数作为参数传递给被调函数以实现更高的重用性。很多 Python 库和函数都使用了函数作为参数，同时我们也可以定义以函数为参数的函数，如二分法求解方程的根，函数参数

使这个算法的应用范围更加广泛。除了一般函数外，Python 还可以定义局部函数，使之仅能在定义它的函数内被调用以避免被误用，也可以定义递归函数来简化问题的处理过程。为了能让多个函数完成相同的规定操作，Python 还提供了函数修饰器，可以将函数调用的前置操作和善后工作指派给多个函数。Python 的模块里面经常使用函数修饰器，我们也可以自己定义函数修饰器，甚至给修饰器指定参数，带来更多的通用性。

自我检测

一、选择题

1. 函数的作用是（　　　　）。

  A. 加快程序执行   B. 减少内存使用

  C. 增加代码重用性   D. 减少代码的行数

2. 定义函数时，函数的参数称为（　　　　）。

  A. 形式参数   B. 实际参数

  C. 位置参数   D. 关键字参数

3. 下列描述中，正确的是（　　　　）。

  A. 函数的定义可以嵌套，但函数的调用不可嵌套

  B. 函数的定义不可嵌套，但函数的调用可以嵌套

  C. 函数的定义和函数的调用均不可嵌套

  D. 函数的定义和函数的调用均可以嵌套

4. 下列程序的功能是计算函数 $F(x,y,z)=(x+y)/(x-y)+(z+y)/(z-y)$ 的值，补充的程序是（　　　　）。

```
def f(a,b):
    return (a+b)/(a-b)
if __name__=='__main__':
    x,y,z=8,7,2
    s=f(____①____)+f(____②____)
```

  ① A. x−y,x+y   B. x+y,x−y   C. x,y   D. y,x

  ② A. z,y   B. y,z   C. z+y,z−y   D. z−y,z+y

5. 以下程序功能是选出能被 3 整除且至少有一位是 5 的两位数，打印出所有这样的数。补充的程序是（　　　　）。

```
def sub(a):
    a2 =____①____
    a1 = a−____②____
    return a%3==0 and 5 in [a1,a2]
if __name__=='__main__':
    print([a for a in range(10,100) if sub(a)])
```

  ① A. a*10   B. a%10   C. a//10   D. a*10%10

  ② A. a2*10   B. a2   C. a2//10   D. a2%10

二、填空题

1. 调用函数时用到的参数称为_____。

2. 由位置确定的参数称为_____，由参数名称确定的参数称为_____。

3. 在函数内部定义的函数称为_____。

4. 在函数体中又调用自己的函数称为_____。

5. 函数的 __name__ 属性代表的是函数的_____。

三、阅读程序，写出程序运行结果

```
1. def sum_func(*args):
       sm = 0
       for i in args:
           sm += i
       return sm
   if __name__ =='__main__':
       print(sum_func(1, 2, 3, 7, 4, 5, 6))
2. l1 = [1,2,3,4,5,6,7]
   def jishu_list(l,li = [ ]):
       n = 1
       for i in l:
           if n%2 == 1:
               li.append(i)
           n += 1
       return li
   if __name__ =='__main__':
       print(jishu_list(l1))
3. def func(l):
       if len(l)>2:
           l = l[0:2]
           return l
       else:
           return l
   if __name__=='__main__':
       print(func([1,2,3,4]))
```

四、编写程序

1. 编写函数，将列表中的元素逆序排列。

2. 编写函数，求字符串中的第一个唯一字符。

3. 编写函数，求字符串中不同单词的个数。

项目评价

任务	标准	配分 / 分	得分 / 分
自定义函数	能描述定义函数的语法格式	10	
	能使用以函数为参数的函数	20	
	能定义以函数为参数的函数	20	
使用局部函数和递归函数	能描述局部函数和递归函数的特征	10	
	能使用局部函数解决简单问题	10	
	能使用递归函数解决简单问题	10	
使用函数修饰器	能定义和使用函数修饰器	10	
	能定义和使用含有参数的函数修饰器	10	
总分		100	

阅读有益

国产操作系统——鸿蒙 OS

鸿蒙 OS 是华为公司耗时 10 年、投入 4 000 多名研发人员开发的一款基于微内核、面向 5G 物联网和全场景的分布式操作系统。鸿蒙 OS 不是安卓系统的分支。它是能将手机、计算机、平板电脑、电视、工业自动化控制设备、无人驾驶汽车、智能穿戴设备等集成在一起的操作系统，是面向下一代技术而设计的，能兼容全部安卓应用和所有 Web 应用。鸿蒙 OS 将创造一个虚拟终端互联的世界，将人、设备、场景有机联系在一起。

项目六 应用面向对象思想设计程序

////////// **项目描述** //////////

在生活中，很多事物都具有相同的属性。比如人，都有姓名、年龄、性别、国籍、身份证号等信息；再比如学生，都有年级、姓名、学号等信息。在 Python 中，对于这种具有共同特征的对象，可以定义"类"对其进行描述和操作。"类"可以理解为对象的模板，对象是"类"的实例。"类"中定义了同类对象具有的"属性"和提供的 "方法"，这个类型的全部对象都具有相同的属性和方法。在面向对象的程序设计中，使用"类"可提高程序的可读性，使其更易维护；"类"可继承其他"类"的属性与方法，提高代码重用性；"类"的功能是独立的，使用"类"可以构建高内聚、低耦合的系统，使之更灵活、更易扩展。

////////// **项目目标** //////////

知识目标：

能描述定义类、属性、方法的语法结构；

能描述实例化对象的语法结构；

能描述继承的语法结构；

能描述结构化异常的语法结构。

技能目标：

能根据需要自定义类；

能使用继承定义子类；

能在程序中捕获和处理异常；

能自定义异常类处理异常。

思政目标：

养成精益求精的职业精神；

培养民族自豪感。

任务一　自定义类

属于同一个类的对象具有相同的属性和方法，使用 class 关键字来定义类，定义好类之后则可以用类来创建具体的对象，对象也称为类的实例。本任务中，我们将创建学生信息类和班级管理类，通过这两个类来实现对班级和学生信息的管理。

活动一　开发学生信息类

【问题描述】

请开发一个学生信息类，再创建一个具体的学生对象，最后再输出该对象的信息。学生信息包含学号、姓名、性别、班级，需要的操作是显示学生信息。

● 输出结果：

0001　张磊　男　　2021 级计算机 1 班

【题前思考】

根据问题描述，填写表 6-1-1。

表 6-1-1　问题分析

问题描述	问题解答
根据题目要求，从字面上理解你认为学生信息类中应该有哪些属性和方法	
如何表示类、属性和方法	

【解题思路】

定义类首先需要分析类的属性和方法。属性就是反映对象特征的数据信息，从题目要求来看，学生信息类中应该包括 sno（学号）、name（姓名）、sex（性别）、clsname（班级）4 个属性。方法就是对象执行的操作，学生信息类要执行的操作就是显示学生信息。Student 类的结构如图 6-1-1 所示。Python 提供了定义类、属性和方法的语法。

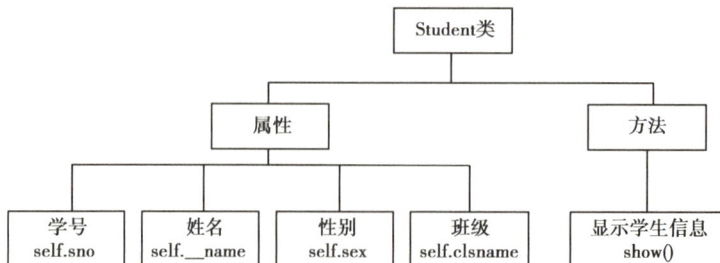

图 6-1-1　Student 类对象结构图

【程序代码】

```python
class Student:
```

①

```
    def __init__(self,sno,name,sex,clsname):                              ②
        self.sno=sno
        self.__name=name                                                 ③
        self.sex=sex
        self.clsname=clsname
    def show(self):                                                      ④
        print(f"{self.sno:^10s}{self.__name:^5s}{self.sex:^3s}{self.clsname:^20s}")
if __name__=='__main__':
    stu=Student('0001','张磊','男','2021级计算机1班')                      ⑤
    stu.show()                                                           ⑥
```

【代码分析】

①：定义类 Student。格式：class 类名：，冒号下属于类定义的代码要缩进。注意类名的首字母大写，建议采用驼峰式命名法。

②：定义方法 __init__(self,sno,name,sex,clsname)。__init__() 是类的初始化方法，当使用类名创建对象时就会调用 __init__() 方法，创建对象时使用的参数也会传递给 __init__() 方法，如图 6-1-2 所示。

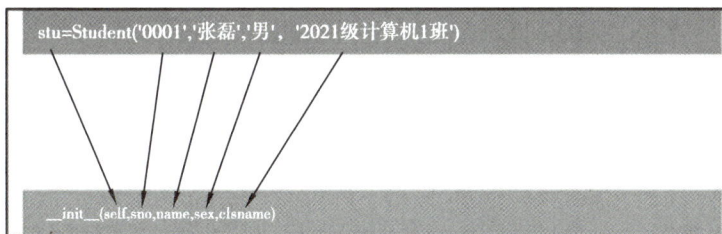

图 6-1-2 创建对象时调用类的 __init__() 方法

__init__() 的参数给对象提供了初始数据，通常在这个方法中定义和初始化属性。第一个参数 self 是"自己"的意思，即这个对象本身，除了 __init__() 方法，每个实例方法的第一个参数都是 self。

在这个程序中，依次将参数 sno、name、sex 和 clsname 的值赋给这个对象的属性 sno、__name、sex 和 clsname，其中 sno 是学号、name 是姓名、sex 是性别、clsname 是班级名称。要注意属性名前的 self，如 self.sno 表示这个对象的 sno 属性，而 sno 表示的是参数 sno。

③：self.__name 中，属性名前两条前置的下划线，表示私有属性，只能在类内部使用，类外部包括子类都不能访问。

④：定义方法 show(self) 显示学生信息。通过实例调用该方法时，self 是指对象本身，即显示这个对象的信息。

⑤：调用 Student 类创建对象 stu，此时会调用 __init__(self,sno,name,sex,clsname) 方法，初始化 stu 对象。

⑥：调用 stu 对象的 show() 方法显示 stu 这个学生的信息。在程序中使用对象的属性和方法的格式为"对象 . 属性"和"对象 . 方法"。

【优化提升】

回顾在实例化 Student 类的时候，我们定义了一个私有属性 self.__name，它无法在类外直接访问。但是有的时候我们又需要在外部访问它，这个时候我们可以借助修饰器 @property 将类的方法"伪装"成属性。

```
@property
def name(self):
    return self.__name
```

> 注意：被 property 修饰后的方法，参数只能为 self。

访问私有属性 self.__name：

```
stu=Student('001','张磊','男','2021 级计算机 1 班')
print(stu.name)
```

> 访问方式与访问公有属性一样，但实际上是访问方法 name。

通过以上操作，stu.name 可以获得属性的值，但属性值不能被修改。想要修改属性值，可以使用修饰器 @name.setter。通过这种方式，我们不仅可以设置属性的值，还可以检查值的合法性。

```
@name.setter
def name(self,val):
    if len(val)>4:
        print('姓名长度必须 <5');return
    self.__name=val
        修改私有属性值：
stu=Student('0001','张磊','男','2021 级计算机 1 班')
stu.name='李磊'
```

【技术全貌】

在创建类时，我们要理解类、对象、属性、方法的概念，见表 6-1-2；定义类、实例化对象、使用对象的属性与方法见表 6-1-3。

表 6-1-2　关于类的常用概念

概念	解释
类	表示有共同特性的对象的集合，是抽象的。类像一个模板，通过它可以创建无数的实例。它包含属性和方法两个部分
属性	属性是类包含的数据
方法	方法是类中完成某个操作的函数
对象	对象是由"类"这个模板创建的具体的实例

表 6-1-3　定义和使用类

语法	解释
class ClassName: 　　<statement-1> 　　… 　　<statement-N>	以 ClassName 为名定义类。 ①"："不能省略，类名首字母大写，推荐驼峰式命名。 ②定义属性：在方法 __init__（参数）中定义和初始化属性，实例属性定义的一般写法：self.xx=x 或者 self.xx=None。 ③定义方法：def 方法名（self,参数 1,……）：（第一个参数必须为 self）

类与对象

续表

语法	解释
对象名＝类名（参数）	实例化对象。类的实例化操作会自动为新创建的类实例调用 __init__()
访问属性：对象名 . 属性 调用方法：对象名 . 方法（参数）	通过对象访问属性、调用方法

一展身手

请开发一个教师信息类，并创建一个具体的类对象后显示教师信息，包含编号（sno）、姓名（name）、教龄（teachint_age）、所教专业（major）、课程（course）等信息。

活动二　开发班级管理类

微课

【问题描述】

请定义一个班级管理类，类属性包含班级名称、班主任信息。首先向班级管理对象中添加班级名称、班主任姓名及学生信息，添加后输出班级信息；然后删除学号为"0002"的学生信息，并查找学号为"0001"的学生信息，完成操作后分别显示班级管理对象的信息。

• 输出结果：

（1）添加班级名称、班主任姓名及学生信息后的显示结果：

　　　　2021级计算机1班：王老师

学号	姓名	性别	班级
0001	张磊	男	2021级计算机1班
0002	李峰	男	2021级计算机1班
0003	王月	女	2021级计算机1班

（2）删除0002号学生信息后的显示结果：

　　　　2021级计算机1班：王老师

学号	姓名	性别	班级
0001	张磊	男	2021级计算机1班
0003	王月	女	2021级计算机1班

（3）查找0001号学生信息后的显示结果：

　0001　张磊　男　2021级计算机1班

【题前思考】

根据问题描述，填写表6-1-4。

表 6-1-4　问题分析

问题描述	问题解答
管理班级类需要具有哪些属性	
班级管理类应该有哪些方法	

【解题思路】

通过分析得知，班级管理类中有学生 pupils、班级 clsname、班主任 teacher 3 个属性，需要对类做 4 个操作，添加学生进班级、显示学生信息、删除学生信息、查找学生信息。班级管理类的结构如图 6-1-3 所示。其中班级、班主任以参数的形式传入类，添加学生信息则是通过添加学生进班级的方法来完成操作。

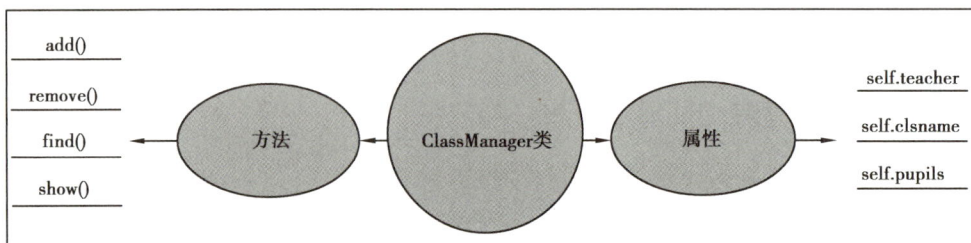

图 6-1-3　班级管理类 ClassManager 结构

【程序代码】

```
from a6_1_1学生信息类 import Student                                    ①
class ClassManager:                                                   ②
    def __init__(self,clsname,teacher):                               ③
        self.teacher=teacher
        self.clsname=clsname
        self.__pupils=[ ]
    @property                                                         ④
    def pupils(self):
        return self.__pupils
    def add(self,sno,name,sex):                                       ⑤
        self.pupils.append(Student(sno, name, sex, self.clsname))
    def remove(self,sno):                                             ⑥
        self.pupils.remove(self.find(sno))
    def find(self,sno):                                               ⑦
        for p in self.pupils:
            if p.sno==sno:
                return p
        return None
    def show(self):                                                   ⑧
```

```
            print(f"{self.clsname+':'+self.teacher:^38s}")
            print(f"{' 学号 ':^8s}{' 姓名 ':^6s}{' 性别 ':^3s}{' 班级 ':^20s}")
            for p in self.pupils:
                p.show( )
    if __name__=='__main__':                                    ⑨
        cls=ClassManager('2021 级计算机 1 班 ',' 王老师 ')
        cls.add('0001',' 张磊 ',' 男 ')
        cls.add('0002',' 李峰 ',' 男 ')
        cls.add('0003',' 王月 ',' 女 ')
        cls.show( )
        cls.remove('0002')
        cls.show( )
        cls.find('0001').show( )
```

【代码分析】

①：从模块 a6_1_1 学生信息类中导入 Student 类，后续会使用到 Student 类创建学生对象。

②：定义类 ClassManager。

③：定义方法 __init__(self,clsname,teacher)。参数 clsname 表示班级，teacher 表示班主任，这两个参数用于初始化对象属性 self.clsname 和 self.teacher。创建对象时的参数对应关系如图 6-1-4 所示。属性 self.__pupils 初始化为空列表。

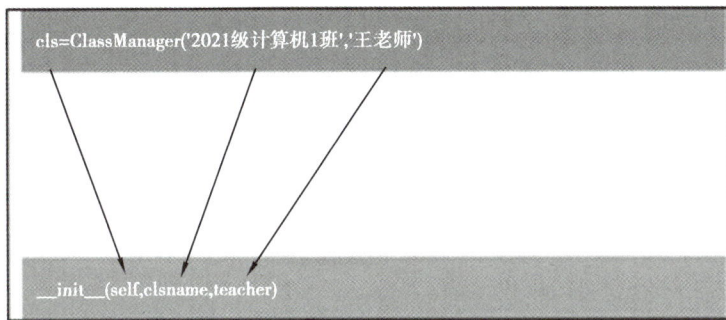

图 6-1-4　创建对象时调用类的 __init__( ) 方法

④：定义属性 pupils 用于访问私有属性 self.__pupils，因为没有定义 @setter.pupils 修饰器修饰的方法，所以属性 pupils 是只读的。

⑤：定义方法 add(self,sno,name,sex) 添加学生信息。该方法通过调用 Student(sno,name,sex,self.clsname) 实例化学生对象，然后再调用 self.pupils.append( ) 方法将学生对象追加到学生列表 self.pupils。

⑥：定义方法 remove(self,sno) 删除学生信息。remove( ) 方法通过 self.find(sno) 方法根据学号 sno 从 pupils 找到 sno 对应的学生信息，再从列表 self.pupils 中删除该学生信息。

⑦：定义方法 find(self,sno) 根据学号 sno 查找学生信息。通过遍历 self.pupils 中的每一个项，将它们的 sno 属性与参数 sno 比较，如果找到则返回该学生对象，反之则返回空 (None)。

⑧：定义方法 show (self) 显示该班级所有学生信息。print(f"{self.clsname+':'+self.

teacher:^38s}") 表示显示班级名称和教师姓名。print(f"{'学号': ^8s }{'姓名':^6s}{'性别':^3s}{'班级':^20s}") 表示显示表格的行标题信息，^8s 表示占 8 个字符的位置，居中对齐。

⑨：创建班级管理对象，并完成要求的操作。

* cls=ClassManager('2021 级计算机 1 班 ',' 王老师 ') 表示用 ClassManager 类创建班级管理对象 cls，用于管理由王老师任班主任的 2021 级计算机班。

* cls.add('0001',' 张磊 ',' 男 ') 等 3 条语句调用 cls 的方法 cls.add ( ) 将学生添加到 2021 级计算机班。

* 调用 cls 的方法 cls.show( ) 显示 2021 级计算机班学生信息。

* 调用 cls 的方法 cls.remove('0002') 从班级中删除学号为 0002 的学生。

* 调用 cls 的方法 cls.find('0001') 从班级中查找学号为 0001 的学生。如果查到，返回一个 Student 类的对象，然后再调用该学生对象的 show( ) 方法，显示找到的学生信息。

【优化提升】

仔细查看代码，我们可以发现，在 ClassManager 类中，只定义了增加学生、删除学生、查找学生的方法，没有定义修改学生信息的方法。增、删、查、改这 4 个基本功能还差一个"改"。下面在类中使用魔法方法 __getitem__( ) 和 __setitem__( ) 完成修改功能。

```
def __getitem__(self, sno):
    return self.find(sno)
def __setitem__(self,sno,val):
    p=self.__getitem__(sno)
    for i in ['name','sex']:
        setattr(p,i,val[i])
```

定义了以上两个方法之后，就可以使用语句 cls['0001'].show( ) 来显示学号为 0001 的学生信息，也可以使用语句 cls['0001']={'name':' 张五 ','sex':' 女 '} 将学号为 0001 的学生姓名改为"张五"，将其性别改为"女"。从上例可以看出定义了 __getitem__( ) 方法之后就可以使用"对象 [下标]"的方法来读取对象信息，定义了 __setitem__( ) 方法之后就可以用"对象 [下标]= 值"的方法来设置对象信息。

【技术全貌】

一个类可以通过定义具有特殊名称的方法来实现由特殊语法所引发的特定操作（如下标与切片），通常这些方法以双下划线 (__) 开头和结尾，称为魔法方法。基本的魔法方法见表 6-1-5。容器类型的魔法方法见表 6-1-6。例如，如果一个类定义了名为 __getitem__( ) 的方法，并且 x 为该类的一个实例，则 x[i] 基本就等同于 x.__getitem__(x, i)。如果想要查询更多的关于魔法方法的资料，请扫描二维码。

表 6-1-5　基本的魔法方法

语法	解释
__new__(cls[, …])	__new__ 是在一个对象实例化的时候所调用的第一个方法
__init__(self[, …])	构造器，当一个实例被创建的时候调用的初始化方法

语法	解释
__del__(self)	当一个实例被销毁的时候调用的方法
__call__(self[, args…])	允许一个类的实例像函数一样被调用：x(a, b) 调用 x.__call__(a, b)
__len__(self)	定义当被 len( ) 调用时的行为
__str__(self)	定义当被 str( ) 调用时的行为
__bool__(self)	定义当被 bool( ) 调用时的行为，应该返回 True 或 False
__delete__(self, instance)	定义当描述符的值被删除时的行为，即执行命令"del 对象"时的行为
__lt__(self, other)	定义小于号的行为：x < y 调用 x.__lt__(y)
__le__(self, other)	定义小于等于号的行为：x <= y 调用 x.__le__(y)
__eq__(self, other)	定义等于号的行为：x == y 调用 x.__eq__(y)
__ne__(self, other)	定义不等号的行为：x != y 调用 x.__ne__(y)
__gt__(self, other)	定义大于号的行为：x > y 调用 x.__gt__(y)
__ge__(self, other)	定义大于等于号的行为：x >= y 调用 x.__ge__(y)
__add__(self, other)	定义加法的行为：+
__sub__(self, other)	定义减法的行为：–
__mul__(self, other)	定义乘法的行为：*
__truediv__(self, other)	定义真除法的行为：/
__floordiv__(self, other)	定义整数除法的行为：//
__mod__(self, other)	定义取模算法的行为：%
__divmod__(self, other)	定义当被 divmod( ) 调用时的行为
__pow__(self, other[, modulo])	定义当被 power( ) 调用或 ** 运算时的行为
__radd__(self, other)	（与上方相同，当左操作数不支持相应的操作时被调用）
__rsub__(self, other)	（与上方相同，当左操作数不支持相应的操作时被调用）
__rmul__(self, other)	（与上方相同，当左操作数不支持相应的操作时被调用）
__rtruediv__(self, other)	（与上方相同，当左操作数不支持相应的操作时被调用）
__rfloordiv__(self, other)	（与上方相同，当左操作数不支持相应的操作时被调用）
__rmod__(self, other)	（与上方相同，当左操作数不支持相应的操作时被调用）
__rdivmod__(self, other)	（与上方相同，当左操作数不支持相应的操作时被调用）
__rpow__(self, other)	（与上方相同，当左操作数不支持相应的操作时被调用）
__rlshift__(self, other)	（与上方相同，当左操作数不支持相应的操作时被调用）
__rrshift__(self, other)	（与上方相同，当左操作数不支持相应的操作时被调用）
__rand__(self, other)	（与上方相同，当左操作数不支持相应的操作时被调用）
__rxor__(self, other)	（与上方相同，当左操作数不支持相应的操作时被调用）
__ror__(self, other)	（与上方相同，当左操作数不支持相应的操作时被调用）

续表

语法	解释
__iadd__(self, other)	定义赋值加法的行为: +=
__isub__(self, other)	定义赋值减法的行为: -=
__imul__(self, other)	定义赋值乘法的行为: *=
__itruediv__(self, other)	定义赋值真除法的行为: /=
__ifloordiv__(self, other)	定义赋值整数除法的行为: //=
__imod__(self, other)	定义赋值取模算法的行为: %=
__ipow__(self, other[, modulo])	定义赋值幂运算的行为: **=
__int__(self)	定义当被 int( ) 调用时的行为(需要返回恰当的值)
__float__(self)	定义当被 float( ) 调用时的行为(需要返回恰当的值)
__round__(self[, n])	定义当被 round( ) 调用时的行为(需要返回恰当的值)

表 6-1-6　容器类型的魔法方法

语法	解释
__len__(self)	定义当被 len( ) 调用时的行为(返回容器中元素的个数)
__getitem__(self, key)	定义获取容器中指定元素的行为,相当于 self[key]
__setitem__(self, key, value)	定义设置容器中指定元素的行为,相当于 self[key] = value
__delitem__(self, key)	定义删除容器中指定元素的行为,相当于 del self[key]
__iter__(self)	定义当迭代容器中的元素的行为
__reversed__(self)	定义当被 reversed( ) 调用时的行为
__contains__(self, item)	定义当使用成员测试运算符(in 或 not in)时的行为

一展身手

　　开发教师管理类,包含教师信息、学校名称、学校法人、学校地址等信息,能完成对教师信息的增、删、查、改、显示等操作。教师管理类的属性和方法如图 6-1-5 所示。

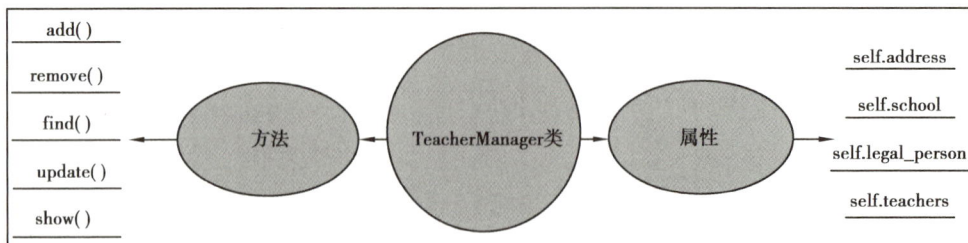

图 6-1-5　教师管理类的属性和方法

任务二 使用继承重用代码

如果你要写的新类是另一个已有类的特殊版本，那么可以采取继承的方式，实现代码重用，降低编码难度，节省系统开销。已有类是新类的父类，新类是已有类的子类。针对属性，可以在继承父类属性的基础上增加子类特有的属性。针对方法，父类没有的方法，子类可以自行定义；父类有的方法，若不能满足子类的需求，子类可以重写。

活动一 开发班委信息类

微课

【问题描述】

请开发一个班委信息类，再创建一个班委对象。班委信息包含学号、姓名、性别、班级、职务。方法主要有设置职务、显示学生信息。

• 输出结果：

职务设置成功！

0001　李磊　男　2021级计算机1班　　班长

【题前思考】

根据问题描述，填写表6-2-1。

表6-2-1 问题分析

问题描述	问题解答
班委信息类与学生信息类相比，有哪些相同和不同之处	
如何处理不同之处（属性、方法）	

【解题思路】

比较学生信息类和班委信息类，它们有相同的属性：学号、姓名、性别、班级；相同的方法：显示学生信息。但是班委信息类多一个属性"职务"。

因此，班委信息类可以继承学生信息类的所有属性和方法。然后在班委信息类中增加属性"职务"，增加设置职务的方法，重写显示学生信息的方法。班委信息类的属性和方法如图6-2-1所示。

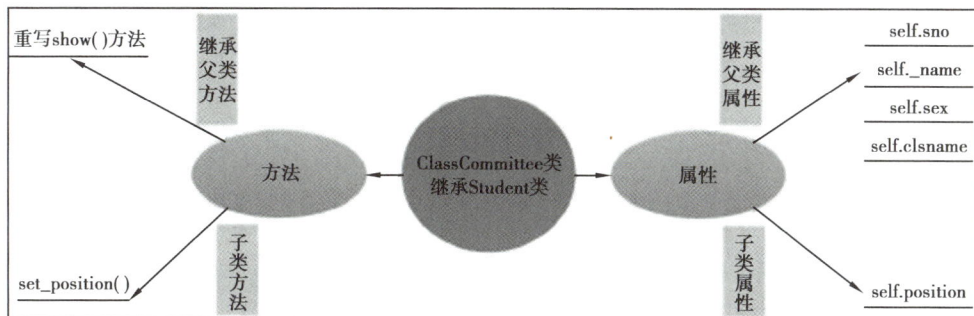

图 6-2-1 班委信息类的属性和方法

【程序代码】

```
from a6_1_1学生信息类 import Student                                          ①
class ClassCommittee(Student):                                              ②
    def __init__(self,sno,name,sex,clsname,position=""):                    ③
        super().__init__(sno,name,sex,clsname)
        self.position=position
    def set_position(self,val):                                             ④
        positions = ["班长","副班长","学习委员","纪律委员","组织委员","文艺委员",
"体育委员","清洁委员","团委书记"]
        if val in positions:
            self.position = val;print("职务设置成功！");return
        print("没有该职务!")
    def show(self):                                                         ⑤
        print(f"{self.sno:^10s}{self.name:^5s}{self.sex:^3s}{self.clsname:^20s}{self.position:\
^10s}")
if __name__=='__main__':                                                    ⑥
    stu=ClassCommittee('0001','李磊','男','2021级计算机1班')
    stu.set_position("班长")
    stu.show()
```

【代码分析】

①：导入模块 a6_1_1 学生信息类中的 Student 类。

②：以 Student 类为父类创建新的类 ClassCommittee。格式：class 类名（父类名）:，括号里面的参数表示要继承的父类。

③：定义方法 __init__() 初始化对象。super().__init__(sno,name,sex,clsname) 语句中的 super() 是个特殊的方法，通过它调用父类的 __init__() 方法，对父类对象进行初始化，如图 6-2-2 所示。self.position = position 初始化子类特有的属性"职务"。子类将会继承父类全部公有属性和方法，即能不需要定义而直接使用父类的所有公有属性和方法。如 ClassCommittee 类对象可以不经定义直接使用 Student 类的 sno、name、sex、clsname 属性和 show() 方法。

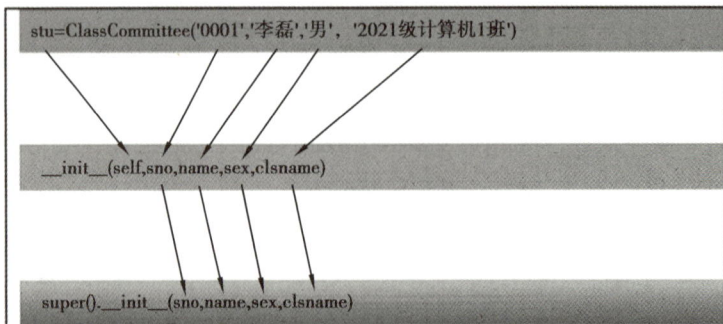

图 6-2-2　初始化父类对象

④：定义方法 set_position( ) 设置职务。变量 positions 中存储的是职务信息，还需要检查传入的职务是否合法，合法就显示设置成功，并打印"职务设置成功！"；如果不合法，打印"没有该职务！"

⑤：重写父类中的 show( ) 方法，增加显示职务。show( ) 方法中就直接使用了父类 Student 类的属性 sno、name、sex、clsname。因为子类重写了父类的 show( ) 方法，所以在子类中用 show( ) 调用到的就是子类的 show( ) 方法，如果要调用父类的 show( ) 方法需要使用语句 super( ).show( )。

⑥：stu=ClassCommittee('0001',' 李磊 ',' 男 ','2021 级计算机 1 班 ') 创建班委 ClassComitte 类对象 stu。stu.set_position("班长")调用 stu 的方法设置职务为班长。调用 stu 的 stu.show ( ) 方法，显示学生信息。

【优化提升】

把类中的属性职务设置为私有属性 self.__position=None。职务的访问和修改，可以通过在方法前增加修饰器来解决。代码如下：

```
@property
def position(self):
    return self.__position
@position.setter
def position(self,val):
    positions = ["班长 ","副班长 ","学习委员 ","纪律委员 ","组织委员 ","文艺委员 ",
"体育委员 ","清洁委员 ","团委书记 "]
    if val in positions:
        self.__position = val;print(" 职务设置成功！ ");return
    print(" 没有该职务 !")
```

一展身手

开发党员教师信息类，在创建一个具体的类对象后显示党员教师信息，包含编号、姓名、教龄、学校、党内职务等信息；需要通过方法设置党内职务。党员教师信息类的属性和方法如图 6-2-3 所示。

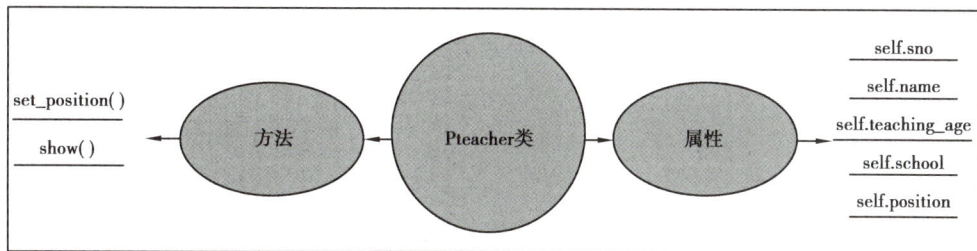

图 6-2-3 党员教师信息类的属性和方法

活动二　升级班级管理类

【问题描述】

请向班委信息表中添加班级名称、班主任信息，同时添加 3 条班委信息。然后删除学号为"0001"的信息，并查找学号为"0003"的信息，完成操作后分别显示班委信息表中的信息。

- 输出结果：

（1）创建班级添加同学之后的显示结果：

2021 级计算机 1 班：王老师

学号	姓名	性别	班级	职务
0001	张磊	男	2021 级计算机 1 班	班长
0002	李明	男	2021 级计算机 1 班	组织委员
0003	王月	女	2021 级计算机 1 班	

（2）删除 0001 号同学信息之后的显示结果：

2021 级计算机 1 班：王老师

学号	姓名	性别	班级	职务
0002	李明	男	2021 级计算机 1 班	组织委员
0003	王月	女	2021 级计算机 1 班	

（3）查找 0003 号同学信息的显示结果：

0003	王月	女	2021 级计算机 1 班

（4）设置 0003 号同学职务之后的显示结果：

2021 级计算机 1 班：王老师

学号	姓名	性别	班级	职务
0002	李明	男	2021 级计算机 1 班	组织委员
0003	王月	女	2021 级计算机 1 班	学习委员

【题前思考】

根据问题描述，填写表 6-2-2。

表 6-2-2　问题分析

问题描述	问题解答
班委管理类和班级管理类有哪些共同点和区别	
如何为班委管理类中的同学指派或取消职务	

【解题思路】

升级班级管理类，首先要明确子类与父类，子类增加了哪些属性和方法，由此再创建或重写新方法即可。由问题分析可知，继承班级管理类，需要重写 add（）和 show（）方法。重写 add（）方法时，我们不仅需要判断学号唯一性，还要判断学生的班级，同时还要判断这个职务是否已经被任命过。重写 show（）方法，添加显示职务即可。

【程序代码】

```
from a6_2_1 班委信息类 import ClassCommittee
from a6_1_2 班级管理类 import ClassManager
class CommitteeManager(ClassManager):
    def __init__(self,clsname,teacher):                                    ①
        super().__init__(clsname,teacher)
    def add(self,sno,name,sex,position=""):                                ②
        self.pupils.append(ClassCommittee(sno,name,sex,self.clsname,position))
    def set_position(self,sno,position=""):                                ③
        p=self.find(sno)
        if(p): p.set_position(position)
    def show(self):                                                        ④
        print(f"{self.clsname + ':' + self.teacher:^48s}")
        print(f"{' 学号 ':^8s}{' 姓名 ':^6s}{' 性别 ':^3s}{' 班级 ':^20s}{' 职务 ':^12s}")
        for p in self.pupils:
            p.show()
if __name__=='__main__':                                                   ⑤
    cc=CommitteeManager('2021 级计算机 1 班 ',' 王老师 ')
    cc.add('0001',' 张磊 ',' 男 ',' 班长 ')
    cc.add('0002',' 李明 ',' 男 ',' 组织委员 ')
    cc.add('0003',' 王月 ',' 女 ')
    cc.show()
    cc.remove('0001')
    cc.show()
    cc.find('0003').show()
    cc.set_position('0003',' 学习委员 ')
    cc.show()
```

【代码分析】

①：定义方法 __init()__ 初始化对象。super().__init__(clsname,teacher) 表示初始化父类对象的所有属性。

②：重写方法 add() 向班级中添加学生，position 表示该学生的职务。

③：定义方法 set_position() 为学号为 sno 的学生指派职务 position，参数 sno 是学号，参数 positon 是职务。

④：重写父类中的 show (self): 方法，增加显示职位即可。但是因为要打印该班级所有班委信息，需要用到 for 循环遍历存放班委的列表。CommitteeManage 类定义到此结束。

⑤：创建 CommitteeManager 类对象，完成操作。

• 用 ComitteManage 类创建班委管理对象 cc，通过 cc 调用方法 add() 添加学生并指派班委职务。然后调用 cc.show( ) 显示班委信息。

- 调用方法 cc.remove('0001')，删除 0001 号班委信息，并显示删除后的信息。
- 调用方法 cc.find('0003')，查找并显示 0003 号同学的信息。
- 调用方法 cc.set_position('0003') 指派 0003 号同学的职务，并显示操作后的信息。

一展身手

继承教师管理类的属性和方法，开发党员教师管理类，包含党员教师信息、学校名称等信息，完成对党员教师信息的增、删、查、改、显示等操作。党员教师信息管理类的属性和方法如图 6-2-4 所示。

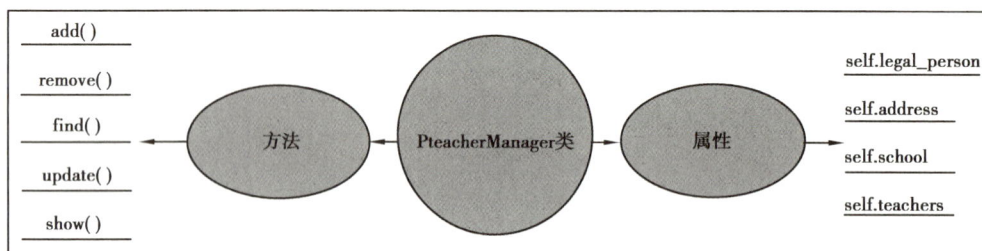

图 6-2-4　党员教师信息管理类的属性和方法

任务三　处理程序执行异常

Python 程序中，即使语句或表达式使用了正确的语法，执行时仍可能触发错误。执行时检测到的错误称为异常。在编写程序时，可以使用 try-except-else 代码块来处理异常，也可以自己编写异常处理类抛出自定义异常。

活动一　自己手动转换日期数据

【问题描述】

输入一串表示日期的字符串，然后将该字符串转换成 datetime 类的日期对象。

- 输入数据：

2021-10-02

- 输出结果：

2021-10-02

【题前思考】

根据问题描述，填写表 6-3-1。

表 6-3-1　问题分析

问题描述	问题解答
怎样从字符串中提取出年月日数据	
日期型数据可能出现哪些错误	

【解题思路】

首先获取字符串，然后通过字符串切片获取年、月、日基础数据，接着将它们转换为整型，最后创建 datetime.date 类对象。可能出现异常的地方是因为字符串不规则而无法获取基础数据。用 try-except-else 来处理异常。

【程序代码】

```
from datetime import date                                    ①
class  MyDate:                                               ②
    @staticmethod                                           ③
    def str2date(sdate):                                    ④
        try:                                                ⑤
            year=int(sdate[:4])
            month=int(sdate[5:7])
            day=int(sdate[8:10])
        except Exception as e:                              ⑥
            print(e)
        else:                                               ⑦
            return date(year,month,day)
if __name__=="__main__":
    print(MyDate.str2date('2021-10-02'))
```

【代码分析】

①：从标准模块 datetime 中导入表示日期的 date 类。

②：创建自定义类 MyDate。

③：使用 @staticmethod 修饰器，说明下面将定义一个静态方法。类或实例均可调用静态方法，即"对象名 . 静态方法"或"类名 . 静态方法"都可以正常调用。

④：定义静态方法 str2date 将字符串转化为日期对象。

⑤：将你认为有可能出错的代码写入 try 子句中。try 块的作用是捕获异常，注意不要省略冒号。

⑥：将遇到异常的处理办法写入 except 子句中。Exception as e 表示为捕获类型为 Exception 的异常并取别名 e，方便我们访问这个异常，例如：print(e)。

⑦：如果没有异常出现，接下来还有需要执行的操作，就可以放入 else 子句中。return

date(year,month,day) 创建 date 类对象，并返回这个对象。至此 MyDate 类定义完成。

【优化提升】

Python 素有优雅的名声，其中多重赋值就是它既优雅又快速的体现。例如：

year=int(sdate[:4])

month=int(sdate[5:7])

day=int(sdate[8:10])

我们尝试将代码改写为：

year,month,day=int(sdate[:4]),int(sdate[5:7]),int(sdate[8:10])

【技术全貌】

try/except 语句用来检测 try 语句块中的错误，从而让 except 语句捕获异常信息并处理。以下为简单的 try…except…else 的语法：

try：

　　语句

except　异常类型 1　as　变量名 1：

　　　　遇到异常类型 1 要执行的语句

　　…

except　异常类型 n　as　变量名 n：

　　　　遇到异常类型 n 要执行的语句

else：

　　　　没有遇到上述异常要执行语句

finally：

　　　　总要执行的语句

try 的执行过程是先执行 try 里面的代码，如果遇到异常，就会检测是否有某个 except 子句要捕获这个异常，如果找到则执行 except 子句中的语句；如果没有找到要捕获的异常则执行 else 子句中的语句。最后，无论是否捕获到异常都会执行 finally 子句中的语句。else 和 finally 都是可选项。

Python 中提供了很多标准异类常用于标识程序中可能出现的异常，见表 6-3-2。

表 6-3-2　Python 标准异常

异常名称	描述
BaseException	所有异常的基类
SystemExit	解释器请求退出
KeyboardInterrupt	用户中断执行（通常是输入 ^C）
Exception	常规错误的基类
StopIteration	迭代器没有更多的值
GeneratorExit	生成器 (generator) 发生异常来通知退出
StandardError	所有的内建标准异常的基类
ArithmeticError	所有数值计算错误的基类
FloatingPointError	浮点计算错误

续表

异常名称	描述
OverflowError	数值运算超出最大限制
ZeroDivisionError	除（或取模）零（所有数据类型）
AssertionError	断言语句失败
AttributeError	对象没有这个属性
EOFError	没有内建输入，到达 EOF 标记
EnvironmentError	操作系统错误的基类
IOError	输入 / 输出操作失败
OSError	操作系统错误
WindowsError	系统调用失败
ImportError	导入模块 / 对象失败
LookupError	无效数据查询的基类
IndexError	序列中没有此索引 (index)
KeyError	映射中没有这个键
MemoryError	内存溢出错误（对于 Python 解释器不是致命的）
NameError	未声明 / 初始化对象（没有属性）
UnboundLocalError	访问未初始化的本地变量
ReferenceError	弱引用 (Weak reference) 试图访问已经垃圾回收了的对象
RuntimeError	一般的运行时错误
NotImplementedError	尚未实现的方法
SyntaxError	Python 语法错误
IndentationError	缩进错误
TabError	Tab 和空格混用
SystemError	一般的解释器系统错误
TypeError	对类型无效的操作
ValueError	传入无效的参数
UnicodeError	Unicode 相关的错误
UnicodeDecodeError	Unicode 解码时的错误
UnicodeEncodeError	Unicode 编码时错误
UnicodeTranslateError	Unicode 转换时错误
Warning	警告的基类
DeprecationWarning	关于被弃用的特征的警告
FutureWarning	关于构造将来语义会有改变的警告
OverflowWarning	旧的关于自动提升为长整型 (long) 的警告
PendingDeprecationWarning	关于特性将会被废弃的警告
RuntimeWarning	可疑的运行时行为 (runtime behavior) 的警告
SyntaxWarning	可疑的语法的警告
UserWarning	用户代码生成的警告

一展身手

查看活动中的代码，你会发现只考虑了日期，没有考虑时间。你可以尝试一下，将字符串转换为日期时间对象。

微课

活动二 区别日期转换中的具体错误

【问题描述】

请自定义异常类区别月份异常或日期异常。

• 输入数据：

2021-13-14

• 输出结果：

月份错误

【题前思考】

根据问题描述，填写表 6-3-3。

表 6-3-3 问题分析

问题描述	问题解答
从运行结果反观程序代码，确定问题出现在哪里	
如何处理这个异常	
这个异常可以继续细分种类吗？如果可以，请显示出现的是月份错误还是日期错误	

【解题思路】

自定义两个异常类：MonthError 类和 DayError 类。再定义一个类用来创建日期对象，同时检查传入的数据里的月份和日期是否合法。如果遇到不合法日期，利用 raise 语句触发异常；如果合法创建日期对象并返回它。最后引入 try-except-else 块。捕捉抛出的异常，按异常类的不同处理异常。

【程序代码】

```
from datetime import date                              ①
class MonthError(Exception):                            ②
    def __str__(self):
        return '月份错误'
class DayError(Exception):
    def __str__(self):
        return '日期错误'
```

```
class MyDate2:                                                        ③
    @staticmethod
    def str2date(sdate):
        year,month,day=int(sdate[:4]),int(sdate[5:7]),int(sdate[8:10])
        dnums=[0,31,28,31,30,31,30,31,31,30,31,30,31]                ④
        if not 1<=month<=12:                                         ⑤
            raise MonthError
        else:
            if year%400==0 or year%100!=0 and year%4==0:dnums[2]+=1  ⑥
            if not 1<=day<=dnums[month]:                             ⑦
                    raise DayError
        return date(year, month, day)
if __name__=="__main__":
    try:
        d=MyDate2.str2date(input("请输入一个日期 :\n"))                ⑧
    except (MonthError,DayError) as me:                              ⑨
        print(me)
    else: print(d)
```

【代码分析】

①：导入模块 datetime。

②：自定义异常类 MonthError、DayError。两个类都继承 Exception 类，魔法方法 __str__() 用于以字符串的形式表示异常对象，可以用以下代码输出字符串表示的异常。

```
except MonthError as me:
        print(me)
```

异常类可以有其他类有的一切属性和方法，用于表示和处理异常，如自定义属性、方法和 __init__() 等魔法方法。

③：定义类 MyDate2。在类中定义静态方法 def str2date(sdate)：接收字符串，通过字符串切片和类型转换获取年、月、日数据，再根据这些数据创建日期对象，并返回对象。

④：用列表 dnums 表示各月的天数，用 dnums[month] 表示 month 月的天数。

⑤：检查月份，是否为 1~12 的整数，不是就用 raise 语句触发异常 MonthError。

⑥：闰年的 2 月比平年的 2 月多 1 天。

⑦：如果日期超过各月的最大天数则抛出异常 DayError。

⑧：在 try 子句中，调用 MyDate2 类的静态方法 str2date('2020-12-31') 创建日期对象，如果有异常抛出则捕获。

⑨：捕获 MonthError 或 DayError 命名为 me，并以字符串形式输出异常。如果要在一个 except 子句中捕获多个异常可以用圆括号将多个异常括起来。

一展身手

尝试创建 Student 类的子类 Student_error，自定义异常类 ParameterError，在调用 Student_error 类的 __init__() 方法创建对象时，若缺少参数则抛出这个异常并指出缺少哪个参数。

程序代码：

```
if __name__=='__main__':
    try:
        s=Student_error('0001',' 李磊 ',' 男 ')
    except ParameterError as p:
        print(p)
    else:
        s.show()
```

输出结果：

缺少参数：clsname

项目小结

类是具有相同属性和方法的对象的抽象，通过定义属性来保存类的数据，通过定义方法来表示类进行的操作，在 Python 中用关键字 class 定义类。类是对象的模板，用类可以创建多个对象，方法 __init__() 可以初始化对象。类的实例方法的第一个参数必须是 self，表示对象自己，用 "self. 属性" 和 "self. 方法" 的格式在方法中访问属性和方法。类中还可以定义 __getitem__()、__setitem__() 等魔法方法来实现由特殊语法所引发的操作。类可以被继承，子类可以使用父类的属性和方法，实现代码的重用。Python 中使用 try-except-else-finally 来捕获程序中的异常，除了使用系统提供的异常外，还可以在程序中抛出自定义异常，为我们在程序中处理各种状况提供了方便。

自我检测

一、选择题

1. 类里面包括（ 　　 ）。
 A. 字段　　　　　　　　B. 数据　　　　　　　　C. 函数　　　　　　　　D. 属性和方法

2. 初始化对象时调用的方法是（ 　　 ）。
 A. __getitem__()　　B. __setitem__()　　C. __iter__()　　　　　D. __init__()

3. 为了能够使用父类的属性和方法需要借助（ 　　 ）。
 A. super() 方法　　　B. __super__() 方法　　C. super 属性　　　　　D. __super__ 属性

4. 子类继承父类时，以下操作中不合法的是（ 　　 ）。
 A. 子类增加属性　　　B. 重写父类方法　　　C. 使用父类的私有属性　　D. 子类增加方法

5. 处理异常时常用的语法结构为（　　　　）。

  A. try
                               B. except

  C. else
                              D. try-except-else

二、填空题

1. 定义一个领导 boss 类，该类需要继承雇员 employee 类，格式为＿＿＿＿＿＿＿＿＿＿＿＿＿＿＿。

2. 类中的函数称为＿＿＿＿＿＿，也需要关键字＿＿＿＿＿＿来声明定义。

3. 修饰器 @property 的作用是＿＿＿＿＿＿，修饰器 @name.setter 的作用是＿＿＿＿＿＿。

4. @staticmethod 静态方法的访问方式为＿＿＿＿＿＿＿＿＿＿＿＿＿。

5. 方法 __init__() 的作用是＿＿＿＿＿＿＿＿＿＿＿。

三、阅读程序，写出程序运行结果

1. class MyNumber：
      def __init__(self, value)：
         self.value = value
      def __add__(self, other)：
         return MyNumber(self.value − other.value)
      def __str__(self)：
         return str(self.value)
  n1 = MyNumber(45)
  n2 = MyNumber(25)
  print(n1 + n2)

2. from math import pi
  class Circle：
      def __init__(self, r)：
         self.r = r
      def perimeter(self)：
         return 2 * pi * self.r
      def area(self)：
         return pi * self.r**2
  c1 = Circle(6)
  print(c1.area( ))
  print(c1.perimeter( ))

四、编写程序

1. 定义一个类，可以继承学生类，增加一个用字典表示的成绩属性，然后输入各科成绩，统计所有学科的总分、平均分、最高分、最低分。

2. 扩展任务三活动二定义的类，自己手动转换日期时间数据，规定日期格式为 yyyy/mm/dd，处理格式错误的异常。

项目评价

任务	标准	配分 / 分	得分 / 分
自定义类	能描述定义类、属性、方法的语法结构	10	
	能描述实例化对象的语法结构	10	
	能根据需要自定义类，并创建实例化对象	10	
	能通过对象访问属性和调用方法	10	
使用继承重用代码	能描述继承的语法结构	5	
	能通过继承自定义子类，并创建实例化对象	10	
	能增加子类属性，增加子类方法	10	
	能在子类中重写父类的方法	10	
处理程序执行异常	能描述结构化异常的语法结构	5	
	能在程序中捕获和处理异常	10	
	能自定义异常类处理异常	10	
总分		100	

阅读有益

使用"自研芯片"的超级计算机——"神威·太湖之光"

"神威·太湖之光"超级计算机累计使用了 4 万多颗"申威 26010"芯片，如此多的芯片让"神威·太湖之光"超级计算机的运算速度达到了每秒 12.5 亿亿次的峰值计算能力，同时它还以每秒 9.3 亿亿次的持续计算能力，在 2016 年成为"世界超算第一名"。可以说在超级计算机方面，我国已经实现了"自研芯片"自给自足。

项目七 操作文件

////////// **项目描述** //////////

  程序不可避免要和文件系统打交道，Python 提供了非常方便的工具来处理与文件系统相关的操作。内置模块 os 和扩展模块 shutil 提供了丰富的用于文件和文件夹管理的函数，平常在 Windows 文件资源管理器中能做的操作，它们都可以快速地完成。另外，我们还有必要将有用的数据以文件的方式保存到磁盘，需要的时候读入到程序中继续处理或交给其他程序处理。内置模块 json 用 json 格式的文本保存数据，json 是目前 Web 编程领域使用非常广泛的数据格式；另一个内置模块 pickle 用二进制形式保存数据，速度非常快；另外，还可以通过扩展模块 openpyxl 将数据保存为 Excel 文件。

////////// **项目目标** //////////

知识目标：
能列举 os、shutil 模块中常用的文件夹操作方法；
能描述 json、pickle 和 openpyxl 读写数据的方法。

技能目标：
能调用 os、shutil 模块创建、删除和复制文件夹；
能调用 json、pickle、openpyxl 模块读写相应类型的文件。

思政目标：
培养分类整理数据信息的素养。

任务一　处理文件和文件夹

计算机系统经常会对文件夹进行访问，比如，查看"E:\ 学生作业 \XX"中的内容，完成复制文件夹、移动文件夹、删除文件夹等操作。shutile 模块和 os 模块可以完成文件或者文件夹的新建、删除、属性查看等操作。

活动一　显示学生上交的作业

【问题描述】

现有一个名为"学生作业"的文件夹，里面包含学生上交作业的子文件夹，文件夹以"姓名 – 循环结构作业"命名（如岑红 – 循环结构作业），如图 7-1-1 所示。请输出上交了作业的学生名单。

□ 名称	修改日期	类型
岑红-循环结构作业	2021/7/21 13:46	文件夹
谌维成-循环结构作业	2021/7/21 13:46	文件夹
代路蓉-循环结构作业	2021/7/21 13:46	文件夹
邓鑫-循环结构作业	2021/7/21 13:46	文件夹
符娇-循环结构作业	2021/7/21 13:46	文件夹
古沛东-循环结构作业	2021/7/21 13:46	文件夹
谷果-循环结构作业	2021/7/21 13:46	文件夹
管春兰-循环结构作业	2021/7/21 13:46	文件夹
管巧-循环结构作业	2021/7/21 13:46	文件夹

图 7-1-1　"学生作业"文件夹的信息展示

• 输出结果：

['乔记琼', '代路蓉', '任丽红', '何红梅', '刘泉林', '卢海玲', '卿兰', '古沛东', '吉立林', '向云梅', '吕峻男', '墙洪亮', '宋邦浪', '宗永', '屈江', '岑红', '巫国芬', '廖玉娇', '景紫豪', '江康', '洪玲', '洪青', '滕坤强', '牟雨涵', '盘倩', '盛桂', '章勤旭', '符娇', '管巧', '管春兰', '经晓琴', '胡浩', '蒲雄', '袁文钱', '谌维成', '谷果', '邓鑫', '邬婷婷', '邹永婷', '钟杭娟', '钱维希', '闫福濂', '闵浩', '陶侠', '饶代财', '马桃娟', '骆昆刚', '黎明武']

【题前思考】

根据问题描述，填写表 7-1-1。

表 7-1-1　问题分析

问题描述	问题解答
如何取得各学生作业文件夹的名称	
如何从文件夹名称中取得学生姓名	

【解题思路】

如果要输出学生作业中的学生姓名信息，必须先获取文件夹所在的路径，再从文件夹中读出所有子文件夹的名称，学生信息就在这些名称里面，os.listdir(path) 就可以读出指定文件夹下的所有文件或子文件夹的名称。再切割文件夹名称，即可提取出学生姓名。

【程序代码】

```
import os                                                          ①
def listExcersize(path):
    res=[ ]                                                        ②
    for file in os.listdir(path):                                 ③
        excersize = os.path.join(path, file)                      ④
        if os.path.isdir(excersize):                              ⑤
            res.append(file.split('-')[0])                        ⑥
    return res
if __name__=='__main__':
    print(listExcersize(os.path.join(os.path.curdir,'学生作业')))   ⑦
```

【代码分析】

①：导入 os 模块。

②：创建一个空列表，用于保存提交作业的学生姓名。

③：对指定文件夹下的所有文件和子文件夹名称 file 执行循环体。os.listdir(path) 返回指定路径 path 下的所有文件和文件夹的名称，这些名称不包括路径。

④：os.path.join(path，file) 的功能是将 path 和 file 文件名连接起来，智能地拼接成一个完整路径，将路径保存到变量 excersize 中。只有用完整的路径才能访问一个文件或文件夹，所以这里要用 os.path.join() 函数连接 path（路径）和 file（文件或文件名称）构造完整路径，如图 7-1-2 所示。

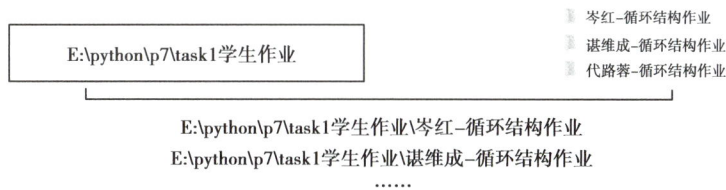

图 7-1-2 os.path.join 函数的功能

⑤：os.path.isdir(excersize) 判断文件夹路径 excersize 是否是一个文件夹。

⑥：以"-"切割文件夹名，如图 7-1-3 所示，将第一个字符串（"-"以前的字符串即姓名）保存到列表 res 中。

⑦：listExcersize(os.path.join(os.path.curdir,'学生作业')) 表示调用函数 listExcersize() 获取已交作业的学生名单。os.path.join(os.path.curdir,'学生作业') 用于构造学生作业文件夹的完整路径，os.path.curdir 属性表示正在运行的程序文件所在的路径。

图 7-1-3 切割文件夹名字符串

【技术全貌】

os 模块提供了一种使用与操作系统相关功能的便捷途径，里面包含很多与文件相关的操作，os.path 模块提供常用路径操作。表 7-1-2 列出了 os 模块中与文件操作有关的函数，表 7-1-3 列出了 os.path 模块的常用函数。

表 7-1-2　os 模块中与文件操作有关的函数

语法	解释
os.chdir(path)	将当前工作目录更改为 path
os.getcwd( )	返回表示当前工作目录的字符串
os.listdir(path='.')	返回一个包含由 path 指定目录中条目名称组成的列表
os.mkdir(path, mode=0o777, *, dir_fd=None)	创建一个名为 path 的目录，应用以数字表示的权限模式 mode
os.makedirs(name, mode=0o777, exist_ok=False)	递归目录创建函数。与 mkdir( ) 类似，但会自动创建到达最后一级目录所需要的中间目录
os.remove(path, *, dir_fd=None)	移除（删除）文件 path
os.removedirs(name)	递归删除目录。工作方式类似于 rmdir( )，不同之处在于，如果成功删除了末尾一级目录，removedirs( ) 会尝试依次删除 path 中提到的每个父目录，直到抛出错误为止（但该错误会被忽略，因为这通常表示父目录不是空目录）
os.rename(src, dst, *, src_dir_fd=None, dst_dir_fd=None)	将文件或目录 src 重命名为 dst
os.renames(old, new)	递归重命名目录或文件。工作方式类似 rename( )，除了会首先创建新路径所需的中间目录。重命名后，将调用 removedirs( ) 删除旧路径中不需要的目录
os.replace(src, dst, *, src_dir_fd=None, dst_dir_fd=None)	将文件或目录 src 重命名为 dst
os.rmdir(path, *, dir_fd=None)	移除（删除）目录 path
os.walk(top, topdown=True, onerror=None, followlinks=False)	生成目录树中的文件名，方式是按上 -> 下或下 -> 上顺序浏览目录树。对于以 top 为根的目录树中的每个目录（包括 top 本身），它都会生成一个三元组 (dirpath, dirnames, filenames)
os.curdir	当前程序文件所在的路径

表 7-1-3　os.path 模块常用函数

语法	解释
os.path.abspath(path)	返回绝对路径
os.path.basename(path)	返回文件名
os.path.dirname(path)	返回文件路径
os.path.isfile(path)	判断路径是否为文件
os.path.isdir(path)	判断路径是否为目录
os.path.islink(path)	判断路径是否为链接
os.path.join(path1[, path2[, ...]])	把目录和文件名合成一个路径

续表

语法	解释
os.path. splitext (path)	把路径分割成 dirname 和 basename，返回一个元组
os.path.exists(path)	如果路径 path 存在，返回 True；如果路径 path 不存在，返回 False
os.path.dirname(path)	返回路径 path 的目录名称
os.path.curdir	正在执行的程序文件的当前路径

一展身手

请使用 os 模块将 C:\Windows 中的文件和文件夹的名称分别读取出来并显示到显示器上。程序流程图如图 7-1-4 所示。

输出结果如下：

[['addins', ' 文件夹 '], ['appcompat', ' 文件夹 '], ['apppatch', ' 文件夹 '],……]

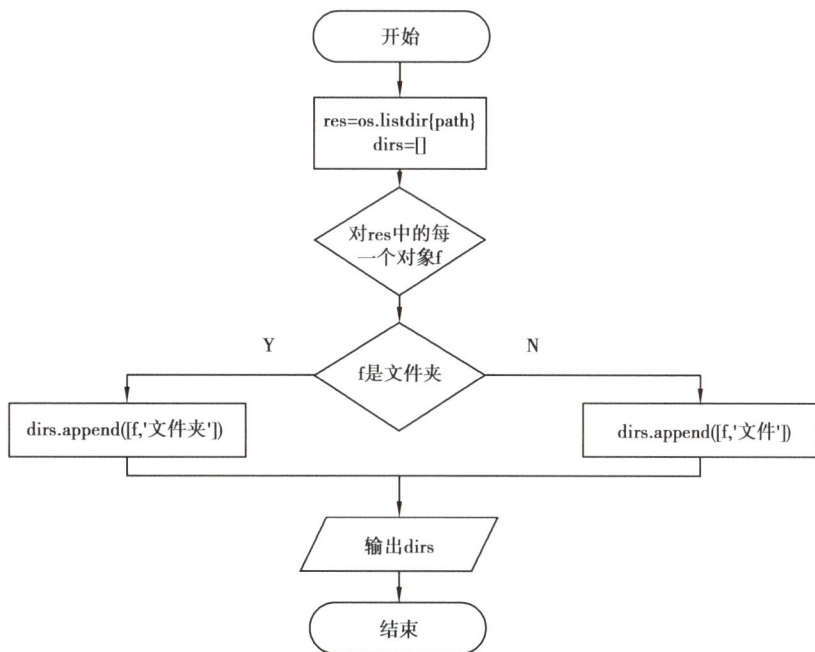

```
开始
        ↓
res=os.listdir{path}
dirs=[]
        ↓
对res中的每
一个对象f
        ↓
   f是文件夹
   Y ↓      N
dirs.append([f,'文件夹'])    dirs.append([f,'文件'])
        ↓
   输出dirs
        ↓
     结束
```

图 7-1-4　程序流程图

活动二 收集优秀作业

【问题描述】

老师批改了学生作业，对于优秀的学生作业，在文件夹名后加字母 g（如"谌维成－循环结构作业 g"），所有已批改作业都保存在"已批改学生作业"文件夹中。现请将所有学生的

优秀作业复制到"优秀学生作业"文件夹中。

• **输出结果：**

输出结果如图 7-1-5 所示。

名称	修改日期	类型
谌维成-循环结构作业g	2021/7/21 13:46	文件夹
管春兰-循环结构作业g	2021/7/21 13:46	文件夹
江康-循环结构作业g	2021/7/21 13:46	文件夹
滕坤强-循环结构作业g	2021/7/21 13:46	文件夹
袁文钱-循环结构作业g	2021/7/21 13:46	文件夹

图 7-1-5　输出优秀作业文件截图

【题前思考】

根据问题描述，填写表 7-1-4。

表 7-1-4　问题分析

问题描述	问题解答
如何判断一个学生作业是否是优秀作业	
怎样将优秀作业复制到一个文件夹	

【解题思路】

读出学生作业文件夹中的所有子文件夹，如果子文件夹以字母 g 结尾，则这个作业就是优秀作业。然后，调用 shutil 模块中的 copytree( ) 函数就可以将优秀作业复制出来。

【程序代码】

```
import  os
from shutil import copytree,rmtree                                    ①
def listGoodExcersize(path):
    goodPath = os.path.join(os.path.curdir, ' 优秀学生作业 ')           ②
    if os.path.exists(goodPath):                                      ③
        rmtree(goodPath)
    os.makedirs(goodPath)                                            ④
    for file in os.listdir(path):                                    ⑤
        e=os.path.join(path,file)                                    ⑥
        if os.path.isdir(e) and e.endswith('g'):                     ⑦
            copytree(e,os.path.join(goodPath,file))
if __name__=='__main__':
    listGoodExcersize(os.path.join(os.path.curdir,'已批改学生作业'))     ⑧
```

【代码分析】

①：shutile 是 Python 的一个标准库，本条语句是从库中导入 copytree( )、rmtree( ) 两

个函数，copytree( )复制文件夹的所有内容包括其中所有的子文件夹中的内容，rmtree( )删除文件夹中的所有内容包括子文件夹中的内容。

②：将程序文件所在的文件夹路径与字符串"优秀学生作业"连接起来形成完整路径，goodPath 是保存 "优秀学生作业"的文件路径。

③：os.path.exists(goodPath) 判断文件夹"优秀学生作业"是否存在。如果文件夹存在，则使用 rmtree(goodPath) 删除旧的文件夹，因为在同一个文件夹中不允许同时出现两个同名的文件夹。

④：创建一个新的空文件夹"优秀学生作业"用于存放优秀学生作业。

⑤：对 path 文件夹下的所有文件和子文件夹执行循环体。此处，path 是"已批改学生作业"的完整路径。

⑥：构成学生作业文件夹的完整路径。

⑦：如果路径为文件夹且文件夹名的最后一个字符为"g"，就表明这是一份优秀学生作业，所以需要复制文件夹中的所有内容。copytree(e,os.path.join(goodPath,file)) 将文件路径 e 中的内容复制到"优秀学生作业"文件夹中。copytree(e,f)的第一个参数 e 表示源位置，第二个参数 f 表示目的位置，就是将 e 复制到 f。

⑧：调用函数从"已批改学生作业"文件夹将优秀作业复制到"优秀学生作业"文件夹中。

【技术全貌】

shutile 模块提供了一系列对文件和文件集合的高阶操作。表 7-1-5 列出了 shutile 的部分操作。

shutile 模块

表 7-1-5　shutile 部分操作

语法	解释
shutil.copyfileobj(fsrc, fdst[, length])	将文件类对象 fsrc 的内容复制到文件类对象 fdst。整数值 length 如果给出则为缓冲区大小
shutil.copyfile(src, dst, *, follow_symlinks=True)	将名为 src 的文件的内容（不包括元数据）复制到名为 dst 的文件并以尽可能高效的方式返回 dst。src 和 dst 均为路径类对象或以字符串形式给出的路径名
shutil.copytree(src, dst, symlinks=False, ignore=None, copy_function=copy2, ignore_dangling_symlinks=False, dirs_exist_ok=False)	将以 src 为根起点的整个目录树复制到名为 dst 的目录并返回目标目录
shutil.rmtree(path, ignore_errors=False, onerror=None)	删除一个完整的目录树；path 必须指向一个目录（但不能是一个目录的符号链接）
shutil.move(src, dst, copy_function=copy2)	递归地将一个文件或目录 (src) 移至另一位置 (dst) 并返回目标位置。如果目标是已存在的目录，则 src 会被移至该目录下。如果目标已存在但不是目录，它可能会被覆盖

一展身手

编写一个程序，将"C:\Windows"文件夹中扩展名为 exe 的文件复制到"D:\ 可执行文件"文件夹中。程序流程图如图 7-1-6 所示。

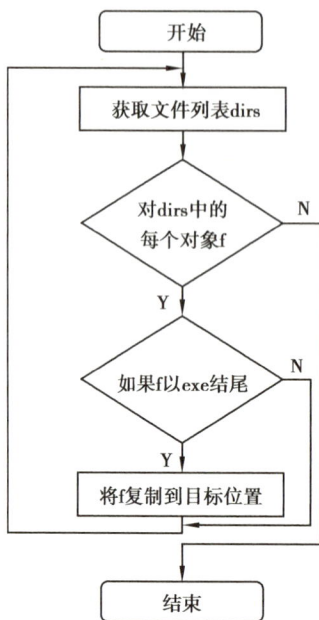

图 7-1-6 程序流程图

任务二 读写文件

在工作及生活中，经常需要处理文件中的数据，包括将程序中的数据保存到文件（写文件）和从文件中将数据载入到程序中（读文件）。Python 的很多模块都提供了读写文件数据的方法。本任务使用内置模块 json 读写 JSON 格式的文件，使用扩展模块 openpyxl 读写 excel 文件，使用内置模块 pickle 读写二进制文件。

活动一 使用文本文件保存学生信息

【问题描述】

项目六定义了 ClassManager 类用于管理班级信息，请扩展该类使之能将班级信息保存到

"学生信息 .json"中，并能从这个文件读取班级信息。学生信息如下所示：

2019 级计算机 1 班：王老师

姓名	姓名	性别	班级
0001	张三	男	2019 级计算机 1 班
0002	李四	男	2019 级计算机 1 班
0003	王月	女	2019 级计算机 1 班

● 输出结果：

{"clsname": "2019 级计算机 1 班", "teacher": " 王老师 ", "students": [{"sno": "0001", "name": " 张三 ", "sex": " 男 ", "clsname": "2019 级计算机 1 班 "}, {"sno": "0002", "name": " 李四 ", "sex": " 男 ", "clsname": "2019 级计算机 1 班 "}, {"sno": "0003", "name": " 王月 ", "sex": " 女 ", "clsname": "2019 级计算机 1 班 "}]}

备注：以上是文件"学生信息 .json"中的内容。

【题前思考】

根据问题描述，填写表 7-2-1。

表 7-2-1 问题分析

问题描述	问题解答
需要使用项目六定义的 ClassManager 类，如何导入这个类	
采用什么方式来扩展 ClassManager 类的功能？具体要扩展什么功能	

【解题思路】

本活动的源程序包含 3 个方面的内容：

一是导入模块文件。程序需要 os、json 及调用学生管理类中的班级管理模块 ClassManager，因此需要导入这 3 个模块的内容。

二是定义一个类 ClassManager_json，通过继承 ClassManager 类来扩展它读写班级信息的功能。计算机中的数据先是存放在内存中，即将班级名称、教师、学生信息存放在内存中，只有通过保存在文件中，数据才能真正保存下来。因此接下来需要使用类方法将班级名称、教师、学生信息保存到 json 文件中。

三是通过调用类对象，使用 json 模块读写文件中的数据。

【程序代码】

```
import json                                        ①
import os
from a6_1_2班级管理类 import  ClassManager          ②
class ClassManager_json(ClassManager):              ③
    def __init__(self,clsname,teacher):            ④
        super( ).__init__(clsname,teacher)
```

```
        def to_json(self,path):
            res=[ ]
            for s in self.pupils:                                                          ⑤
                res.append({'sno':s.sno,'name':s.name,'sex':s.sex,'clsname':s.clsname})
            with open(path, 'w') as f:                                                     ⑥
                json.dump({'clsname':self.clsname,'teacher':self.teacher,"students":
    res}, f,ensure_ascii=False)                                                            ⑦
        @classmethod                                                                       ⑧
        def load_json(cls,path):                                                           ⑨
            with open(path, 'r') as f:                                                      ⑩
                res=json.load(f)
            students=ClassManager_json(res['clsname'],res["teacher"])                       ⑪
            for r in res['students']:                                                       ⑫
                students.add(r['sno'],r['name'],r['sex'])
        return students
    if __name__=='__main__':
        cls=ClassManager_json('2019 级计算机 1 班 ',' 王老师 ')                              ⑬
        cls.add('0 001',' 张三 ',' 男 ')                                                    ⑭
        cls.add('0002',' 李四 ',' 男 ')
        cls.add('0003',' 王月 ',' 女 ')
        jfile=os.path.join(os.curdir,' 学生信息 .json')
        cls.to_json(jfile)                                                                  ⑮
        cls2=ClassManager_json.load_json(jfile)                                             ⑯
        cls2.show( )                                                                        ⑰
```

【代码分析】

①：导入 json 模块读写 json 格式的文件。json(javascript object notation) 是一种轻量级的数据交换格式，易于人阅读和编写，同时也易于机器解析和生成。

②：从 a6_1_2 班级管理类模块中导入 ClassManager 类。ClassManager 类是项目六定义的，它在 a6_1_2 班级管理类模块中。

③：以 ClassManager 为父类，定义一个子类 ClassManager_json，子类继承父类的方法、属性，同时在子类扩展新的方法和属性。

④：初始化父类的对象。

⑤：对 self.pupils 中的每一个项 s 执行循环体。self.pupils 是 Student 类对象的列表，所以变量 s 是 Student 类对象，语句 res.append({'sno':s.sno,'name':s.name,'sex':s.sex,'clsname':s.clsname}) 是将学生信息以字典的形式加入列表 res 中。json 要求数据必须为列表或字典，所以将学生信息转换为字典列表。

⑥：以写 (write) 的方式打开文件命名为 f，执行完 with 语句内部的语句块后无论发生异

常与否都会自动关闭文件。

⑦：json.dump() 将第一个参数表示的内容（班级名称、教师、学生信息）写入到第二个参数表示的文件 f 中 , ensure_ascii=False 表示直接写入汉字，ensure_ascii=True 会将所有非 ASCII 字符转义，写到文件中的是汉字的代码。

⑧：@classmethod 表示类方法，可以用类名直接调用。

⑨：定义函数 load_json() 从 path 表示的 json 文件中读取班级信息，创建 ClassManager_json 对象，即从 json 文件中还原出班级管理对象。

⑩：以读 (read) 的方式打开文件命名为 f，并在 with 语句内的语句块执行完后关闭文件。res=json.load() 将文件内容以字典或字典列表的形式读入并赋给变量 res。

⑪：用从 json 文件中读入的班级名称（clsname）和教师姓名（teacher）创建一个 ClassManager_json 对象，赋给变量 students。函数将会返回班级管理对象 ClassManager_json 类对象 students 给调用者。

⑫：对 res['students'] 中的每一个项 r 执行循环体。res['students'] 是学生字典构成的列表，所以 r 是学生信息的字典，包括学生的学号 sno、姓名 name、性别 sex 等信息，调用 students.add() 方法，将这些学生添加到班级中。

⑬：创建班级。

⑭：添加学生。

⑮：将班级保存到 json 文件。

⑯：把 json 文件中的信息读取出来还原成班级对象 cls2。

⑰：调用 cls2.show() 方法显示班级信息，可以看出 cls2 中的信息与原始信息相同。

【技术全貌】

json 是 Python 中的互联网数据处理模块，它将 Python 数据编码成对应的文档。表 7-2-2 中列出了 json 模块中的 dumps、dump、loads、load 4 个函数。在读写文件的操作中，不可避免要打开或关闭文件，表 7-2-3 列出了文件的部分操作方法。

表 7-2-2　json 模块中的函数

语法	解释
json.dump(obj, fp, *, skipkeys=False, ensure_ascii=True, check_circular=True, allow_nan=True, cls=None, indent=None, separators=None, default=None, sort_keys=False, **kw)	将 obj 序列化为 json 格式化流形式的 fp（支持 write() 方法的类似文件的对象）。常用的 fp 是用 open() 打开的文件对象，但不限于文件对象
json.dumps(obj, *, skipkeys=False, ensure_ascii=True, check_circular=True, allow_nan=True, cls=None, indent=None, separators=None, default=None, sort_keys=False, **kw)	将 obj 序列化为 json 格式的 str。即将一个 Python 数据结构转换为 json 字符串
json.load(fp, *, cls=None, object_hook=None, parse_float=None, parse_int=None, parse_constant=None, object_pairs_hook=None, **kw)	将 fp（一个支持 read() 并包含一个 json 文档的 text file 或者 binary file) 反序列化为一个 Python 对象

续表

语法	解释
json.loads(s, *, cls=None, object_hook=None, parse_float=None, parse_int=None, parse_constant=None, object_pairs_hook=None, **kw)	使用这个转换表将 s（一个包含 json 文档的 str、bytes 或 bytearray 实例）反序列化为 Python 对象。即将一个 json 编码的字符串转换为一个 dict

表 7-2-3　文件的操作方法

语法	解释
open(file_name [, access_mode] [, buffering])	打开一个文件，access_mode 是打开文件的模式：只读、写入、追加等。文件被打开后，可以对文件进行操作
file.closed	关闭文件，关闭文件后不能再进行读写操作。如果文件已被关闭返回 True，否则返回 False
file.mode	返回文件的访问模式
file.name	返回文件的名称
file.read( )	读取文件中的内容
file.write(string)	将任何字符串写入一个打开的文件，write( ) 方法不会在字符串的结尾添加换行符 ('\n')

io 模块——文件读写

一展身手

编写一个程序，从"C:\Windows"文件夹读取文件和文件夹的信息生成如下的 json 文件保存为 D:\dirs.json，然后读取 json 文件的内容并显示到显示器上。程序流程图如图 7-2-1 所示。

输出结果如下：

{" 路径 ":"C:\Windows",

" 文件夹 ": ["addins","appcompat", ……],

" 文件 ":["bfsvc.exe","bootstat.dat", ……]

}

图 7-2-1　程序流程图

活动二　使用 Excel 文件保存学生信息

【问题描述】

扩展 ClassManager 班级信息管理类，使之能将班级信息保存到"学生信息 .xlsx"中，并能从这个文件读取班级信息。学生信息如下所示：

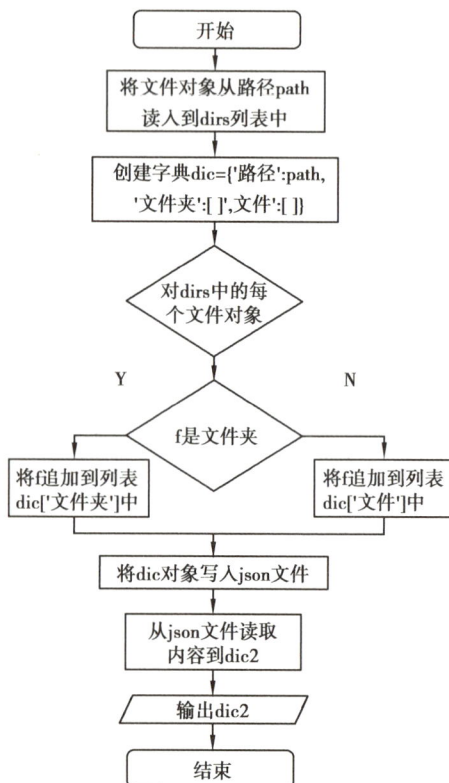

2019 级计算机 1 班：王老师

学号	姓名	性别	班级
0001	张三	男	2019 级计算机 1 班
0002	李四	男	2019 级计算机 1 班
0003	王月	女	2019 级计算机 1 班

● **输出结果：**

输出结果如图 7-2-2 所示。

▲	A	B	C
1	2019级计算机1班	王老师	
2	学号	姓名	性别
3	0001	张三	男
4	0002	李四	男
5	0003	王月	女

图 7-2-2 "学生信息 .xlsx"文件内容截图

【题前思考】

根据问题描述，填写表 7-2-4。

表 7-2-4 问题分析

问题描述	问题解答
Excel 文件的工作簿和工作表是什么关系	
查看输出结果，在这个工作表中，哪一行是学生信息的标题行	
在表格中，表格地址有相对定位与绝对定位两种方式，请使用相对定位的方式，描述"李四"所在的单元格地址	
openpyxl 是 Python 读写 Excel 文件的模块，查阅相关文件，读取工作簿需要使用哪两个模块	

【解题思路】

本活动和活动一的操作流程完全相同，不同的是调用了 openpyxl 模块中的功能，源程序仍然包含 3 个方面的内容：

一是导入模块文件。程序需要 os 模块和 openpyxl 模块中的 Workbook 类、load_workbook( ) 函数，以及 a6_1_2 班级管理类模块中 ClassManager，因此需要导入这 3 个模块中的内容。

二是定义一个类 ClassManager_excel，实现从 Excel 文件读写班级信息的功能。

三是创建 ClassManager_excel 类对象，添加学生信息，写入 Excel 文件，然后将 Excel 文件的信息读出至对象 cls2 并显示到显示器上。

【程序代码】

```
from openpyxl import Workbook,load_workbook          ①
import os
from a6_1_2 班级管理类 import ClassManager
class ClassManager_excel(ClassManager):
    def __init__(self,clsname,teacher):
```

```
            super( ).__init__(clsname,teacher)
        def to_excel(self,path):
            workbook = Workbook( )                                        ②
            sheet1 = workbook.create_sheet(' 学生信息 ')                   ③
            sheet1.cell(1,1).value= self.clsname                          ④
            sheet1.cell(1,2).value=self.teacher
            for i,name in enumerate([' 学号 ',' 姓名 ',' 性别 '],start=1):  ⑤
                sheet1.cell(2,i).value=name
            for i,s in enumerate(self.pupils,start=3):                    ⑥
                sheet1.cell(i,1).value=s.sno
                sheet1.cell(i,2).value=s.name
                sheet1.cell(i,3).value=s.sex
            workbook.active=1
            workbook.save(path)                                           ⑦
        @classmethod
        def load_excel(self,path):
            ws=load_workbook(path)[" 学生信息 "]                          ⑧
            x=[[a.value for a in r] for r in ws.rows]                     ⑨
            students=ClassManager_excel(x[0][0],x[0][1])                 ⑩
            for s in x[2:]:                                               ⑪
                students.add(s[0],s[1],s[2])
        return students
    if __name__=='__main__':
        cls=ClassManager_excel('2019 级计算机 1 班 ',' 王老师 ')
        cls.add('0001',' 张三 ',' 男 ')
        cls.add('0002',' 李四 ',' 男 ')
        cls.add('0003',' 王月 ',' 女 ')
        cls.to_excel(os.path.join(os.curdir,' 学生信息 .xlsx'))           ⑫
        cls2= ClassManager_excel.load_excel(os.path.join(os.curdir,' 学生信息 .xlsx'))  ⑬
        cls2.show( )
```

【代码分析】

①：openpyxl 模块是专门处理 Excel 的工具，不仅能够读取和修改 Excel 文档，而且可以对 Excel 文件内单元格进行详细设置，包括单元格样式等内容，甚至还支持插入图表、打印设置等内容，使用 openpyxl 可以读写 xltm、xltx、xlsm、 xlsx 等类型的文件，而且可以处理数据量较大的 Excel 文件。在本活动中，只使用其中的 Workbook 类和 load_workbook( ) 函数。

②：创建 Workbook 类对象，并将其赋给 workbook。Workbook 类对象对应 Excel 中的工作簿。

③：workbook.create_sheet('学生信息') 是在工作簿中创建名为"学生信息"的工作表（见图 7-2-3），将工作表对象赋值给变量 sheet1。注意工作表名"学生信息"是显示在 Excel 工作簿中的名称，sheet1 是工作表对象的名称，用于编写程序时访问工作表。

④：将"班级名称"self.clsname 赋给"学生信息"表中的第 1 行第 1 列，sheet1.cell(1,1) 表示工作表第 1 行第 1 列的单元格，而 sheet1.cell(1,1).value 表示这个单元格的值，行列计数从 1 开始。写入班级信息之后的效果如图 7-2-4 所示。

图 7-2-3 创建的"学生信息"工作表

图 7-2-4 "学生信息"工作表的第 1 行信息

⑤：enumerate(['学号','姓名','性别'],start=1) 将列表 ['学号','姓名','性别'] 中的每一个值，与序号一起形成一个元组，最后返回一个元组的列表，start=1 表示序号从 1 开始。这个函数调用的结果为 [（1,'学号'）（2,'姓名'）（3,'性别'）]，用于将列标题写入对应的单元格，其中的序号表示这个列标题的列序号。sheet1.cell(2,i).value=name 再将 name 赋给第二行对应 i 的单元格。结果如图 7-2-5 所示。

⑥：从第 3 行开始写入学生信息，sheet1.cell(i,1).value=s.sno 将学号赋给第 i 行第 1 列单元格；sheet1.cell(i,2).value=s.name 将姓名赋给第 i 行第 2 列单元格；sheet1.cell(i,3).value=s.sex 将性别赋给第 i 行第 3 列单元格；这样就完成了学生信息的赋值。完成效果如图 7-2-6 所示。

图 7-2-5 创建表头及标题行

图 7-2-6 "学生信息"工作表的信息

⑦：workbook.active=1 将第 1 个工作表（"学生信息"工作表）设置为活动工作表。workbook.save(path) 将数据保存到路径 path 指定的 Excel 文件。

⑧：load_workbook(path)["学生信息"] 打开参数 path 指定的工作簿，取得这个工作簿的 "学生信息" 工作表赋值给变量 ws。

⑨：对工作表的所有行 ws.rows 中的每一行 r 执行列表推导式 [a.value for a in r]，这个列表推导式对 r 中的每一个单元格 a，取出单元格的值构成列表。从列表推导式可以看出，这是一个嵌套列表，列表中的项又是一个列表，外层列表的项代表一行，内层列表的项代表这一行的每一个单元格的值。列表 x 的值如下：

```
[
['2019 级计算机 1 班 ', ' 王老师 ', None],
```

```
['学号', '姓名', '性别'],
['0001', '张三', '男'],
['0002', '李四', '男'],
['0003', '王月', '女']
]
```

⑩：以第 1 行第 1 列 (班级名称) 和第 2 列 (班主任) 的值为参数创建 ClassManager_excel 类对象 students。

⑪：从第 2 行开始对每一行 s，以 s[0](学号),s[1](姓名),s[2](性别) 为参数将学生信息添加到 students 对象中。列表第 0 行是班级信息，第 1 行是列标题，从第 2 行开始才是学生信息。这样就将 Excel 文件中的所有信息完全恢复到班级信息管理对象 students 中了。

⑫：调用 cls.to_excel( ) 方法将班级信息管理类对象 cls 保存到 Excel 文件中。

⑬：调用 ClassManager_excel 类的 load_excel( ) 方法打开指定的 Excel 表，创建 cls2 对象。接下来的语句 cls2.show( ) 显示 cls2 对象中的班级信息，可以看出从 Excel 文件中读出的信息与原始信息相同。

【技术全貌】

openpyxl 是 Python 处理 Excel 文件的模块，其中提供了很多有用的类和函数用于处理 Excel 表格，表 7-2-5 列出了部分内容。

表 7-2-5　openpyxl 的常用方法

语法	解释
wb = openpyxl.Workbook( )	创建一个 Workbook 对象
mySheet = wb.create_sheet(index=0, title="Mysheet")	创建一个 Sheet 对象
activeSheet = wb.get_active_sheet( )	获取活动的 sheet
anotherSheet.title = "test"	设置 anotherSheet 的标题
directionCell = activeSheet.cell(row=4, column=2)	选择 Cell 对象 (B4 单元格并赋值)
load_workbook(filename, read_only=False,keep_vba=KEEP_VBA, data_only=False, keep_links=True)	打开给定的文件名并返回工作簿
Workbook.active	活动工作表属性，用于取得或设置活动工作表
ws = wb.create_sheet("Mysheet", 2)	创建工作表，命名为 "Mysheet"，插入到第 2 个位置。工作表的位置从 0 开始，以 -1 表示最后一个位置
ws.title = "New Title"	给工作表命名为 "New Title"
ws = wb["New Title"]	从工作簿中取得名为 "New Title" 的工作表
wb.sheetnames	取得所有的工作表名称
c = ws['A4']	取得 A4 单元格
ws['A4'] = 4	给 A4 单元格赋值 4
cell_range = ws['A1':'C2']	取得从 A1 到 C2 的单元格区域

openpyxl 模块

续表

语法	解释
ws['A1'].number_format	属性用于读取和设置单元格数据格式
ws["A1"] = "=SUM(1, 1)"	在单元格 A1 中输入公式
ws.merge_cells(start_row=2, start_column=1, end_row=4, end_column=4) 或 ws.merge_cells('A2:D2')	合并单元格
ws.unmerge_cells(start_row=2, start_column=1, end_row=4, end_column=4) 或 ws.unmerge_cells('A2:D2')	拆分单元格
insert_rows(idx, amount=1)	在第 idx 行插入 amount 行
insert_cols(idx, amount=1)	在第 idx 列插入 amount 列
delete_rows(idx, amount=1)	从第 idx 行开始删除 amount 行
delete_cols(idx, amount=1)	从第 idx 列开始删除 amount 列
columns	工作表中的所有列
rows	工作表中的所有行
font = Font(name='Calibri', size=11,bold=False, italic=False, vertAlign=None, underline='none', strike=False, color='FF000 000') ws['A1'].font=font	创建和使用字体
fill = PatternFill(fill_type=None, start_color='FFFFFFFF', end_color='FF000 000') ws['A1'].fill=fill	创建和使用填充
border = Border(left=Side(border_style=None, color='FF000 000'),right=Side(border_style=None, color='FF000 000'), top=Side(border_style=None, color='FF000 000'), bottom=Side(border_style=None, color='FF000 000'),diagonal=Side(border_style=None, color='FF000 000'), diagonal_direction=0, outline=Side(border_style=None, color='FF000000'), vertical=Side(border_style=None, color='FF000000'), horizontal=Side(border_style=None, color='FF000000')) ws['A1'].border=border	创建和使用边框
alignment=Alignment(horizontal='general', vertical='bottom', text_rotation=0, wrap_text=False, shrink_to_fit=False, indent=0) ws['A1']. alignment = alignment	创建和使用对方方式
ws.column_dimensions['A'].width = 20.0	设置列宽
ws.row_dimensions[1].height = 40	设置行高

一展身手

编写一个程序，读取"C:\Windows"文件夹中的文件信息，保存到"D:\文件列表.xlsx"文件中，然后读取到程序，并显示到显示器上。Excel文件内容见表7-2-6。程序流程图如图7-2-7所示。

表 7-2-6　Excel 文件内容

名称	属性
addins	文件夹
appcompat	文件夹
apppatch	文件夹
AppReadiness	文件夹
WindowsShell.Manifest	文件
……	
winhlp32.exe	文件
WinSxS	文件夹
WMSysPr9.prx	文件
write.exe	文件
zh-CN	文件夹

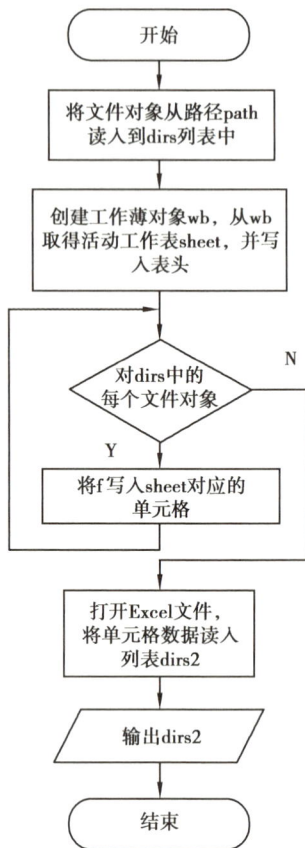

图 7-2-7　程序流程图

活动三　使用二进制形式保存学生信息

【问题描述】

扩展 ClassManage 班级信息管理类，使之能将班级信息保存到"学生信息.pkl"中，并能从这个文件读取班级信息。

● 输出结果：

2019 级计算机 1 班：王老师

学号	姓名	性别	班级
0001	张三	男	2019 级计算机 1 班
0002	李四	男	2019 级计算机 1 班
0003	王月	女	2019 级计算机 1 班

【题前思考】

根据问题描述，填写表 7-2-7。

表 7-2-7　问题分析

问题描述	问题解答
将文件以二进制形式保存有哪些优点	
以二进制形式保存文件时，你认为要经过几个步骤	
在保存二进制形式的文件时，需要使用 pickle 模块中的部分功能，请查询一下 pickle 有哪些主要功能	

【解题思路】

本活动和前面活动的操作流程完全相同，不同的是调用了 pickle 模块，源程序仍然包含 3 个方面的内容：

一是导入模块文件。程序需要 os、pickle 及调用学生管理类中的班级管理模块 ClassManager，因此需要导入这 3 个模块的内容。

二是定义一个类，实现保存班级信息的功能。程序的思路和活动一类似，不同的是调用了 pickle.dump( ) 函数及 pickle. load( ) 函数。

三是通过调用类文件，使用 pickle 模块传递数据。传递的数据保存在 pkl 文件中。

【程序代码】

```python
import pickle                                                    ①
import os
from a6_1_2 班级管理类 import ClassManager
class ClassManager_pickle(ClassManager):                         ②
    def __init__(self,clsname,teacher):                          ③
        super( ).__init__(clsname,teacher)
    def to_pickle(self,path):
        with open(path,'wb') as f:                               ④
            pickle.dump(self,f)                                   ⑤
    @classmethod
    def load_pickle(self,path):
        with open(path, 'rb') as f:                              ⑥
            res=pickle.load(f)                                   ⑦
        return res
if __name__=='__main__':
    cls=ClassManager_pickle('2019 级计算机 1 班 ',' 王老师 ')        ⑧
    cls.add('0001',' 张三 ',' 男 ')                                ⑨
    cls.add('0002',' 李四 ',' 男 ')
    cls.add('0003',' 王月 ',' 女 ')
    cls.to_pickle(os.path.join(os.curdir,'学生信息 .pkl '))         ⑩
    cls2=ClassManager_pickle.load_pickle(os.path.join(os.curdir,'学生信息 .pkl '))    ⑪
    cls2.show( )                                                  ⑫
```

【代码分析】

①：导入 pickle 模块。pickle 模块实现了对一个 Python 对象结构的二进制序列化和反序列化。"pickling" 是将 Python 对象及其所拥有的层次结构转化为一个字节流的过程，而 "unpickling" 是相反的操作，会将字节流转化回一个对象层次结构。

②：以 ClassManager 为父类，定义一个子类 ClassManager_pickle，子类可以使用父类的方法、属性并新增自己特有的方法和属性。

③：初始化对象。

④：以写二进制 (write binary) 的方式打开文件，将文件打开后赋给变量 f，其内部操作执行完后会自动关闭。

⑤：将对象的全部信息保存到文件 f 中。

⑥：以二进制读的方式打开文件，将信息保存在文件 f 中。

⑦：从文件中读取信息还原为班级管理对象并赋值给 res。

⑧：创建班级。

⑨：添加学生。

⑩：将班级保存到 pkl 文件。

⑪：把 pkl 文件中的信息读取出来还原成班级对象 cls2。

⑫：调用 cls2.show( ) 方法显示班级信息，可以看出显示信息与原始信息一致。

【技术全貌】

pickle 是 Python 中进行二进制序列化处理的模块，它将 Python 数据编码以二进制形式保存为对应的文档，pickle 也包含了 dumps、dump、loads、load 4 种方法，见表 7-2-8。

表 7-2-8　pickle 的 4 种方法

语法	解释
pickle.dump(obj, file, protocol=None, *, fix_imports=True, buffer_callback=None)	序列化后的对象 obj 以二进制形式写入文件 file 中，进行保存
pickle.dumps(obj, protocol=None,*,fix_imports=True)	序列化后的对象 obj 以二进制形式直接返回一个序列化的 bytes 对象
Pickler(file, protocol).dump(obj)	方法同 pickle.dump( )
pickle.load(file, *,fix_imports=True, encoding="ASCII". errors="strict")	将序列化的对象从文件 file 中读取出来。它的功能等同于 Unpickler(file).load( )
pickle.loads(bytes_object, *,fix_imports=True, encoding="ASCII". errors="strict")	直接从 bytes 对象中读取序列化的信息

一展身手

读取 "C:\Windows" 文件夹中的文件信息，保存到 "D:\ 文件列表 .pkl" 文件中，然后读取到程序，并显示到显示器上。部分显示内容如图 7-2-8 所示。程序流程图如图 7-2-9 所示。

名称	属性
addins	文件夹
appcompat	文件夹
apppatch	文件夹
AppReadiness	文件夹
WindowsShell.Manifest	文件
......	
winhlp32.exe	文件
WinSxS	文件夹
WMSysPr9.prx	文件
write.exe	文件
zh-CN	文件夹

图 7-2-8　部分显示内容

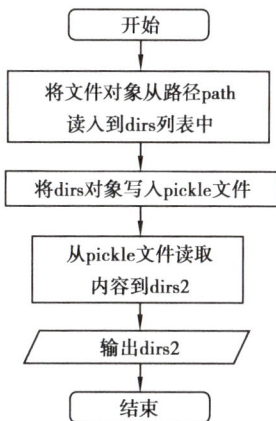

图 7-2-9　程序流程图

项目小结

在本项目中，我们学习了使用 Python 处理文件的方法。其中内置模块 os 可以创建文件夹和读取整个文件夹的内容，内置模块 shutil 可以删除和复制整个文件夹和子文件夹。内置模块 json 可以读写 json 文件，文件内容为一个字典或字典列表，字典中可以是任意数据。扩展模块 openpyxl 可以创建和保存 Excel 工作簿。工作簿对象可以创建工作表对象，工作表对象提供了读写单元格数据的方法。内置模块 pickle 提供了非常方便的读写二进制数据的方法。

自我检测

一、选择题

1. os 模块提供当前程序文件所在路径的属性是（　　　）。

　　A. os.path.abspath　　　　　　　　　B. os.curdir

　　C. os.path.dirname　　　　　　　　　D. os.path.basename

2. 判断一个路径是否为文件的方法是（　　　）。

　　A. os.path.isfile(path)　　　　　　　B. os.path.isdir(path)

　　C. os.path.islink(path)　　　　　　　D. os.isdir(path)

3. 创建文件夹的方法是（　　　）。

　　A. os.path.mkdirs(path)　　　　　　　B. os.makedirs(path)

　　C. os.path.makedirs(path)　　　　　　D. os.mkdirs(path)

4. shutil.rmtrees（path）函数的作用是（　　　）。

　　A. 删除 path 文件夹及其子文件夹

　　B. 仅删除 path 指向的文件夹中的文件

　　C. 移动 path 文件夹的所有内容

　　D. 仅移动 path 文件夹中的文件

5. 关于 shutil.copytrees(src,dst) 的方法说法正确的是（　　　）。

　　A. 将 dst 文件夹及其子文件夹的所有内容复制到 src 文件夹

　　B. 将 src 文件夹及其子文件夹的所有内容复制到 dst 文件夹

　　C. 将 src 文件夹中的文件复制到 dst 文件夹

　　D. 将 dst 文件夹中的文件复制到 src 文件夹

6. json 模块中将数据保存到 json 文件的函数是（　　　）。

　　A. load( )　　　　B. dump( )　　　　C. loads( )　　　　D. dumps( )

7. 将 json 格式的字符串转换为 Python 对象的函数是（　　　）。

　　A. load( )　　　　B. dump( )　　　　C. loads( )　　　　D. dumps( )

8. 以下能从 Excel 文件中读取数据的函数是（　　　）。

　　A. openpyxl.read_excel( )　　　　　B. openpyxl.load_excel( )

　　C. openpyxl.load_workbook( )　　　D. openpyxl.read_workbook( )

9. 能将对象序列化为字节流的函数是（　　　）。

　　A. load( )　　　　B. dump( )　　　　C. loads( )　　　　D. dumps( )

10. 能将字节流反序列化为对象的函数是（　　　）。

　　A. load( )　　　　B. dump( )　　　　C. loads( )　　　　D. dumps( )

二、填空题

1. 判断 D:\a 是否是一个文件夹的语句是＿＿＿＿＿＿＿＿＿＿＿＿＿＿＿＿＿＿＿＿＿。

2. 创建多级目录 D:\a\b\c 的语句是＿＿＿＿＿＿＿＿＿＿＿＿＿＿＿＿＿＿＿＿＿＿＿。

3. 读取 D:\a 中所有文件和子文件夹的语句是＿＿＿＿＿＿＿＿＿＿＿＿＿＿＿＿＿＿＿。

4. 语句＿＿＿＿＿＿＿＿＿＿＿＿＿＿＿能将路径 D:\a\b\c 和文件名 d.xlsx 连接成一个完整路径。

5. 语句 os.path.splitext(r'D:\a\b\c 和文件名 d.xlsx') 的返回值是＿＿＿＿＿＿＿＿＿＿＿＿＿。

6. 删除文件夹 D:\a 下的所有文件和文件夹的语句是＿＿＿＿＿＿＿＿＿＿＿＿＿＿＿＿＿。

7. 将 D:\a 中所有文件和子文件夹复制到 D:\b 的语句是＿＿＿＿＿＿＿＿＿＿＿＿＿＿＿＿。

8. 使用 json 模块将列表写入文件 D:\a.json 中的语句是＿＿＿＿＿＿＿＿＿＿＿＿＿＿＿。

9. 打开 Excel 文件 D:\a.xlsx 并读取工作表 "sheet1" 的语句是＿＿＿＿＿＿＿＿＿＿＿＿＿。

10. 将列表 [1,2,3,4] 以二进制形式保存到文件 D:\a.pkl 中的语句是＿＿＿＿＿＿＿＿＿＿＿＿。

三、编写程序

1. 编写一个程序，在 D 盘根目录以自己的姓名创建文件夹，然后在这个文件夹中以 1~10 为名称创建 10
　个文件夹，然后将以自己姓名命名的文件夹复制到 C 盘根目录下。

2. 编写一个程序，读取 C:\windows 下的所有文件和子文件夹的名称保存到 C:\files.xlsx 中。

项目评价

任务	标准	配分/分	得分/分
处理文件和文件夹	能列举 os、os.path、shutil 模块中常用的文件夹操作方法	20	
	能调用 os 模块中的 makedirs( ) 函数创建文件夹、listdir( ) 函数列举文件和子文件夹，能使用 os.curdir 获取当前路径	10	
	能调用 os.path 模块中的 isfile( ) 函数判断一个对象是否是文件、isdir( ) 函数判断一个对象是否是目录、join( ) 函数合并路径、splitext( ) 函数拆分路径、exists( ) 判断一个对象是否存在	10	
	能调用 shutil 模块中的 copytree( ) 和 rmtree( ) 函数复制和删除目录树	10	
读写文件	能描述 json、pickle 和 openpyxl 读写数据的方法	20	
	能使用 josn 模块的 dump( )、load( ) 函数读写 json 文件	10	
	能使用 openpyxl 模块中的 Workbook 类和 load_workbook( ) 函数保存和打开 Excel 文件，能获取和新建工作表，能读写单元格数据	10	
	能使用 pickle 模块的 dump( )、load( ) 函数读写二进制文件	10	
总分		100	

阅读有益

优秀的国产软件——WPS

WPS Office 是由北京金山办公软件股份有限公司自主研发的一款办公软件套装，可以实现办公过程中常用的文字处理、表格绘制、演示文稿制作、PDF 阅读等功能，具有内存占用低、稳定性高、运行速度快、云功能多、强大插件平台支持、免费提供海量在线存储空间及文档模板等优点。其适用 Windows、Linux、Android、iOS 等多个平台，并且个人版永久免费。

项目八 使用进程和线程并行执行

有 60 个学生在食堂排队打饭，每个学生打饭需要 20 秒。如果食堂只设置一个窗口，60 个学生只能排成一列依次打饭，全部学生打完饭需要 20 分钟。假如食堂开设 5 个窗口同时为学生打饭，那么 60 个学生全部打完饭只需要 4 分钟。由此可见多个任务（如打饭）同时执行可以大大提高任务完成速度。

编程时也常常碰到类似情况。所有任务排成一列依次执行的方式称为串行。多个任务串行执行的总时间等于每个任务完成时间的累加。程序串行执行速度较慢。多个程序任务同时执行的方式称为并行（多线程称并发，而多进程称并行），程序并行执行可以大大提高程序执行速度。

计算机有多个 CPU 或多个处理器内核，操作系统有多任务管理功能，具备同时执行多个程序的能力。Python 语言提供了多线程、多进程机制，可为任务创建多个子进程或者子线程，让多个进程或线程同时执行，提高程序执行速度。

//////// **项目目标** ////////

知识目标：
能描述 requests、xpath 的简单使用方法；
能描述多线程、多进程相关类和函数的使用方法。

技能目标：
能使用 requests 请求网页数据；
能使用 xpath 解析和提取网页数据；
能创建和使用多线程、多进程，实现程序并行执行。

思政目标：
培养刻苦钻研的精神。

任务一　使用线程提高程序执行速度

商誉占比是商誉和资产总计的比值，是衡量一个企业投资风险的重要指标。本书配套网站（网址：https://res.cqup.com.cn/c/6668/）上有部分上市公司的财务信息，其中就包括商誉、资产总计。通过网站我们可以获取公司的商誉值、资产总计，计算出商誉占比。然后，我们用多线程的方式来运行这个程序，对比它们的速度。

活动一　取得上市公司的商誉占比

【问题描述】

编写 Python 程序，通过配套网站爬取 49 家公司 2023 年 12 月 31 日报告的商誉占比（商誉占比 = 商誉 / 资产总计），并测试爬取商誉占比的用时，url 模式为 https://res.cqup.com.cn/c/6668/s 股票代码 t 报告年份 .html，如 https://res.cqup.com.cn/c/6668/s300387t2023.

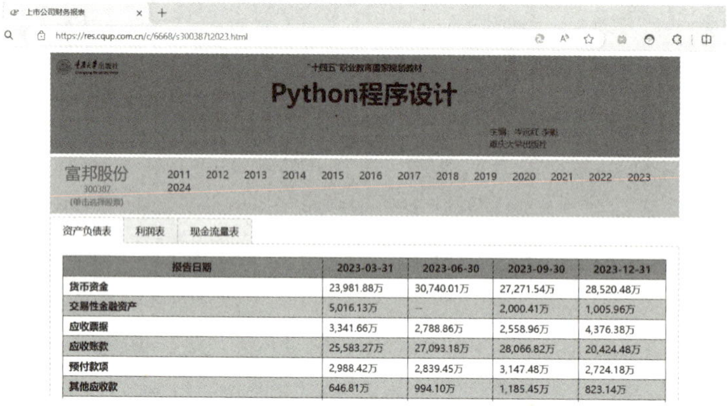

图 8-1-1　某上市公司的资产负债表

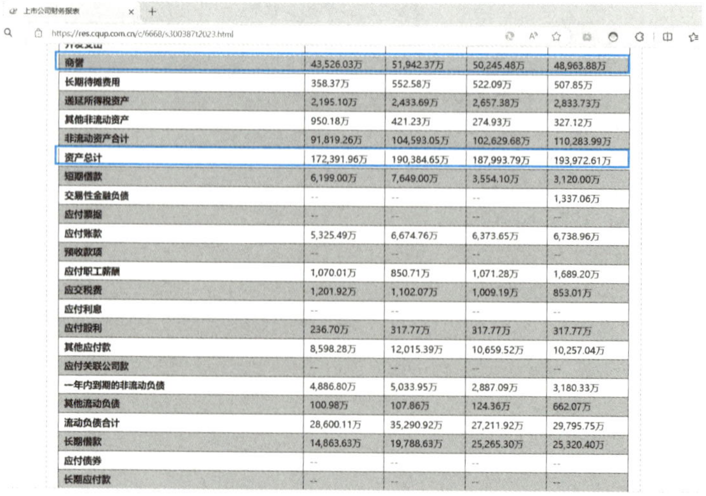

图 8-1-2　资产负债表中商誉和资产总计所在的位置

html 表示股票代码为 300387 的上市公司 2023 年的财务报表。某上市公司的资产负债表和其商誉、资产总计数据如图 8-1-1 和图 8-1-2 所示。

● 输出结果：

运行 1 次 get_all 函数花费时间：4.339382648468018 秒

代码	名称	商誉	资产总计	商誉占比
300387	富邦股份	489638800.00	1939726100.00	0.25
300510	金冠股份	558815700.00	3849303300.00	0.15
300480	光力科技	279961000.00	2086471000.00	0.13
300120	经纬辉开	495728400.00	4697236500.00	0.11

……（因输出内容太多，省略后面的显示内容）

【题前思考】

根据问题描述，填写表 8-1-1。

表 8-1-1　问题分析

问题描述	问题解答
如何用 Python 下载网页的内容	
如何从网页的内容中找到想要的数据	

【解题思路】

定义爬取商誉信息的函数 get_proportion_of_goodwill()，负责获取某个公司的商誉信息。函数首先运用 requests 模块获取资产负债表网页的全部内容，然后运用 xpath 从中提取公司名称、商誉、资产总计，再计算出商誉占比，最后将获得的数据以字典类型返回。主要流程如图 8-1-3 所示。

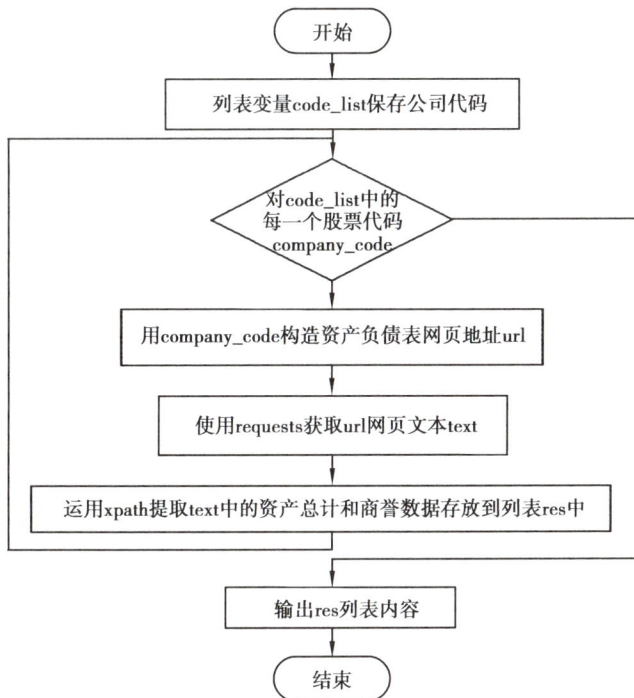

图 8-1-3　爬取公司商誉占比的主要流程

在程序中，使用 for 循环依次调用 get_proportion_of_goodwill() 函数，获取每个公司的商誉占比数据并存入列表 res 中，最后格式化输出 res。

使用项目五中定义的函数修饰器 @timeit 计算出爬取商誉占比的总用时。

【参考代码】

```
from lxml import etree
import requests
from a5_3_2检测函数运行时间 import timeit                                         ①
def toFloat(s):                                                                ②
    base=10000 if s.find(' 万 ')>=0 else 1
    s=s.replace(' 万 ','').replace(',','')
    try:return float(s)*base
    except:return 0
def get_proportion_of_goodwill(company_code):                                  ③
    r=requests.get(f'https://res.cqup.com.cn/c/6668/s{company_code}t2023.html') ④
    r.encoding="gbk"
    tree=etree.HTML(r.text)                                                    ⑤
    company_name=tree.xpath('//div[@class="stock"]/p[@class="name"]/text()')[0].
    strip()                                                                    ⑥
    goodwill=toFloat(tree.xpath("//td[contains(text(),' 商誉 ')]/following-sibling::td
    [last()]")[0].text)                                                        ⑦
    total_assets=toFloat(tree.xpath("//td[contains(text(),' 资产总计 ')]/following-
    sibling::td[last()]")[0].text)                                            ⑧
    return [company_code, company_name, goodwill,total_assets, 0 if total_assets==
    0 else goodwill/total_assets]
@timeit(1)
def get_all(stock_list):                                                       ⑨
    return sorted([get_proportion_of_goodwill(company_code) for company_code in
    stock_list ],key=lambda a:a[4],reverse=True)
if __name__ == "__main__":
    res=get_all(['300505', '300477', '300958', '300779', '300354', '300079', '300899',
    '300193','300317', '300568', '300480', '300212', '300445', '300769', '300422',
    '300278', '300103', '300438','300543', '300222', '300915', '300521', '300160',
    '300120', '300659', '300215', '300257', '300724','300390', '300853', '300610',
    '300655', '300867', '300822', '300758', '300258', '300697', '300176','300082',
    '300355', '300502', '300221', '300981', '300510', '300162', '300677', '300996',
    '300056','300387'])
    print(f"{'代码':^10s}{'名称':^10s}{'商誉':^20s}{'资产总计':^20s}{'商誉占比':^4s}")
    for s in res:
```

```
print("{s[0]:^10s}{s[1]:{ch}^10s}{s[2]:<20.2f}{s[3]:<20.2f}{s[4]:<4.2f}".
    format(s=s,ch=chr(12288)))                                              ⑩
```

【代码分析】

①：从项目五编写的"a5_3_2 检测函数运行时间"模块中导入函数运行计时修饰器 timeit 用于检测函数运行时间。

②：定义函数 toFloat() 用于将字符串表示的金额转换为实型数据。例如，"32,879.2"转换成 32879.2，"155,635.25 万"转换成 1556352500.0。

③：定义函数 get_proportion_of_goodwill() 爬取股票代码 company_code 代表的公司的财务数据。此例中只爬取公司名称、商誉、资产总计 3 项内容，返回结果为一个列表，各项内容分别为 [company_code(股票代码)，company_name(公司名称)，goodwill(商誉)，total_assets(资产总计)，goodwill/total_assets(商誉占比)]。

④：表示运用 requests 模块的 get() 函数下载网页中的内容，返回结果存入 r 变量。get()方法返回一个 Response 类的对象代表 Web 服务器的响应数据，Response.text 代表网页的文本。r.encoding="gbk" 表示采用 gbk 编码方式对下载的内容解码，如果解码方式与网页的编码方式不同将会导致乱码。

⑤：调用 etree.HTML() 函数对获取的内容进行解析，解析结果是 lxml.etree._Element 类表示的根结点，将其存放到变量 tree 中。lxml.etree._Element 类表示 HTML 文档中的一个节点，并提供了丰富的节点检索方法。

⑥：从网页中提取公司名称并存入 company_name 变量。_Element 类的 xpath() 方法使用 xpath 表达式检索网页中的内容。

公司名称在 HTML 中的位置如下，必须联系 HTML 结构来理解 xpath 表达式。

```
<nav class="main">
    <div class="stock">
        <p class="name">
            富邦股份
        </p>
        <p>……<p>
        ……
    </div>
    ……
</nav>
```

以上代码中，<> 括起来的称为标签，标签中如 class="stock" 的表达式里，class 是属性，stock 是属性值。外面的标签称为祖先，里面的标签称为子孙，同一级的标签称为兄弟。例如，<nav> 是 <div> 和 <p> 的祖先，<div> 和 <p> 是 <nav> 的子孙，<nav> 是 <div> 的父亲，<div> 是 <nav> 的儿子，而 <div> 中的两个 <p> 是兄弟。

xpath 表达式 //div[@class="stock"] 表示当前节点的子孙节点中 class 属性值为 stock 的 div 节点。xpath 表达式 //div[@class="stock"]/p[@class="name"]/text() 表示找到满足上述要求的 div 节点后，再查询它的 class 属性值为 name 的 p 子节点，然后再用 text() 函数取得 p

节点里面的文字。因为满足 xpath 表达式要求的值可能会有多个，所以 xpath() 函数的返回值是一个列表，于是用下标 0 表示列表中的第 1 个值。

⑦：从资产负债表中获取商誉。商誉这一行数据的 HTML 代码如下：

```
<tr>
    <td> 商誉 </td>
    <td>43,526.03 万 </td>
    <td>51,942.37 万 </td>
    <td>50,245.48 万 </td>
    <td>48,963.88 万 </td>
</tr>
```

通过网页源代码分析得出，2023 年 12 月 31 日报告的商誉是"48,963.88 万"，在"商誉"单元格的最后一个兄弟单元格中。"//td[contains(text(),' 商誉 ')]/following-sibling::td[last()]" 表示含有 (contains() 方法)"商誉"这个文本 (text() 方法) 的 td 标签后的最后一个兄弟 td 标签 (following-sibling::td[last()])。因为表达式最后指向的是节点，所以 xpath() 函数的返回值就是节点的列表。取列表中的第 1 个节点中的文字 (text 属性) 就得到商誉的值。

⑧：获取资产总计。资产总计这一行数据的 HTML 代码如下：

```
<tr>
    <td> 资产总计 </td>
    <td>172,391.96 万 </td>
    <td>190,384.65 万 </td>
    <td>187,993.79 万 </td>
    <td>193,972.61 万 </td>
</tr>
```

通过网页源代码分析得出，2023 年 12 月 31 日的资产总计"193,972.61 万"在"资产总计"单元格的最后一个 td 兄弟单元格中。

⑨：定义函数 get_all() 用于爬取股票代码列表 stock_list 中所有公司的商誉占比数据。@timeit(1) 是在项目五中定义的函数修饰器，用于检测函数的运行时间，参数 1 表示只运行 1 次函数。从函数体代码可知，最后列表会按商誉占比降序排列。

⑩：chr(12288) 表示中文空格，使用这个字符是要解决中文字符宽度大于西文字符宽度导致不能对齐的问题。因为公司名称字数不同，采用西文空格来填充又与中文字符宽度不一致，导致文本不能对齐，使用中文空格来填充就能解决这一问题。

【技术全貌】

1. 使用 requests 爬取网页

requests 是网页爬虫利器，支持 HTTP 连接保持和连接池、cookie 保持、会话、文件上传和自动确定响应内容的编码等。requests 库提供多种请求方法，见表 8-1-2。

requests 模块

表 8-1-2 requests 常用网页请求方法

语法	解释
requests.get(url, params=None, **kwargs)	向服务器发送 get 请求。 参数： ·url：请求对象的 url； ·params：（可选）字典或字节，这些参数将以查询字符串的形式添加到 url 末尾； ·**kwargs：其他可选的参数。 返回值：从服务器返回的 Response 类对象
requests.head(url, **kwargs)	向服务器发送 head 请求。 参数： ·url：请求对象的 url； ·**kwargs：其他可选的参数。 返回值：从服务器返回的 Response 类对象
requests.post(url, data=None, json=None, **kwargs)	向服务器发送 post 请求。 参数： ·url：请求对象的 url； ·data：（可选）字典、字节或文件，这些内容会被添加到请求体中发送到服务器； ·json：（可选）将会被添加到请求体中发送到服务器的 json 字符串； ·**kwargs：其他可选的参数。 返回值：从服务器返回的 Response 类对象
requests.put(url, data=None, json=None, **kwargs)	向服务器发送 put 请求。 参数： ·url：请求对象的 url； ·data：（可选）字典、字节或文件，这些内容会被添加到请求体中发送到服务器； ·json：（可选）将会被添加到请求体中发送到服务器的 json 字符串； ·**kwargs：其他可选的参数。 返回值：从服务器返回的 Response 类对象
requests.patch(url, data=None, json=None, **kwargs)	向服务器发送 patch 请求。 参数： ·url：请求对象的 url； ·data：（可选）字典、字节或文件，这些内容会被添加到请求体中发送到服务器； ·json：（可选）将会被添加到请求体中发送到服务器的 json 字符串； ·**kwargs：其他可选的参数。 返回值：从服务器返回的 Response 类对象
requests.delete (url, **kwargs)	向服务器发送 delete 请求。 参数： ·url：请求对象的 url； ·**kwargs：其他可选的参数。 返回值：从服务器返回的 Response 类对象

2. 使用 xpath 解析网页

xpath 是重要的网页解析工具，其功能是解析网页提取符合路径表达式规则的网页内容。使用 xpath 获取网页数据的一般方法如下：

r=requests.get(url) # 请求网页内容

r.encoding="gbk" # 设置网页解码方式

tree = etree.HTML(r.text) # 解析 HTML 代码返回根结点

节点 .xpath(xpath 表达式) # 使用 xpath 表达式选取网页内容

xpath 表达式的规则及用法见表 8-1-3。

表 8-1-3　xpath 路径表达式规则

表达式	描述
nodename	选取此节点的所有子节点
/	从根节点选取（子节点）
//	从匹配选择的当前节点选择文档中的节点，而不考虑它们的位置（取子孙节点）
.	选取当前节点
..	选取当前节点的父节点
@	选取属性
bookstore	选取 bookstore 元素的所有子节点
/bookstore	选取根元素 bookstore。 注释：假如路径起始于正斜杠（ / ），则此路径始终代表到某元素的绝对路径
bookstore/book	选取属于 bookstore 的子元素的所有 book 元素
//book	选取所有 book 子元素，而不管它们在文档中的位置
bookstore//book	选择属于 bookstore 元素的后代的所有 book 元素，而不管它们位于 bookstore 之下的什么位置
//@lang	选取名为 lang 的所有属性
/bookstore/book[1]	选取属于 bookstore 子元素的第一个 book 元素
/bookstore/book[last( )]	选取属于 bookstore 子元素的最后一个 book 元素
/bookstore/book[last( )-1]	选取属于 bookstore 子元素的倒数第二个 book 元素
/bookstore/book[position( )<3]	选取最前面的两个属于 bookstore 元素的子元素的 book 元素
//title[@lang]	选取所有拥有名为 lang 的属性的 title 元素
//title[@lang='eng']	选取所有 title 元素，且这些元素拥有值为 eng 的 lang 属性
/bookstore/book[price>35.00]	选取 bookstore 元素的所有 book 元素，且其中的 price 元素的值须大于 35.00
/bookstore/book[price>35.00]//title	选取 bookstore 元素中 book 元素的所有 title 元素，且其中的 price 元素的值须大于 35.00
*	匹配任何元素节点
@*	匹配任何属性节点
node( )	匹配任何类型的节点
/bookstore/*	选取 bookstore 元素的所有子元素
//*	选取文档中的所有元素
//title[@*]	选取所有带有属性的 title 元素

续表

表达式	描述
//book/title | //book/price	选取 book 元素的所有 title 和 price 元素
//title | //price	选取文档中的所有 title 和 price 元素
/bookstore/book/title | //price	选取属于 bookstore 元素中 book 元素的所有 title 元素，以及文档中所有的 price 元素
ancestor	选取当前节点的所有先辈（父、祖父等）
ancestor-or-self	选取当前节点的所有先辈（父、祖父等）以及当前节点本身
attribute	选取当前节点的所有属性
child	选取当前节点的所有子元素
descendant	选取当前节点的所有后代元素（子、孙等）
descendant-or-self	选取当前节点的所有后代元素（子、孙等）以及当前节点本身
following	选取文档中当前节点的结束标签之后的所有节点
following-sibling	选取当前节点之后的所有兄弟节点
namespace	选取当前节点的所有命名空间节点
parent	选取当前节点的父节点
preceding	选取文档中当前节点的开始标签之前的所有节点
preceding-sibling	选取当前节点之前的所有同级节点
self	选取当前节点
+,-,*,div,mod	算术运算，加、减、乘、除、模
>,>=,<,<=,=,!=	关系运算
and,or	逻辑运算

一展身手

编写 Python 程序，在配套网站上获取 49 家公司（公司代码参见本活动的源程序)2023年 12 月 31 日和 9 月 30 日报告的货币资金数据（见图 8-1-4），并测试程序执行时间。主要流程如图 8-1-5 所示。

程序输出结果如下：

运行 1 次 get_all 函数花费时间：4.220076322555542 秒

代码	名称	2023-12-31	2023-09-30
300505	川金诺	77,189.68 万	105,927.33 万
300477	合纵科技	150,520.64 万	188,261.04 万
300958	建工修复	39,064.52 万	45,529.85 万
300779	惠城环保	42,563.08 万	41,988.41 万

……(因输出内容太多，省略后面的显示内容)

图 8-1-4　货币资金数据

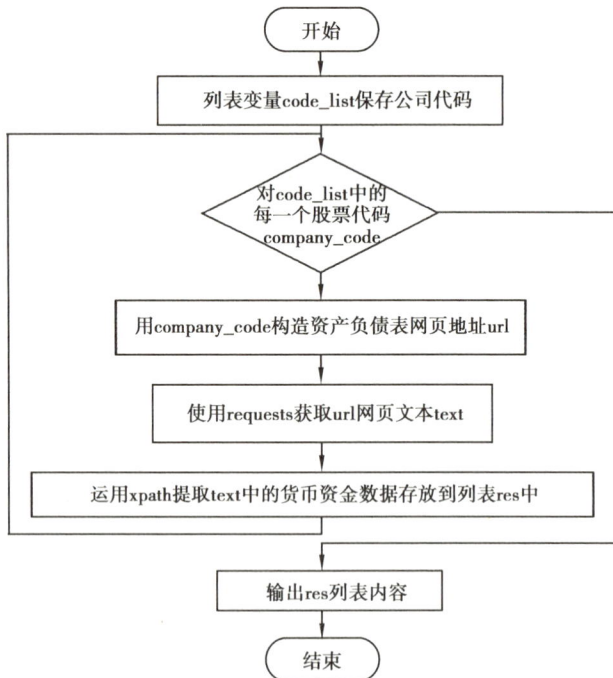

图 8-1-5　获取公司货币资金数据的主要流程（参考）

活动二 使用多个线程同时获取商誉占比

【问题描述】

在上一个活动中，对 49 家公司的商誉信息按固定的先后顺序依次轮流爬取。所有任务串行执行，是单线程方式，其耗用的时间就是每一个任务的耗费时间之和。因此爬取速度较慢，耗费时间较长。为了提高程序执行效率，采取多线程并发方式执行程序，使多个爬取任务并发执行，节省程序执行时间，提高程序执行效率。

- 输出结果：

运行 1 次 get_all_mt 函数花费时间：0.43199610710144043 秒

代码	名称	商誉	资产总计	商誉占比
300387	富邦股份	489638800.00	1939726100.00	0.25
300510	金冠股份	558815700.00	3849303300.00	0.15
300480	光力科技	279961000.00	2086471000.00	0.13
300120	经纬辉开	495728400.00	4697236500.00	0.11

……（因输出内容太多，省略后面的显示内容）

【题前思考】

根据问题描述，填写表 8-1-4。

表 8-1-4　问题分析

问题描述	问题解答
怎么让函数并发执行	
如何把参数传给并发执行的函数	
如何收集并发执行的函数的返回值	

【解题思路】

直接调用上一活动中定义的 get_proportion_of_goodwill( ) 函数，负责获取某个公司的商誉信息。使用 concurrent.futures 模块中的 ThreadPoolExecutor 类来并发执行函数。首先创建 ThreadPoolExecutor 类对象，然后调用该对象的 map( ) 方法并发执行指定的函数。map( ) 方法主要使用两个参数，一是要并发执行的函数，二是每次调用函数要用到的参数构成的可迭代对象（英文名称 iterable，是指可以用 for…in 方式访问其中每个元素的对象）。多个函数并发执行的过程中会从可迭代对象中取出项作为自己的参数调用函数，并将每次调用的返回值组成一个列表返回。

【参考代码】

```
from a5_3_2 检测函数运行时间 import timeit
from a8_1_1 取得上市公司的商誉占比 import get_proportion_of_goodwill
from concurrent.futures import ThreadPoolExecutor
```
①

```
    @timeit(1)
    def get_all_mt(stocklist):                                              ②
        with ThreadPoolExecutor(max_workers=10) as executor:                ③
            res=executor.map(get_proportion_of_goodwill, stocklist)         ④
        return sorted(res,key=lambda a:a[4],reverse=True)
    if __name__=='__main__':
        res=get_all_mt(['300505', '300477', '300958', '300779', '300354', '300079',
        '300899', '300193', '300317', '300568', '300480', '300212', '300445', '300769',
        '300422', '300278', '300103', '300438', '300543', '300222', '300915', '300521',
        '300160', '300120', '300659', '300215', '300257', '300724', '300390', '300853',
        '300610', '300655', '300867', '300822', '300758', '300258', '300697', '300176',
        '300082', '300355', '300502', '300221', '300981', '300510', '300162', '300677',
        '300996', '300056', '300387'])
        print(f"{' 代码 ':^10s}{' 名称 ':^10s}{' 商誉 ':^20s} {' 资产总计 ':^20s}{' 商誉占比 '
        :^4s}")
        for s in res:
            print("{s[0]:^10s}{s[1]:{ch}^10s}{s[2]:<20.2f}{s[3]:<20.2f}{s[4]:<4.2f}".
            format(s=s, ch=chr(12288)))
```

【代码分析】

①：从 concurrent.futures 模块中导入类 ThreadPoolExecutor 用于多线程执行函数。

②：定义函数 get_all_mt( ) 以多线程方式爬取指定内容，参数 stocklist 是股票代码构成的列表。

③：创建一个名为 executor 的 ThreadPoolExecutor 类对象，参数 max_workers=10 表示最多同时执行 10 个线程。with 语句表示创建并初始化其后的对象，然后执行 with 下面的语句块，最后无论是否发生异常都会完成对象的清理。

④：调用 executor 对象的 map( ) 方法，方法的第一个参数是被调用函数，第二个参数是被调用函数的参数构成的列表。map( ) 方法每次执行被调用函数时都会从列表中取 1 项作为被调用函数的参数。因为 get_proportion_of_goodwill( ) 函数的参数就是一个字符串表示的股票代码，所以 stocklist 就是股票代码列表。map( ) 方法将每次执行被调用函数的返回值保存到列表，并在运行结束之后将列表返回。本例将各公司的商誉占比列表返回并保存到变量 res。

【技术全貌】

concurrent.futures 模块提供了非常方便的多线程和多进程操作方法，其中的 ThreadPool Executor 类不仅有 map( ) 方法，还有其他方法可以用于并发执行多个线程。ThreadPoolExecutor 类中的常用方法见表 8-1-5。

表 8-1-5 ThreadPoolExecutor 类的用法

方法	说明
class concurrent.futures. ThreadPoolExecutor(max_ workers=None, thread_name_ prefix=", initializer=None, initargs=( ))	实例化一个多线程执行对象，使用最多 max_workers 个线程的线程池来并发执行调用
map(func, *iterables, timeout=None, chunksize=1)	返回一个将 func 应用于 iterable 中每一项并输出其结果的迭代器，func 是异步执行的，对 func 的多个调用可以并发执行
shutdown(wait=True, *, cancel_ futures=False)	当待执行的 future 对象完成执行后向执行者发送信号，它就会释放正在使用的任何资源

ThreadPool Executor 类

concurrent.futures.ThreadPoolExecutor 类只能执行多个不相关的线程，如果线程之间需要交互就要使用 threading 模块中的线程类 Thread。Thread 类用来创建和管理线程实例，线程的创建和管理方法见表 8-1-6。

表 8-1-6 线程 Thread 类的创建和管理方法

方法	说明
Thread(group=None,target=None, name=None,args=( ),kwargs={ }, verbose=None,daemon=None)	实例化一个线程对象，需要一个可调用的 target 对象，以及参数 args 或者 kwargs。还可以传递 name 和 group 参数。daemon 的值将会设定 thread.daemon 的属性
start( )	开始执行该线程
run( )	定义线程的方法（通常开发者应该在子类中重写）
join(timeout=None)	直至启动的线程终止之前一直挂起；除非给出了 timeout（单位：秒），否则一直被阻塞
name	只用于识别的字符串。它没有语义。多个线程可以赋予相同的名称。初始名称由构造函数设置
is_alive( )	返回线程是否存活
daemon	一个表示这个线程是（True）否（False）守护线程的布尔值。一定要在调用 start( ) 前设置好，不然会抛出 RuntimeError。初始值继承于创建线程；主线程不是守护线程，因此主线程创建的所有线程默认都是 daemon = False。 当没有存活的非守护线程时，整个 Python 程序才会退出

Thread 类

多线程并行执行

一展身手

编写 Python 程序，以多线程方式在配套网站上获取 49 家公司（公司代码参见本活动的源程序）2023 年 12 月 31 日和 9 月 30 日报告的货币资金数据，并测试程序执行时间。强调：要用多线程方式获取网站数据，提高程序执行速度。

任务二　使用进程并行执行程序

多线程执行的方式极大地提高了程序的执行速度。除了多线程并发执行方式外，Python 提供了多进程并行执行方式，可以使多个任务以进程的身份同时执行，节省程序执行时间。Python 中的多个线程其实是交替在 CPU 上执行的，适用于 IO 密集型任务，即输入输出操作多的程序，如上一任务中的爬取网页数据，多个线程并发执行能让计算和输入输出操作同时执行，进而提高运行速度。多进程并行执行是多个进程同时在多核 CPU 上运行，是真正的同时运行，适用于计算密集型程序。多个进程的管理需要花费时间，所以在计算量不大时，多进程可能比单个进程花费的时间更多。因此，在设计程序时需要根据问题的实际情况来决定到底是采用多线程还是多进程。

活动一　使用多进程获取商誉占比

【问题描述】

请用多进程的方式同时爬取多个公司的商誉信息，提高程序执行速度。

- 输出结果：

运行 1 次 get_all_mp 函数花费时间 :2.501972198486328 秒

代码	名称	商誉	资产总计	商誉占比
300387	富邦股份	489638800.00	1939726100.00	0.25
300510	金冠股份	558815700.00	3849303300.00	0.15
300480	光力科技	279961000.00	2086471000.00	0.13
300120	经纬辉开	495728400.00	4697236500.00	0.11

……(因输出内容太多，后面的显示结果省略)

【题前思考】

根据问题描述，填写表 8-2-1。

表 8-2-1　问题分析

问题描述	问题解答
如何创建进程	
多进程并行时，子进程怎么向主进程传递数据	
怎样获取子进程的返回数据	

【解题思路】

从代码的角度来看，多线程程序和多进程程序的代码是类似的，区别在于多进程方式是使用 multiprocessing 模块中的 Pool 类来创建进程池对象，然后调用该对象的 map( ) 方法来并行执行函数。Pool 类的 map( ) 方法的参数及返回值的意义与 concurrent.futures.
ThreadPoolExecutor 类的 map( ) 方法相似。

【参考代码】

```
from a5_3_2 检测函数运行时间 import timeit
from a8_1_1 取得上市公司的商誉占比 import get_proportion_of_goodwill
from multiprocessing import Pool,cpu_count                              ①
@timeit(1)
def get_all_mp(stocklist):                                             ②
    with  Pool(cpu_count( )) as p:                                      ③
        res=p.map(get_proportion_of_goodwill, stocklist)               ④
    return sorted(res,key=lambda a:a[4],reverse=True)
if __name__=='__main__':
    res=get_all_mp(['300505', '300477', '300958', '300779', '300354', '300079',
    '300899', '300193', '300317', '300568', '300480', '300212', '300445', '300769',
    '300422', '300278', '300103', '300438', '300543', '300222', '300915', '300521',
    '300160', '300120', '300659', '300215', '300257', '300724', '300390', '300853',
    '300610', '300655', '300867', '300822', '300758', '300258', '300697', '300176',
    '300082', '300355', '300502', '300221', '300981', '300510', '300162', '300677',
    '300996', '300056', '300387'])
    print(f"{' 代码 ':^10s}{' 名称 ':^10s}{' 商誉 ':^20s}{' 总资产 ':^20s}{' 商誉占比 ':^4s}")
    for s in res:
        print("{s[0]:^10s}{s[1]:{ch}^10s}{s[2]:<20.2f}{s[3]:<20.2f}{s[4]:<4.2f}".
        format(s=s, ch=chr(12288)))
```

【代码分析】

①：从 multiprocessing 模块导入 Pool 类和 cpu_count( ) 函数。

②：定义函数 get_all_mp( ) 以多进程方式获取公司商誉数据。

③：创建进程池对象 p，进程数量为 CPU 数量。cpu_count( ) 函数用于取得逻辑 CPU 数量，
如双核四线程 CPU 将会认为有 4 个 CPU。

④：调用 map( ) 方法以多进程方式并行执行函数 get_proportion_of_goodwill( )，各函数
参数在列表 stocklist 中，各函数调用返回值以列表形式返回到变量 res。

【技术全貌】

进程池 Pool 可以自动控制进程。Pool 类可以提供指定数量的进程供用户调用，当有新的
请求提交到 Pool 中时，如果进程池还没有满，就会创建一个新的进程来执行请求；如果池满，
请求就会告知先等待，直到池中有进程结束。使用 Pool 来创建和管理进程的方法见表 8-2-2。

表 8-2-2　使用 Pool 创建和管理进程的方法

语法	解释
pool = Pool([processes[, initializer[, initargs[, maxtasksperchild[, context]]]]])	参数均为可选参数，最常用的是 processes，它表示要使用的工作进程数目。如果 processes 为 None，则使用 os.cpu_count() 返回的值
item_list = pool. map(func, iterable[, chunksize])	内置 map() 函数的并行版本。返回一个将 func 应用于 iterable 中每一项并输出其结果的迭代器。它会保持阻塞直到获得结果。这个方法会将可迭代对象分割为许多块，然后提交给进程池。可以将 chunksize 设置为一个正整数从而（近似）指定每个块的大小
pool.close()	阻止后续任务提交到进程池，当所有任务执行完成后，工作进程会退出
pool. terminate()	不必等待未完成的任务，立即停止工作进程
pool.join()	等待工作进程结束。调用 join() 前必须先调用 close() 或者 terminate()

一展身手

　　编写 Python 程序，以多进程方式同时在配套网站上获取 49 家公司（公司代码见本活动源程序）2023 年 12 月 31 日和 9 月 30 日报告的货币资金数据（见图 8-2-1），并测试程序执行时间。强调：合理使用多进程方式获取网站数据，提高程序执行速度。主要流程如图 8-2-2 所示。

图 8-2-1　货币资金数据

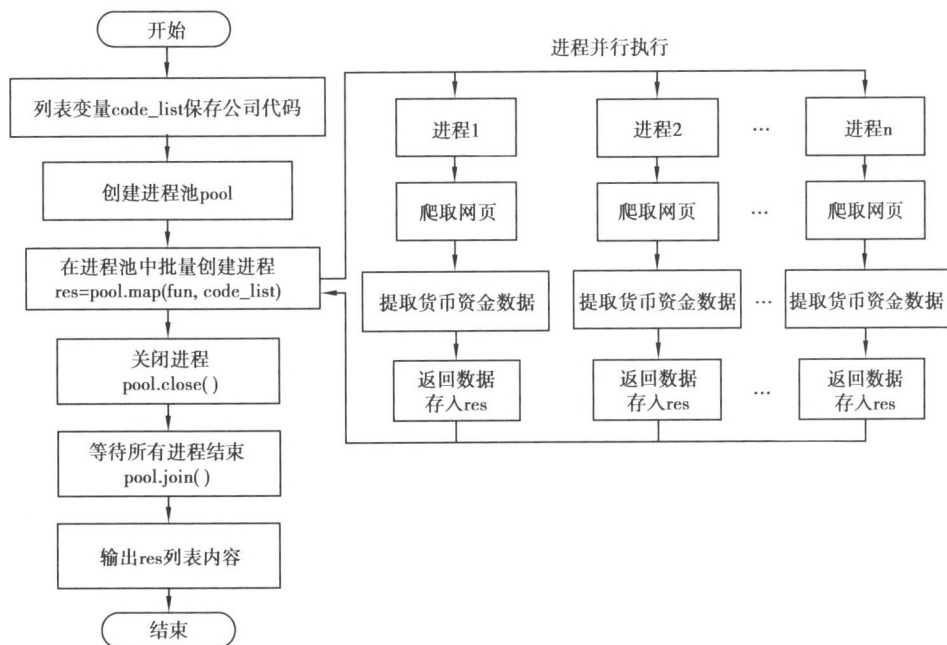

图 8-2-2 使用多进程获取货币资金数据的主要流程

活动二 使用多进程寻找相亲数

【问题描述】

如果有两个正整数 a 和 b，a 的所有除本身以外的因数之和等于 b，b 的所有除本身以外的因数之和等于 a，则称 a、b 是一对相亲数。请输出 200000 以内的相亲数对。

● 输出结果：

运行 1 次 getamic_mp 函数花费时间：2.17698931169403076 秒

[(220, 284), (1184, 1210), (2620, 2924), (5020, 5564), (6232, 6368), (10744, 10856), (12285, 14595), (17296, 18416), (63020, 76084), (66928, 66992), (67095, 71145), (69615, 87633), (79750, 88730), (100485, 124155), (122265, 139815), (122368, 123152), (141664, 153176), (142310, 168730), (171856, 176336), (176272, 180848)]

备注：该程序运行在双核四线程的计算机上，同一算法采用单进程运算的时间大约是 5.4 秒。

【题前思考】

根据问题描述，填写表 8-2-3。

表 8-2-3 问题分析

问题描述	问题解答
项目五中求相亲数的函数不便并行执行的原因是什么	
如何让求相亲数的操作互不相干	

【解题思路】

项目五中求相亲数的函数依赖于保存约数和的列表，这就意味着在程序执行过程中多个任务要共享这个列表，这就给并行操作带来了障碍。重新设计算法，让判断相亲数的过程不依赖于列表，而是对每个数单独计算，就可以让判断相亲数的操作互不干扰，使之易于多个进程并行执行。

【参考代码】

```
from a5_3_2 检测函数运行时间 import timeit
from multiprocessing import Pool,cpu_count
import math
def amicable(n):                                          ①
    def sumfactor(m):
        root = int(math.sqrt(m))
        s = 1
        for j in range(2, root + 1):
            if m % j == 0:
                s += j + m // j
        return s if root * root != m else s − root
    b=sumfactor(n)
    return (b,n) if b<n and n==sumfactor(b) else None
@timeit(1)
def getamic_mp(a,b):                                       ②
    with Pool(cpu_count()) as p:                           ③
        res=p.map(amicable,range(a,b+1))
    return [a for a in res if a]
if __name__=='__main__':
    print(getamic_mp(2,200000))
```

【代码分析】

①：定义函数 amicable(n) 求 n 的相亲数，如果 n 有相亲数，则返回元组 (n,n 的相亲数)，反之返回 none，这样就能分别判断每个数有没有相亲数而不会相互干扰。关于求整数 m 的约数之和的局部函数 sumfactor(m) 的更多内容参见项目五。

②：定义函数 getamic_mp(a,b) 以多进程的方式求 a~b 的相亲数。

③：创建进程数为 cpu_count() 的进程池，命名为 p，调用进程池的 map() 方法以多进程的方式运行 amicable() 函数，每次调用 amicable() 函数的参数构成列表又作为参数传递给 map() 方法，最后将各次函数调用的结果以列表的形式返回保存到变量 res。

一展身手

编写一个程序，尝试用蒙特卡罗方法计算圆周率。蒙特卡罗方法是一个撒点方法。取一个正圆的四分之一，和一个正方形的四分之一形成一个单位方形，单位四分之一圆和四分之一正方形之比，就等于 4 倍圆周率，如图 8-2-3 所示。

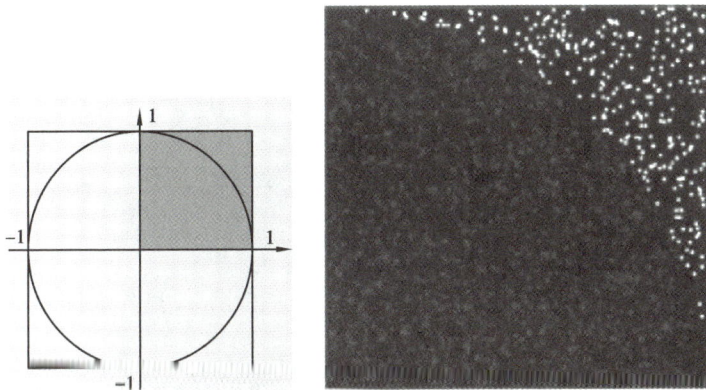

图 8-2-3　蒙特卡罗方法计算圆周率

假设圆心的坐标为 (0,0)，圆的半径为 1。在程序中产生两个 0~1 的随机值 x,y，用 x,y 构成坐标点 p(x, y)，这个坐标点就是抛洒点。如果 p(x, y) 到圆心的距离小于 1，证明 (x, y) 在圆范围内，否则不在圆内。产生大量的抛洒点，统计出落在圆内的抛洒点的数量 hits,然后与总的抛洒点数量 DARTS 之比，就约等于四分之一圆面积和正方形的比值，圆周率的值约等于 4*hits/DARTS。

为了提高圆周率的准确度，采取多进程方式多次计算圆周率，计算结果再求平均值。主要流程如图 8-2-4 所示。

提示：random.random( ) 函数能够产生 0~1 的随机值。

项目小结

在本项目中，我们首先学习了使用 requests 和 xpath 爬取网页数据的方法。先让爬虫任务串行执行，再让爬虫任务以多线程的方式并发执行，可以从执行时间上看出多线程并发执行的优势。concurrent.futures 模块和 threading 模块都可以实现多线程执行，concurrent.futures 模块简单，但是 threading 模块更灵活，效率更高。除了多线程执行外，Python 还提供了多进程的执行方式，multiprocessing 模块实现了多个进程的并行执行。使用 Pool 类创建进程池可以简单实现多个进程并行执行，但是要求并行执行的多个进程互不相干，这就需要对原有的算法做一些修改。

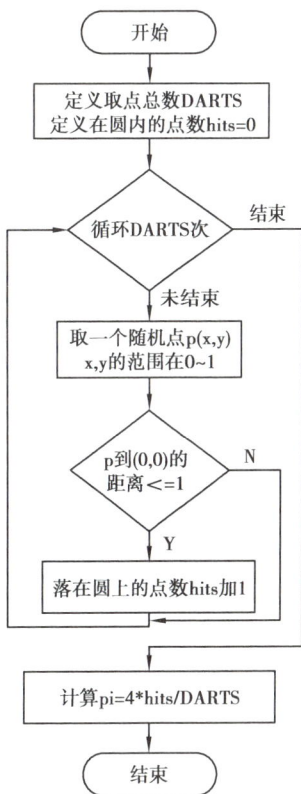

图 8-2-4　蒙特卡罗方法计算圆周率的主要流程

自我检测

一、填空题

1. 使用 requests 爬取 url 指向的内容的代码是＿＿＿＿＿＿＿＿＿＿＿＿＿＿。

2. xpath 路径表达式中 // 代表的含义是＿＿＿＿＿＿＿＿＿＿＿＿＿＿。

3. xpath 路径表达式中 . 代表的含义是＿＿＿＿＿＿＿＿＿＿＿＿。

4. tree.xpath('/body/div[@class="main"]') 的含义是＿＿＿＿＿＿＿＿＿＿＿＿＿＿。

5. 从 tree 对象中提取类名为 sname 的所有 td 元素的文本内容的代码是＿＿＿＿＿＿＿＿＿＿＿＿＿＿。

6. 如果 arg_list 有 10 个元素，语句 item_list = pool.map(fun, arg_list) 中，参数 fun 代表＿＿＿＿＿＿，参数 arg_list 代表＿＿＿＿＿＿，各进程返回值存放在＿＿＿＿＿＿。

7. 启动线程 t 的代码是＿＿＿＿＿＿＿＿＿＿＿＿。

8. 等待进程池 p 执行结束的代码是＿＿＿＿＿＿＿＿＿＿＿＿。

9. 执行 pool = Pool(cpu_count()) 后，会创建进程池 pool，进程池 pool 最多可并行执行的进程数为＿＿＿＿＿＿个。

二、简答题

1. 什么是串行执行？什么是并行执行？两者有何区别？

2. 使用多线程和多进程并行执行的区别是什么？

3. 创建并开启多个子进程后，如何让主进程等待所有子进程执行结束？

4. 创建多个子进程后，如果需要控制进程之间的先后顺序，应该采取什么方法？

三、编写程序

1. 编写一个程序，从配套网站上获取 49 家公司（公司代码见任务一的活动一的源程序）2024 年 3 月 31 日报告的存货数据，并测试程序执行时间。

2. 编写一个程序，以多进程的方式求 1~10000 的所有质数。

项目评价

任务	标准	配分 / 分	得分 / 分
使用线程提高程序执行速度	能描述 requests、xpath 的简单使用方法	10	
	能描述多线程相关的类和函数的使用方法	10	
	能使用 requests 请求网页数据，能使用 xpath 解析和提取网页数据	10	
	能使用多线程并发执行程序	30	
使用进程并行执行程序	能描述多进程相关的类和函数的使用方法	10	
	能使用多进程并行执行程序	30	
总分		100	

阅读有益

数据工程的开拓者——王珊

　　王珊教授生于 1944 年，毕生致力于数据库系统理论的研究。在高性能数据库系统新技术研究方面，她研究和开发了高可扩展、高安全性、高性能数据库系统。在网格数据管理研究方面，她研究了在网格环境下使用关系数据库进行信息检索的新技术和新方法，其中包括基于关键词的网格关系数据库的信息检索技术、网格环境下分布式查询算法和网格环境下保持关键字顺序的分布式索引。1999 年，王珊教授带领一批从事数据库技术研发的学者创立了北京人大金仓信息技术股份有限公司。

项目九 访问数据库

///////// **项目描述** /////////

在日常生活中会有很多数据，如在学校里面有学生信息、课程信息、教师信息等。为了便于统计分析，我们需要设计各种数据表，如学生信息表、课程表、教师信息表。我们可以把有关联的多张数据表放在同一个数据库中，便于今后使用。本项目使用 Python 自带的 Sqlite3 模块来访问数据库，Sqlite3 是一个轻量级的 SQL 数据库，缺少很多诸如 PostgreSQL 数据库的功能，但非常便于构造原型系统，可移植性好、易使用、内存开销小，能对数据进行增、删、改、查的操作。

///////// **项目目标** /////////

知识目标：

能列举 Sqlite3 数据库中的数据类型；

能描述创建数据库和表的 SQL 语法；

能描述增、删、改、查数据的 SQL 语法。

技能目标：

能建立数据库连接；

能根据需要创建数据库和表；

能按要求从数据库中查询数据；

能向数据库中插入数据；

能修改数据库中的数据。

思政目标：

培养自力更生的精神。

任务一　创建与查询数据库

在日常生活中，我们会用到很多表格来收集学生信息、课程信息等。在本任务中，我们将用 Sqlite3 来创建学生信息表，然后根据需要查询统计学生信息等。

活动一　创建学生信息数据库

【问题描述】

现有一个班级的学生信息，信息多而复杂，如姓名、性别、年龄、家庭地址、家庭总收入等。考虑到一个学校可能还有同名的同学，为了便于日常管理，避免出错，请你设计学生信息数据库来存放学生的各类信息。

- 输出结果：

输出结果见表 9-1-1。

表 9-1-1　学生信息表

Id	Name	Age	Sex	Address	Annual_household_income
2021DS0401	陶培豪	15	男	重庆市九龙坡区	60000
2021DS0402	代远航	16	男	重庆市长寿区	50000
2021DS0403	樊慧琳	14	女	重庆市长寿区	30000
2021DS0404	付小青	14	女	重庆市九龙坡区	30000
2021DS0405	高清源	15	男	重庆市九龙坡区	15000
2021DS0406	龚涛	14	男	重庆市沙坪坝区	100000
2021DS0407	何虹	15	女	重庆市九龙坡区	20000
2021DS0408	贺婉云	15	女	重庆市奉节县	15000
2021DS0409	胡泓吉	15	男	重庆市江津区	12000
2021DS0410	胡季春	17	男	重庆市九龙坡区	90000

【题前思考】

根据问题描述，填写表 9-1-2。

表 9-1-2　问题分析

问题描述	问题解答
在你所在的学校，学生信息包含哪些具体的信息	
在学生信息中，有的信息可能是相同的（如姓名相同），如何区别不同的学生信息	
在输入学生信息时，如果不是必须输入的信息，应该怎样设置	

【解题思路】

要创建学生信息数据库，首先要确定数据库中的字段，包含姓名、性别、年龄、家庭地址、家庭年收入，除此以外，还需要确定一个学号（不能重复），用于后面数据表的连接、查询等操作。创建数据库表时，需要指定哪些字段必须要有数据，哪些字段可以为空。

【程序代码】

```
import sqlite3
con = sqlite3.connect('students.db')                                        ①
cur = con.cursor( )                                                         ②
cur.execute('''CREATE TABLE students_Infor(id text primary key,name text,age
integer,sex text,address text,annual_household_income real)''')             ③
cur.execute("INSERT INTO students_Infor VALUES ('2021DS0401','陶培豪',15,'男','\
重庆市九龙坡区 ',60000)")                                                     ④
cur.execute("INSERT INTO students_Infor VALUES ('2021DS0402','代远航',16,'男','\
重庆市长寿区 ',50000)")
cur.execute("INSERT INTO students_Infor VALUES ('2021DS0403','樊慧琳',14,'女','\
重庆市长寿区 ',30000)")
con.commit( )                                                               ⑤
con.close( )                                                                ⑥
```

【代码分析】

①：要使用 Sqlite3 模块访问数据库，必须先创建一个 Connection 对象，它代表数据库。本例中数据库将存储在 students.db 文件中，如果 students.db 不存在，会创建一个空的数据库文件，Connection 对象赋值给变量 con。

②：当有了 Connection 对象 con 后，调用 con.cursor( ) 方法创建一个 Cursor 游标对象，然后调用它的 execute( ) 方法来执行 SQL 语句和取得查询的结果。

③：创建一个名为 students_Infor 的表格，其字段见表 9-1-3。

表 9-1-3 学生信息表的字段

字段	数据类型
id	text(文本字符串)
name	text(文本字符串)
age	integer(有符号整数)
sex	text(文本字符串)
address	text(文本字符串)
annual_household_income	real(浮点数)

id 后面跟了 primary key，这就代表在插入数据的时候，id 是必须输入且不能重复。

④：通过调用 execute( ) 方法来插入一行数据，注意插入的内容应该与表的字段统一。

⑤：表示一个事务结束，提交当前事务，使事务中执行的变更永久化。

⑥：关闭连接。

【技术全貌】

在 Sqlite3 数据库中创建数据库表的语法为：

CREATE TABLE 表名称

(

      列名称 1 数据类型 [primary key]，

      列名称 2 数据类型，

      列名称 3 数据类型，

      …

)

数据类型选用以下类型之一，见表 9-1-4。

表 9-1-4　数据类型

数据类型	含义
NULL	值是空值
INTEGER	值是有符号整数，根据值的大小以 1、2、3、4、6 或 8 字节存储
REAL	值是浮点数，以 8 字节 IEEE 浮点数存储
TEXT	值是文本字符串，使用数据库编码（UTF-8, UTF-16BE 或 UTF-16LE）进行存储
BLOB	值一个数据块，按它的输入原样存储

sqlite3.connect( ) 函数会返回一个数据库对象，并打开其指定的数据库文件，连接对象的常见方法见表 9-1-5。

表 9-1-5　连接对象的常见方法

语法	描述
db.close	关闭到数据库（由 db 对象表示，通过调用 connect( ) 函数获取）的连接
db.commit( )	向数据库中提交任何未解决的事物，对不支持事物的数据库则不进行任何操作
db.cursor( )	返回一个数据库游标对象，可用于执行数据库查询
db.rollback( )	将任何尚未完成的事务回滚到事务开始前的状态，对不支持事务的数据库则不进行任何操作

连接对象的 cursor 方法将我们引入另外一个主题：游标对象。通过游标执行 SQL 查询并检查结果。游标连接支持更多的方法，见表 9-1-6。

表 9-1-6　游标对象的属性与方法

语法	描述
c.arraysize	fetchmany( ) 将返回的（可读的 / 可写的）行数（如果没有指定大小）
c.close( )	关闭游标 c，在游标超出范围之外时会自动执行这一操作
c.description	一个只读的 7 元组（name,type_code,display_size,internal_size,precision, scale,null_ok）序列，描述了每个相继的游标 c 组成的列

续表

语法	描述
c.execute(sql,params)	执行字符串 sql 表示的 SQL 查询,使用相应的参数(如果给定就来自 params 序列或映射)替代每个占位符
c.executemany(sql,sep_of_params)	对序列或映射中的 seq_of_params 序列中的每一项执行一次 SQL 查询,该方法不应该用于创建结果集的操作(比如 SELECT 语句)
c.fetchall()	返回一个序列,其中包含所有尚未取回的行
c.fetchmany(size)	返回一个行序列(每个行本身也是一个序列),size 默认值为 c.arraysize
c.fetchone()	以序列的形式返回查询结果集的下一行,结果用尽后则返回 None,如果没有结果集就产生一个异常
c.rowcount	最后一个操作(如 SELECT、INSERT、UPDATE 或 DELETE)的只读的行计数,如果不可用或不能应用,就返回 −1

一展身手

请试着设计学生选课表,字段如下:课程编号、课程名称、选修学生,并插入表 9-1-7 所示的学生信息。程序流程图如图 9-1-1 所示。

表 9-1-7　学生选课表

课程编号	课程名称	选修学生
40010031	视频剪辑	陶培豪
40010031	视频剪辑	代远航
40010031	视频剪辑	樊慧玲
40010032	图像处理	陶培豪
40010032	图像处理	胡季春
40010032	图像处理	何虹

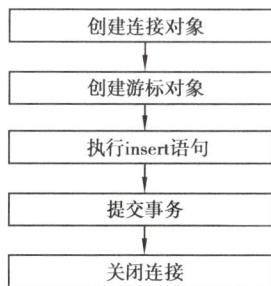

图 9-1-1　程序流程图

活动二　在学生信息数据库中查询信息

【问题描述】

请利用表 9-1-8 所示的学生信息表 students_Info,筛选出年龄小于等于 15 岁的同学的姓名及性别。

表 9-1-8　学生信息表

Id	Name	Age	Sex	Address	Annual_household_income
2021DS0401	陶培豪	15	男	重庆市九龙坡区	60000
2021DS0402	代远航	16	男	重庆市长寿区	50000
2021DS0403	樊慧琳	14	女	重庆市长寿区	30000

续表

Id	Name	Age	Sex	Address	Annual_household_income
2021DS0404	付小青	14	女	重庆市九龙坡区	30000
2021DS0405	高清源	15	男	重庆市九龙坡区	15000
2021DS0406	龚涛	14	男	重庆市沙坪坝区	100000
2021DS0407	何虹	15	女	重庆市九龙坡区	20000
2021DS0408	贺婉云	15	女	重庆市奉节县	15000
2021DS0409	胡泓吉	15	男	重庆市江津区	12000
2021DS0410	胡季春	17	男	重庆市九龙坡区	90000

• 输出结果：

[(' 陶培豪 ', 15), (' 樊慧琳 ', 14), (' 付小青 ', 14), (' 高清源 ', 15), (' 龚涛 ', 14), (' 何虹 ', 15), (' 贺婉云 ', 15), (' 胡泓吉 ', 15)]

【题前思考】

根据问题描述，填写表 9-1-9。

表 9-1-9   问题分析

问题描述	问题解答
学生的信息很多，题目中需要查询的是什么信息呢	
连接已经创建的数据库的代码是什么	
在数据库中查询信息的基本命令是什么	

【解题思路】

要查询数据，首先要连接给定的数据库，然后使用数据库中对应的数据表，通过 select 命令查询出需要的信息。

【程序代码】

```
import sqlite3
con = sqlite3.connect('students.db')                                        ①
cur = con.cursor( )
res=[ ]
for row in cur.execute("select name,age from students_Infor where age<=15"):  ②
    res.append(row)
print(res)
con.close( )
```

【代码分析】

①：要使用 sqlite3 这个模块，必须先创建一个 Connection 对象，它代表数据库。

②：这条语句首先是筛选出年龄小于等于 15 岁的学生，然后选择学生的姓名和年龄，最后以迭代器的形式来输出结果。查询过程如图 9-1-2 所示。

id	name	age	sex	address	annual_household_income
2021DS0401	陶培豪	15	男	重庆市九龙坡区	60000
2021DS0402	代远航	16	男	重庆市长寿区	50000
2021DS0403	樊慧琳	14	女	重庆市长寿区	30000
2021DS0404	付小青	14	女	重庆市九龙坡区	30000
2021DS0405	高清源	15	男	重庆市九龙坡区	15000
2021DS0406	龚涛	14	男	重庆市沙坪坝区	100000
2021DS0407	何虹	15	女	重庆市九龙坡区	20000
2021DS0408	贺婉云	15	女	重庆市奉节县	15000
2021DS0409	胡泓吉	15	男	重庆市江津区	12000
2021DS0410	胡季春	17	男	重庆市九龙坡区	90000

"where age<=15"筛选出年龄小于等于15岁的学生

Id	Name	Age	Sex	Address	Annual_household_income
2021DS0401	陶培豪	15	男	重庆市九龙坡区	60000
2021DS0403	樊慧琳	14	女	重庆市长寿区	30000
2021DS0404	付小青	14	女	重庆市九龙坡区	30000
2021DS0405	高清源	15	男	重庆市九龙坡区	15000
2021DS0406	龚涛	14	男	重庆市沙坪坝区	100000
2021DS0407	何虹	15	女	重庆市九龙坡区	20000
2021DS0408	贺婉云	15	女	重庆市奉节县	15000
2021DS0409	胡泓吉	15	男	重庆市江津区	12000

"select name,age"选择姓名和年龄

Name	Age
陶培豪	15
樊慧琳	14
付小青	14
高清源	15
龚涛	14
何虹	15
贺婉云	15
胡泓吉	15

for row in cur.execute（ ）使用了迭代器形式输出结果，因为筛选出的多条信息是一个列表，不能直接打印输出

[(' 陶培豪 ', 15), (' 樊慧琳 ', 14), (' 付小青 ', 14), (' 高清源 ', 15), (' 龚涛 ', 14), (' 何虹 ', 15), (' 贺婉云 ', 15), (' 胡泓吉 ', 15)]

图 9-1-2 SQL 查询过程

【优化提升】

要在执行 select 语句后获取数据，可以把游标作为 iterator（迭代器），然后调用它的
fetchone() 方法来获取一条匹配的行，也可以调用 fetchall() 来得到包含多个匹配行的列表。
原程序采用 fetchone() 方法改写后如下：

```
import sqlite3
con = sqlite3.connect('students.db')
cur = con.cursor()
cur.execute("select name,age from students_Infor where age<=15")
print(cur.fetchall())
con.close()
```

【技术全貌】

sqlite3 的 where 子句用于指定从一个表或多个表中获取数据的条件。如果满足给定的条
件，即为真（true）时，则从表中返回特定的值。可以使用 where 子句来过滤记录，只获取
需要的记录。where 子句不仅可用在 select 语句中，也可用在 update、delete 语句中，我们
还可以使用比较或逻辑运算符指定条件，如 >、<、=、like、not。select 语句的 where 子句
的语法见表 9-1-10。

表 9-1-10　select 语句的 where 子句的语法

sqlite3 中带有 where 子句的 select 语句的基本语法如下：select column1, column2, columnN from table_name where[condition]

假设 company 表有以下记录：

id	name	age	address	salary
---------	---------	---------	---------	---------
1	Paul	32	California	20000.0
2	Allen	25	Texas	15000.0
3	Teddy	23	Norway	20000.0
4	Mark	25	Rich-Mond	65000.0
5	David	27	Texas	85000.0
6	Kim	22	South-Hall	45000.0
7	James	24	Houston	10000.0

下面的 select 语句列出了 age 大于等于 25 且工资大于等于 65000.00 的所有记录：sqlite3> select * from company where age >= 25 and salary >= 65000;

id	name	age	address	salary
---------	---------	---------	---------	---------
4	Mark	25	Rich-Mond	65000.0
5	David	27	Texas	85000.0

下面的 select 语句列出了 age 大于等于 25 或工资大于等于 65000.00 的所有记录：sqlite3> select * from company where age >= 25 or salary >= 65000;

id	name	age	address	salary
---------	---------	---------	---------	---------
1	Paul	32	California	20000.0
2	Allen	25	Texas	15000.0
4	Mark	25	Rich-Mond	65000.0
5	David	27	Texas	85000.0

续表

下面的 select 语句列出了 name 以 "Ki" 开始的所有记录，"Ki" 之后的字符不做限制: sqlite3> select * from company where name like 'Ki%';				
id	name	age	address	salary
----------	----------	----------	----------	----------
6	Kim	22	South-Hall	45000.0
下面的 select 语句列出了 age 的值为 25 或 27 的所有记录: sqlite3> select * from company where age in (25, 27);				
id	name	age	address	salary
----------	----------	----------	----------	----------
2	Allen	25	Texas	15000.0
4	Mark	25	Rich-Mond	65000.0
5	David	27	Texas	85000.0

一展身手

请利用 students.db，筛选出家庭人均年总收入在 30000 元及以下并且年龄小于等于 14 岁的学生信息。程序流程图如图 9-1-3 所示。

输出结果如下：

[('2021DS0403', '樊慧琳', 14, '女', '重庆市长寿区', 30000.0), ('2021DS0404', '付小青', 14, '女', '重庆市九龙坡区', 30000.0)]

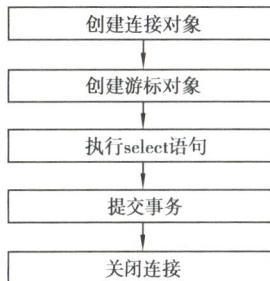

图 9-1-3 程序流程图

任务二 维护数据库中的数据

在对数据进行维护时，需要对数据库中的数据进行增加、修改、删除等操作，可以使用 sqlite3 中的命令来对数据进行快速操作。

活动一 修改学生信息库中的数据

【问题描述】

请更新表 students_Infor 中付小青同学的家庭人均年总收入，由 30000 修改为 50000。

• 输出结果：

输出结果见表 9-2-1。

表 9-2-1　学生信息表

Id	Name	Age	Sex	Address	Annual_household_income
2021DS0401	陶培豪	15	男	重庆市九龙坡区	60000
2021DS0402	代远航	16	男	重庆市长寿区	50000
2021DS0403	樊慧琳	14	女	重庆市长寿区	30000
2021DS0404	付小青	14	女	重庆市九龙坡区	50000
2021DS0405	高清源	15	男	重庆市九龙坡区	15000
2021DS0406	龚涛	14	男	重庆市沙坪坝区	100000
2021DS0407	何虹	15	女	重庆市九龙坡区	20000
2021DS0408	贺婉云	15	女	重庆市奉节县	15000
2021DS0409	胡泓吉	15	男	重庆市江津区	12000
2021DS0410	胡季春	17	男	重庆市九龙坡区	90000

【题前思考】

根据问题描述，填写表 9-2-2。

表 9-2-2　问题分析

问题描述	问题解答
有了 connection 对象以后通过什么方法来执行 SQL 语句	
更新数据表的 SQL 命令是什么	

【解题思路】

首先用 sqlite3.connect( ) 函数连接给定的数据库获得 Conncetion 对象，然后利用 Connction 对象的 cursor( ) 方法取得 Cursor 游标对象，用游标对象的 execute ( ) 方法执行 update 命令来更新需要修改的地方。

【程序代码】

```
import sqlite3
con = sqlite3.connect('students.db')
cur = con.cursor( )
cur.execute("update students_Infor set annual_household_income=50000 where\
name==' 付小青 '")                                                        ①
con.commit( )                                                             ②
con.close( )
```

【代码分析】

①：首先是在 students_Infor 表中找到姓名是付小青的记录，然后将 annual_household_income 设置为 50000。update 命令执行过程如图 9-2-1 所示。

Id	Name	Age	Sex	Address	Annual_household_income
2021DS0401	陶培豪	15	男	重庆市九龙坡区	60000
2021DS0402	代远航	16	男	重庆市长寿区	50000
2021DS0403	樊慧琳	14	女	重庆市长寿区	30000
2021DS0404	付小青	14	女	重庆市九龙坡区	30000
2021DS0405	高清源	15	男	重庆市九龙坡区	15000
2021DS0406	龚涛	14	男	重庆市沙坪坝区	100000
2021DS0407	何虹	15	女	重庆市九龙坡区	20000
2021DS0408	贺婉云	15	女	重庆市奉节县	15000
2021DS0409	胡泓吉	15	男	重庆市江津区	12000
2021DS0410	胡季春	17	男	重庆市九龙坡区	90000

"where name==' 付小青 '" 找到姓名是付小青的记录

Id	Name	Age	Sex	Address	Annual_household_income
2021DS0401	陶培豪	15	男	重庆市九龙坡区	60000
2021DS0402	代远航	16	男	重庆市长寿区	50000
2021DS0403	樊慧琳	14	女	重庆市长寿区	30000
2021DS0404	付小青	14	女	重庆市九龙坡区	30000
2021DS0405	高清源	15	男	重庆市九龙坡区	15000
2021DS0406	龚涛	14	男	重庆市沙坪坝区	100000
2021DS0407	何虹	15	女	重庆市九龙坡区	20000
2021DS0408	贺婉云	15	女	重庆市奉节县	15000
2021DS0409	胡泓吉	15	男	重庆市江津区	12000
2021DS0410	胡季春	17	男	重庆市九龙坡区	90000

"set annual_household_income=50000" 设置家庭年收入为 50000

Id	Name	Age	Sex	Address	Annual_household_income
2021DS0401	陶培豪	15	男	重庆市九龙坡区	60000
2021DS0402	代远航	16	男	重庆市长寿区	50000
2021DS0403	樊慧琳	14	女	重庆市长寿区	30000
2021DS0404	付小青	14	女	重庆市九龙坡区	50000
2021DS0405	高清源	15	男	重庆市九龙坡区	15000
2021DS0406	龚涛	14	男	重庆市沙坪坝区	100000
2021DS0407	何虹	15	女	重庆市九龙坡区	20000
2021DS0408	贺婉云	15	女	重庆市奉节县	15000
2021DS0409	胡泓吉	15	男	重庆市江津区	12000
2021DS0410	胡季春	17	男	重庆市九龙坡区	90000

图 9-2-1 update 命令执行过程

②：一定要调用 con.commit( ) 方法才能将更改保存到数据库，如果没有提交，更改将无效。

【技术全貌】

sqlite3 的 update 查询用于修改表中已有的记录。可以使用带有 where 子句的 update 查询来更新选定行，否则所有的行都会被更新。update 语句的 where 子句的语法见表 9-2-3。

表 9-2-3 update 语句的 where 子句的语法

带有 where 子句的 update 查询的基本语法如下：
update table_name
set column1 = value1, column2 = value2…, columnN = valueN
where [condition];
可以使用 and 或 or 运算符来结合 N 个数量的条件。

假设 COMPANY 表有以下记录：

```
id          name        age         address     salary
----------  ----------  ----------  ----------  ----------
1           Paul        32          California  20000.0
2           Allen       25          Texas       15000.0
3           Teddy       23          Norway      20000.0
4           Mark        25          Rich-Mond   65000.0
5           David       27          Texas       85000.0
6           Kim         22          South-Hall  45000.0
7           James       24          Houston     10000.0
```

下面是一个实例，它会更新 ID 为 6 的客户地址：

sqlite3> update company set address = 'Texas' where ID = 6;

现在，cpmpany 表有以下记录：

```
id          name        age         address     salary
----------  ----------  ----------  ----------  ----------
1           Paul        32          California  20000.0
2           Allen       25          Texas       15000.0
3           Teddy       23          Norway      20000.0
4           Mark        25          Rich-Mond   65000.0
5           David       27          Texas       85000.0
6           Kim         22          Texas       45000.0
7           James       24          Houston     10000.0
```

如果想修改 company 表中 address 和 salary 列的所有值，则不需要使用 where 子句，update 查询如下：

sqlite3> update company set address = 'Texas', salary = 20000.00;

现在，company 表有以下记录：

```
id          name        age         address     salary
----------  ----------  ----------  ----------  ----------
1           Paul        32          Texas       20000.0
2           Allen       25          Texas       20000.0
3           Teddy       23          Texas       20000.0
4           Mark        25          Texas       20000.0
5           David       27          Texas       20000.0
6           Kim         22          Texas       20000.0
7           James       24          Texas       20000.0
```

一展身手

请将地址是重庆市长寿区的所有同学的家庭人均年总收入修改为 40000。程序流程图如图 9-2-2 所示。

```
创建连接对象
    ↓
创建游标对象
    ↓
执行update语句
    ↓
提交事务
    ↓
关闭连接
```

图 9-2-2　程序流程图

活动二　删除学生信息库中的数据

【问题描述】

现在代远航同学已经转学，需要在学生信息表 students_Infor 中删除他的信息。

- 输出结果：

输出结果见表 9-2-4。

表 9-2-4　学生信息表

Id	Name	Age	Sex	Address	Annual_household_income
2021DS0401	陶培豪	15	男	重庆市九龙坡区	60000
2021DS0403	樊慧琳	14	女	重庆市长寿区	30000
2021DS0404	付小青	14	女	重庆市九龙坡区	50000
2021DS0405	高清源	15	男	重庆市九龙坡区	15000
2021DS0406	龚涛	14	男	重庆市沙坪坝区	100000
2021DS0407	何虹	15	女	重庆市九龙坡区	20000
2021DS0408	贺婉云	15	女	重庆市奉节县	15000
2021DS0409	胡泓吉	15	男	重庆市江津区	12000
2021DS0410	胡季春	17	男	重庆市九龙坡区	90000

【题前思考】

根据问题描述，填写表 9-2-5。

表 9-2-5　问题分析

问题描述	问题解答
有了 connection 对象以后通过什么方法来执行 SQL 语句	
删除数据表的 SQL 命令是什么	

【解题思路】

首先用 sqlite3.connect( ) 函数连接给定的数据库获得 Conncetion 对象，然后利用 Connction 对象的 cursor( ) 方法取得 Cursor 游标对象，用游标对象的 execute ( ) 方法执行 delete 命令来删除记录。

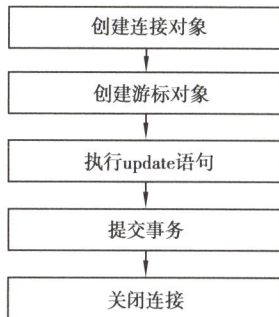

【程序代码】

```
import sqlite3
con = sqlite3.connect('students.db')
cur = con.cursor( )
cur.execute("delete from  students_Infor where name==' 代远航 '")              ①
con.commit( )                                                                  ②
con.close( )
```

【代码分析】

①：在 students_Infor 表中找到姓名是代远航的记录，然后删除本条记录。delete 命令执行过程如图 9-2-3 所示。

Id	Name	Age	Sex	Address	Annual_household_income
2021DS0401	陶培豪	15	男	重庆市九龙坡区	60000
2021DS0402	代远航	16	男	重庆市长寿区	50000
2021DS0403	樊慧琳	14	女	重庆市长寿区	30000
2021DS0404	付小青	14	女	重庆市九龙坡区	30000
2021DS0405	高清源	15	男	重庆市九龙坡区	15000
2021DS0406	龚涛	14	男	重庆市沙坪坝区	100000
2021DS0407	何虹	15	女	重庆市九龙坡区	20000
2021DS0408	贺婉云	15	女	重庆市奉节县	15000
2021DS0409	胡泓吉	15	男	重庆市江津区	12000
2021DS0410	胡季春	17	男	重庆市九龙坡区	90000

"where name==' 代远航 '" 找到姓名是代远航的记录

Id	Name	Age	Sex	Address	Annual_household_income
2021DS0401	陶培豪	15	男	重庆市九龙坡区	60000
2021DS0402	代远航	16	男	重庆市长寿区	50000
2021DS0403	樊慧琳	14	女	重庆市长寿区	30000
2021DS0404	付小青	14	女	重庆市九龙坡区	30000
2021DS0405	高清源	15	男	重庆市九龙坡区	15000
2021DS0406	龚涛	14	男	重庆市沙坪坝区	100000
2021DS0407	何虹	15	女	重庆市九龙坡区	20000
2021DS0408	贺婉云	15	女	重庆市奉节县	15000
2021DS0409	胡泓吉	15	男	重庆市江津区	12000
2021DS0410	胡季春	17	男	重庆市九龙坡区	90000

"delete from students_Infor" 从学生信息表中删除本条记录

Id	Name	Age	Sex	Address	Annual_household_income
2021DS0401	陶培豪	15	男	重庆市九龙坡区	60000
2021DS0403	樊慧琳	14	女	重庆市长寿区	30000
2021DS0404	付小青	14	女	重庆市九龙坡区	30000
2021DS0405	高清源	15	男	重庆市九龙坡区	15000
2021DS0406	龚涛	14	男	重庆市沙坪坝区	100000
2021DS0407	何虹	15	男	重庆市九龙坡区	20000
2021DS0408	贺婉云	15	女	重庆市奉节县	15000
2021DS0409	胡泓吉	15	男	重庆市江津区	12000
2021DS0410	胡季春	17	男	重庆市九龙坡区	90000

图 9-2-3 delete 命令执行过程

②：一定要调用 con.commit( ) 方法才能将更改保存到数据库，如果没有提交，更改将无效。

【技术全貌】

sqlite3 的 delete 查询用于删除表中已有的记录。可以使用带有 where 子句的 delete 查询来删除选定行，否则所有的记录都会被删除。

表 9-2-6 delete 语句的 where 子句的语法

带有 where 子句的 delete 查询的基本语法如下：
delete from table_name
where [condition];
可以使用 and 或 or 运算符来结合 N 个数量的条件。

假设 company 表有以下记录：

```
id          name        age         address     salary
----------  ----------  ----------  ----------  ----------
1           Paul        32          California  20000.0
2           Allen       25          Texas       15000.0
3           Teddy       23          Norway      20000.0
4           Mark        25          Rich-Mond   65000.0
5           David       27          Texas       85000.0
6           Kim         22          South-Hall  45000.0
7           James       24          Houston     10000.0
```

下面是一个实例，它会删除 ID 为 7 的客户：

```
sqlite3> delete from company where ID = 7;
```

现在，company 表有以下记录：

```
id          name        age         address     salary
----------  ----------  ----------  ----------  ----------
1           Paul        32          California  20000.0
2           Allen       25          Texas       15000.0
3           Teddy       23          Norway      20000.0
4           Mark        25          Rich-Mond   65000.0
5           David       27          Texas       85000.0
6           Kim         22          South-Hall  45000.0
```

续表

如果想要从 company 表中删除所有记录，则不需要使用 where 子句，delete 查询如下： sqlite3> delete from company;
现在，company 表中没有任何的记录，因为所有的记录已经通过 delete 语句删除

一展身手

请利用学生信息表，删除所有 15 岁及以上同学的学生信息。程序流程图如图 9-2-4 所示。

输出结果如下：

〔('2021DS0403','樊慧琳', 14, '女', '重庆市长寿区', 30000.0), ('2021DS0404','付小青', 14, '女', '重庆市九龙坡区', 50000.0), ('2021DS0406', '垄涛', 14, '男', '重庆市沙坪坝区', 100000.0)〕

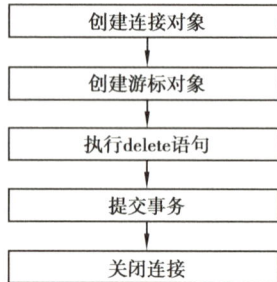

创建连接对象 → 创建游标对象 → 执行 delete 语句 → 提交事务 → 关闭连接

图 9-2-4　程序流程图

项目小结

从本项目的程序中可以看出，我们可以利用 Python 自带的 sqlite3 模块做很多数据库的管理操作。我们不仅可以创建数据库和表，还能按要求从数据库中查询数据，也能向数据库中插入数据或修改数据库中的数据。上述所有操作都有一个共同点，首先调用 sqlite3.connect( ) 函数创建一个 Connection 对象，然后调用该对象的 cursor( ) 方法获取 Cursor 游标对象，用游标对象的 execute( ) 方法来执行 SQL 命令，如果是查询命令，可以从游标对象中取得返回的结果数据。如果是 update 或 delete 命令，需要调用 Connection 对象的 commit( ) 方法将更改保存到数据库中。SQL 命令中 create table 用于创建表，select 命令用于查询，insert 命令用于插入记录，update 命令用于更改数据，delete 命令用于删除记录，后 3 条命令都要用到 where 子句选择记录。

自我检测

一、选择题

1. 一个数据库中可以包含（   ）张表。

　　A. 1　　　　　　　　B. 2　　　　　　　　C. 3　　　　　　　　D. 多

2. 存储在 sqlite3 数据库中的数据是浮点数类型的是（   ）。

　　A. null　　　　　　　B. integer　　　　　　C. real　　　　　　　D. text

3. 存储在 sqlite3 数据库中的数据是有符号整数类型的是（   ）。

　　A. null　　　　　　　B. integer　　　　　　C. real　　　　　　　D. text

4. 如果要为表更新记录，所使用的命令是（   ）。

　　A. update　　　　　　B. delete　　　　　　C. insert　　　　　　D. select

5. 如果要查询表中的记录，所使用的命令是（　　　）。

A. update　　　　　　　B. delete　　　　　　　C. insert　　　　　　　D. select

二、填空题

1. 在 sqlite3 中，当有了 Connection 对象后，可以创建一个 Cursor 游标对象，然后调用它的_____
　　　　方法来执行 SQL 语句。

2. 在数据库中，大多数时候表的"列"称为_____，它包含某一专题的信息。

3. 如果要为表添加记录，所使用的命令是_____。

4. 如果要从表中删除记录，所使用的命令是_____。

三、编写程序

1. 设计一个数据库，包含学生信息表、课程信息表和成绩信息表。请写出各个表的数据结构的 SQL 语句，以"create table"开头。

2. 向第 1 题创建的学生信息表和课程信息表中各增加 5 条记录数据，请写出增加数据的 SQL 语句，以"insert into"开头。

3. 从第 1 题创建的学生信息表和课程信息表中删除个别记录数据，请写出删除数据的 SQL 语句，以"delete from"开头。

项目评价

任务	标准	配分/分	得分/分
创建与查询数据库	能描述 sqlite3 数据库中的数据类型	10	
	能描述 create table、select、insert 命令的语法结构	10	
	能在 sqlite3 中新建数据表	10	
	能使用命令在 sqlite3 中插入数据	10	
	能在 sqlite3 中查询需要的信息	10	
维护数据库中的数据	能描述 update、delete 命令的语法结构	10	
	能修改数据库中的表的内容	20	
	能删除数据库中的表的信息	20	
总分		100	

阅读有益

坚持研究自主核心技术的工程院院士——倪光南

倪光南作为我国最早从事汉字信息处理和模式识别研究的学者之一，提出并实现了在汉字输入中应用联想功能。其主持开发的联想式汉字系统，较好地解决了汉字处理的一系列技术问题，于 1988 年获国家科技进步一等奖，所在企业亦由计算所公司改名为联想集团。他致力于在中国推进开放源代码的 Linux 操作系统，以及研发基于国产 CPU 和 Linux 的网络计算机等拥有自主核心技术的产品。他于 1994 年被遴选为中国工程院首批院士，于 2015 年获得中国计算机学会终身成就奖。

项目十　使用正则表达式处理文字

项目描述

在现实世界中，我们常常需要对满足一定规律的字符串执行某种操作。在计算机中，可以通过正则表达式来实现这种需求。正则表达式（Regular Expression）是描述字符串特征的有力工具，用来匹配特定的字符串，常用于验证、搜索、替换和分割字符串。正则表达式是对字符串进行操作的一种逻辑公式，一个单独的正则表达式可以表示无限数量的字符串。在很多技术领域，正则表达式可以方便地提取我们想要的信息，几乎所有的计算机高级语言都支持正则表达式。

项目目标

知识目标：

能列举常用量词、断言和标记；

能描述 re 模块中常用函数的功能；

能列举 match 对象和 pattern 对象的常用属性和方法；

能描述捕获组的格式。

技能目标：

能运用量词、捕获组、断言和标记等，针对实际问题，写出正确的正则表达式；

能根据问题正确使用数量词的贪婪模式与非贪婪模式。

思政目标：

培养创新意识。

任务一 使用量词

在实际问题中，如果对匹配字符串的长度有要求，就要用到正则表达式中的量词。在没有量词之前，正则表达式的一个符号只能匹配文本中的一个字符。

活动一　找出所有的班级名称

【问题描述】

给定一段文字"2020 级电商 1 班和 2021 级计算机 3 班志愿服务队是我校志愿服务总队领导下的志愿团体"，找出其中的班级名称，并输出结果。

- 输出结果：

结果 1：<re.Match object; span=(0, 9), match='2020 级电商 1 班 '>

结果 2-1：<re.Match object; span=(0, 9), match='2020 级电商 1 班 '>

结果 2-2：2020 级电商 1 班

结果 3：['2020 级电商 1 班 ', '2021 级计算机 3 班 ']

【题前思考】

根据问题描述，填写表 10-1-1。

表 10-1-1　问题分析

问题描述	问题解答
从输出结果来看，班级名称由哪几部分构成	
怎样描述班级名称的格式	
你有找出字符串中特定格式子串的办法吗	

【解题思路】

首先，班级名称由年级、专业和班号构成，具体的格式为 ××××级 + 专业 + ×班，×为一个数字，"专业"可能为若干个任意字符，"级"和"班"是固定的字符；其次，写出正确的正则表达式描述这种格式；最后，编写代码验证功能。

【程序代码】

```
import re                                                    ①
s = '2020 级电商 1 班和 2021 级计算机 3 班志愿服务队是我校志愿总队领导下的志愿团 \
体。'                                                         ②
pattern1 = '\d\d\d\d 级 \S+?\d 班 '                            ③
rs = re.match(pattern1,s)                                     ④
print(' 结果 1： ',rs)                                         ⑤
pattern2 = '\d{4} 级 \S+?\d 班 '                               ⑥
```

```
rs1 = re.match(pattern2,s)                                          ⑦
print(' 结果 2-1：',rs1)                                            ⑧
print(' 结果 2-2：',rs1.group( ))                                   ⑨
rs2 = re.findall(pattern2,s)                                        ⑩
print(' 结果 3：',rs2)                                              ⑪
```

【代码分析】

①：导入正则表达式模块 re。

②：变量 s 为待分析的字符串，其中班级名称的格式为 × × × × 级 + 专业 +× 班，× 为一个数字。

③：pattern1 字符串是一个正则表达式，又称为样式，用来描述班级名称。其中，"\d、\S、级、班"称为元字符，分别表示匹配数字、任何非空白字符和汉字"级""班"。"+"是量词，"\S+"指前面的非空白字符出现 1 到多次。"?"表示非贪婪模式。匹配过程如图 10-1-1 所示。

④：调用 re.match( ) 方法匹配样式，匹配成功，rs 是 match 类的对象，如果没有匹配，rs 为 none。

⑤：打印 rs，可以看到结果为 match 类的对象，称为匹配对象。

⑥：pattern1 中 "\d\d\d\d" 连续匹配 4 个数字，可以用 pattern2 中 "\d{4}" 简写。"{4}"是量词，表示其前面的 "\d" 刚好出现 4 次。匹配过程如图 10-1-2 所示。

2	0	2	0	级	电	商	1	班	
\d	\d	\d	\d	级	\S+?		\d	班	

图 10-1-1　pattern1 的匹配样式

2	0	2	0	级	电	商	1	班
\d{4}				级	\S+?		\d	班

图 10-1-2　pattern2 的匹配样式

⑦：使用正则表达式 pattern2 匹配，结果保存到 rs1 中。

⑧：打印 rs1，可以看到结果为匹配对象。

⑨：调用匹配对象的 group( ) 方法，输出匹配到的字符串。注意只输出了一个班级名称。

⑩：re.match( ) 方法从第一个字符开始匹配且只匹配一次。为了找到所有的班级名称，可以调用 re.findall( ) 方法，该方法返回一个列表。匹配过程如图 10-1-3 所示。

2	0	2	0	级	电	商	1	班	
\d{4}				级	\S+?		\d	班	
2	0	2	1	级	计	算	机	3	班
\d{4}				级	\S+?		\d	班	

图 10-1-3　使用 findall( ) 方法
匹配多个字符串

⑪：输出 rs2，可以看到匹配结果是一个列表。

【优化提升】

在上例中，每次执行正则表达式都需要解释器重新编译。如果一个正则表达式被多次调用，可以使用 re.compile( ) 方法将其编译为一个正则表达式对象 (Pattern 对象)，通过调用这个对象的 match( )、search( )、findall( ) 等方法，可以提高程序的运行效率。

采用下面两条语句，同样可以找到 s 中的所有班级名称。

```
pattern2 = re.compile('\d{4} 级 \S+?\d 班 ')
rs2 = pattern2.findall(s)
```

【技术全貌】

量词的形式为 {n,m}，其中 n 和 m 分别表示使用该量词的表达式必须匹配的最少次数和最多次数。贪婪量词总是尽量匹配更多的字符，先看整个字符串是不是一个匹配。如果没有发现匹配，它去掉字符串中的最后一个字符，并再次尝试。非贪婪量词正好相反，先看字符串中的第一个字母是不是一个匹配；如果单独这一个字符还不够，就读入下一个字符，组成两个字符的字符串；如果还是没有发现匹配，继续添加字符直到发现一个匹配或者整个字符串都检查过也没有匹配。表 10-1-2 列举了常见的量词形式。表 10-1-3 列出了需要记忆的常用特殊符号，称为元字符。表 10-1-4 列出了 re 模块的常用函数。表 10-1-5 列出了匹配对象（match）的属性和方法。表 10-1-6 列出了模式对象（pattern）的属性和方法。

表 10-1-2　量词的形式

贪婪模式	非贪婪模式	解释
?	? ?	零次或一次出现，等同于 {0,1}
*	*?	零次或多次出现，等同于 {0, }
+	+?	一次或多次出现，等同于 {1,}
{n}	{n}?	恰好出现 n 次
{n,m}	{n,m}?	至少 n 次，至多 m 次
{n,}	{n,}?	至少 n 次
{,m}	{,m}?	至多 m 次

表 10-1-3　常见元字符

符号	解释
.	可以匹配除换行符以外的任意字符
\d	匹配一个 unicode 数字，或带 re.ASCII 标记的 [0-9]
\D	匹配一个 unicode 非数字，或带 re.ASCII 标记的 [^0-9]
\s	匹配 unicode 空白，或带 re.ASCII 标记的 [\t\n\r\f\v]
\S	匹配 unicode 非空白，或带 re.ASCII 标记的 [^ \t\n\r\f\v]
\w	匹配一个 unicode 单词字符，或带 re.ASCII 标记的 [a-zA-Z0-9_]
\W	匹配一个 unicode 非单词字符，或带 re.ASCII 标记的 [^a-zA-Z0-9_]

注：如果需要匹配符号"."，可以使用转义字符"\."。

表 10-1-4　re 模块的常用函数

语法	解释
re.match(pattern, string, flags=0)	如果 string 开始的 0 或者多个字符匹配到了样式，就返回一个相应的匹配对象 (match)。如果没有匹配，就返回 None
re.search(pattern, string, flags=0)	扫描整个 string 找到匹配样式的第一个位置，并返回一个相应的匹配对象 (match)。如果没有匹配，就返回一个 None
re.findall(pattern, string, flags=0)	对 string 返回一个不重复的 pattern 的匹配列表，string 从左到右进行扫描，匹配按找到的顺序返回。如果样式里存在一到多个组，就返回由组构成的元组列表

续表

语法	解释
re.sub(pattern, repl, string, count=0, flags=0)	返回使用 repl 替换在 string 最左边非重叠出现的 pattern 而获得的字符串。如果样式没有找到，则不加改变地返回 string
re.split(pattern, string, maxsplit=0, flags=0)	用 pattern 分割 string。如果 maxsplit 非零，最多进行 maxsplit 次分割，剩下的字符全部返回到列表的最后一个元素
re.compile(pattern, flags=0)	将正则表达式的样式编译为一个正则表达式对象 (pattern)，可以用于匹配
re.finditer(pattern, string, flags=0)	找到 pattern 在 string 里所有的非重复匹配，返回为一个迭代器 iterator 保存了匹配对象 (match)

表 10-1-5　匹配对象（match）的属性和方法

语法	解释
match.string	匹配时使用的文本
match.re	返回产生这个实例的正则表达式对象 (pattern)
match.pos	文中正则表达式开始搜索的位置
match.endpos	文中正则表达式结束搜索的位置
match.lastindex	最后一个捕获组在文本中的索引，如果没有被捕获的分组则返回 None
match.lastgroup	最后一个被捕获分组的别名，如果没有被捕获的分组则返回 None
match.group([group1, ...])	返回元组，包含分组匹配的字符串
match.groups(default=None)	返回元组，包含所有分组匹配的字符串
match.start([group])	返回分组在原始字符串中开始匹配的位置
match.end([group])	返回分组在原始字符串中结束匹配的位置
match.span([group])	返回元组，包含分组在原始字符串中开始和结束匹配的位置
match.groupdict(default=None)	返回字典，获取有别名的分组匹配的字符串，别名是键
match.expand(template)	template 字符串可以通过别名和编号引用匹配分组

表 10-1-6　模式对象（pattern）的属性和方法

语法	解释
pattern.pattern	编译使用的正则表达式
pattern.flags	编译使用的标记，返回一个数字
pattern.groups	捕获到的模式串中组的数量
pattern.groupindex	返回字典，键是分组的别名，值是分组的编号
pattern.match(string[, pos[, endpos]])	类似函数 re.match( )；但可以接收可选参数 pos 和 endpos，限制搜索范围
pattern.search(string[, pos[, endpos]])	类似函数 re.search( )；但可以接收可选参数 pos 和 endpos，限制搜索范围
pattern.findall(string[, pos[, endpos]])	类似函数 re.findall( )；但可以接收可选参数 pos 和 endpos，限制搜索范围

注：re 模块中的方法对于 pattern 都适用，只是少了 pattern 参数。

一展身手

编写一个程序，由用户输入一串字符，判断该字符串是否是一个电子邮箱地址，如果是则输出"输入正确"，否则输出"输入错误"。程序流程图如图 10-1-4 所示。

微课

活动二 找出所有的 IP 地址

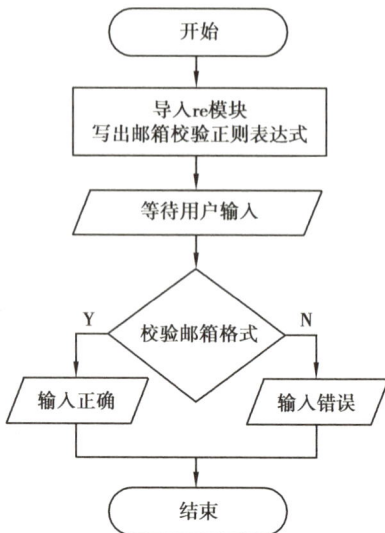

图 10-1-4　程序流程图

【问题描述】

用户输入一段文字，其中包含两个合法的 IP 地址。编写程序找出其中的 IP 地址，并输出结果。

- 输入数据：

服务器 1 的 IP 地址是：192.168.3.112，服务器 2 的 IP 地址是：192.168.3.122

- 输出结果：

['192.168.3.112', '192.168.3.122']

【题前思考】

根据问题描述，填写表 10-1-7。

表 10-1-7　问题分析

问题描述	问题解答
IP 地址的格式是什么	
如何用正则表达式表示 IP 地址	

【解题思路】

IP 地址的格式是 ×××.×××.×××.×××，每个 × 代表一个阿拉伯数字。解决问题的关键是写出 IP 地址的正则表达式，然后根据需要选择调用 re 模块中的 match( )、search( ) 或 findall( ) 等方法，求解问题。

【程序代码】

```
import re
pattern = r'\d{1,3}(?:\.\d{1,3}){3}'                              ①
s = input(' 请输入一段包含 IP 地址的字符串：')
rs = re.findall(pattern,s)                                        ②
print(rs)                                                         ③
```

【代码分析】

①：pattern 字符串是提取 IP 地址使用的正则表达式，前加 r 表示一个普通字符串，去掉反斜杠的转义机制。(?: ···) 匹配在括号内的任何正则表达式，但该分组所匹配的子字符串不能在执行匹配后被获取或是之后在模式中被引用，捕获组将在下一节中介绍。"\d{1,3}" 匹配 1~3 个数字，"\.\d{1,3}" 匹配一个 "." 且后跟 1~3 个数字。"(?:\.\d{1,3}){3}" 表示小括号构成一个组，这个组恰好重复 3 次，等同于 "\.\d{1,3}\.\d{1,3}\.\d{1,3}"；加 "?:" 构成非捕获组，否则 findall() 方法将返回捕获组列表，而不是完整的 IP 地址。

②：调用 re.findall() 方法找到段落中的所有 IP 地址，匹配过程如图 10-1-5 所示。

1	9	2	.	1	6	8	.	3	.	1	1	2
\d{1,3}			\.	\d{1,3}			\.	\d{1,3}	\.	\d{1,3}		

1	9	2	.	1	6	8	.	3	.	1	2	2
\d{1,3}			(?:\.\d{1,3}){3}									

图 10-1-5　IP 地址匹配样式

③：针对案例提供的输入数据，结果为两个 IP 地址串构成的列表。

【优化提升】

代码第①行提供的正则表达式，不能验证 IP 地址的合法性。例如，该正则表达式可以匹配 "333.333.333.333"，但这显然不是一个合法的 IP 地址。因为 IP 地址为 32 位，分为 4 个 8 位段，用点号分隔，每小段的取值范围是 0~255。而 333 大于 255，不合法。使用下面的正则表达式可以提取合法的 IP 地址。

pattern=r'(?<!\d)(?:(?:25[0-5]|2[0-4][0-9]|[01]?[0-9][0-9]?)\.){3}(?:25[0-5]|2[0-4][0-9]|[01]?[0-9][0-9]?)(?!\d)'

注意，本文提出的方案可能不是最优的。

【技术全貌】

Python 字符串前加 r，如 r'\n\n\n\n'，表示一个普通字符串 "\n\n\n\n"，而不表示换行，去掉反斜杠的转义机制；加 u 表示后面字符串以 unicode 格式进行编码，一般用在中文字符串前面，防止中文乱码；加 b 表示后面字符串是 bytes 类型，用于网络编程中。表 10-1-8 列出了正则表达式中特殊符号的作用。

表 10-1-8　特殊符号的作用

符号	解释
|	A|B，A 和 B 可以是任意正则表达式，匹配 A 或者 B
( )	创建分组，所匹配的子字符串可以被获取或是之后在模式中被引用
[ ]	表示一个字符集合，匹配其中一个字符，如 [abc] 匹配 "a" "b" 或者 "c"。表示字符范围，用 "−" 连接两个字符，如 [a-z] 匹配任何一个小写字母，[0-9] 匹配任意一个 0 到 9 的数字
[^]	匹配不在集合里面的字符，如 [^4] 将匹配除 "4" 外的所有字符
{ }	用于量词的表示，一般形式为 {n,m}

一展身手

编写一个程序，由用户循环输入字符串，每次输入结束后，判断输入的字符串是不是一个 IP 地址，如果是则输出"IP 地址格式正确"，否则输出"IP 地址格式错误"，输入"Q"或"q"退出。程序流程图如图 10-1-6 所示。

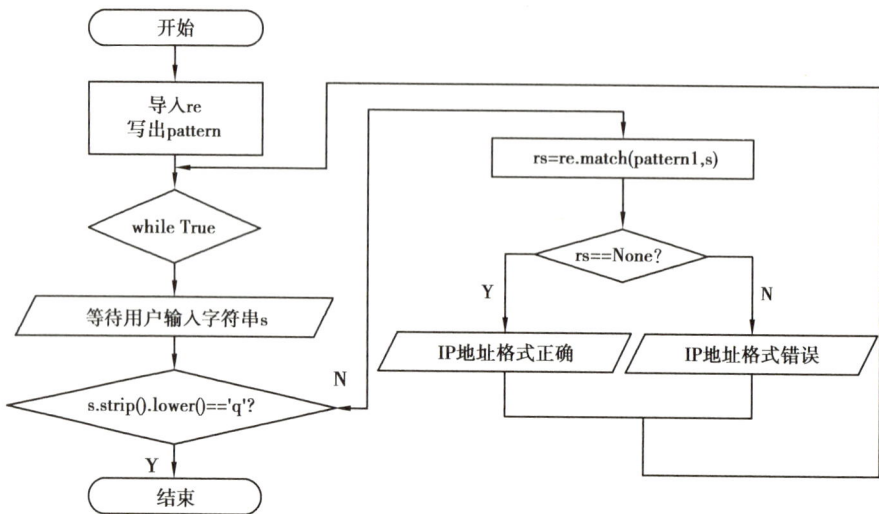

图 10-1-6　程序流程图

任务二　使用捕获组

在实际的应用程序中，通常需要捕获匹配的内容或其中一部分，以便于进一步处理；或者需要将某个量词应用于几个表达式。这些需求可以通过"()"进行组合完成。

活动一　找出服务器的 IP 和端口号

【问题描述】

提取用户输入的字符串中的 IP 地址和端口号，IP 地址和端口号由冒号隔开，要求将 IP 地址和端口号分开打印输出在控制台上。

- 输入数据：

服务器 1 的 IP 地址是：192.168.3.112:8080，服务器 2 的 IP 地址是：192.168.3.122:80

● 输出结果：

匹配结果：[('192.168.3.112', '8080'), ('192.168.3.122', '80')]

IP 地址表：['192.168.3.112', '192.168.3.122']

端口号表：['8080', '80']

【题前思考】

根据问题描述，填写表 10-2-1。

表 10-2-1 问题分析

问题描述	问题解答
带端口号的地址是怎样构成的	
如何用正则表达式表示带端口号的地址	
如果要捕获 IP 地址和端口号，( ) 应该加在正则表达式的什么地方	

【解题思路】

为了将 IP 地址和端口号分开，需要在正则表达式中定义两个分组，分别对 IP 地址和端口号样式加 ( )。此外，调用 re.findall( ) 方法匹配样式，结果为元组的列表，还需要编程从结果中取出 IP 地址和端口号。

【程序代码】

```
import re
pattern = r'(\d{1,3}(?:\.\d{1,3}){3}):(\d{1,5})'          ①
s = input(' 请输入一段包含 IP 和端口号的字符串：')
rs = re.findall(pattern,s)                                 ②
print(' 匹配结果：',rs)                                     ③
ips = [iterm[0] for iterm  in rs]                          ④
ports = [iterm[1] for iterm in rs]                         ⑤
print('IP 地址表：',ips )
print(' 端口号表：',ports)
```

【代码分析】

①：pattern 保存的样式联合提取 IP 地址和端口号。(\d{1,3}(?:\.\d{1,3}){3}) 匹配 IP 地址。":" 匹配冒号。因为端口号的范围是 1~65535，所以用 (\d{1,5}) 匹配端口号。注意，( ) 构成捕获组，(?:) 为非捕获组，本次主要讨论捕获组。

②：采用 re.findall( ) 方法从左到右扫描字符串，返回一个不重复的 pattern 的匹配列表。如果有多个分组，就把每个分组看成一项，组合为一个元组，然后返回一个元组的列表。

③：返回一个元组的列表，注意结果中没有冒号。匹配过程如图 10-2-1 所示。

④：取出 rs 中的 IP 地址组成地址表 ips。

⑤：取出 rs 中的端口号组成端口号表 ports。

192.168.3.112	8080	192.168.3.122	80
(\d{1,3}(?:\.\d{1,3}){3})	(\d{1,5})	(\d{1,3}(?:\.\d{1,3}){3})	(\d{1,5})

图 10-2-1　捕获组匹配样式

【技术全貌】

Python 正则表达式组分为捕获组和非捕获组。() 是捕获组，将括号内的规则视为一个整体，有一个回溯引用，将所有匹配的分组保存在内存中，引用分组的时候引用匹配出的文本。非捕获组 (?:) 仅匹配文本，不会捕获文本保存到内存中。

一展身手

用户随机输入格式为"…××…××…"的字符串，编写程序提取出字符串"××…××"。程序流程图如图 10-2-2 所示。例如，用户输入"abca1xxxxxa1hijkbb12345678bbqqq"，提取结果为"a1xxxxxa1"（首尾都是长度为 2 的字符串"a1"，它们之间的字符不限）和"bb12345678bb"（首尾都是长度为 2 的字符串"bb"，它们之间的字符不限），此问题的考查目标是捕获组反向引用。所谓反向引用，是指在正则表达式中引用之前匹配的字符串，如本例中的"a1"和"bb"，只要这个长度为 2 的字符串再次出现，就从上一次出现的位置开始匹配到这次出现为止。正则表达式 r'(\w{2})\w*\1' 中，'\1' 表示第一个捕获组所匹配到的字符串。

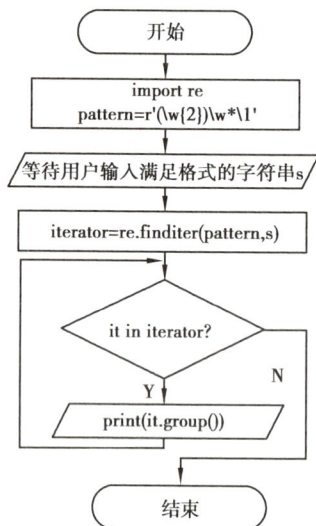

图 10-2-2　程序流程图

活动二　分析身份证信息

【问题描述】

给定身份证号码（本题中的身份证号为 51362219810927512X），解析其不同位置上的数字所表达的含义。

• 输出结果：

51：第 1 位和第 2 位代表所在省（直辖市、自治区）的代码

36：第 3 位和第 4 位代表所在地级市（自治州）的代码

22：第 5 位和第 6 位代表所在区（县、自治县、县级市）的代码

19810927：第 7 位—第 14 位代表出生年、月、日

51：第 15 位和第 16 位代表所在地的派出所的代码

2：第 17 位代表性别（注：奇数 => 男 偶数 => 女）

X：校验码，X 表示 10

【题前思考】

根据问题描述，填写表 10-2-2。

表 10-2-2 问题分析

问题描述	问题解答
身份证号码是如何构成的	
怎样用正则表达式表示身份证号	
如何用( )捕获身份证号码的各个组成部分	

【解题思路】

根据身份证号码中不同位置上的数字的含义，应用前面学过的正则表达式的知识可以写出相应的正则表达。使用( )将需要捕获的数位括起来，使用匹配对象的 group( ) 或 groups( ) 方法输出每个捕获组。

【程序代码】

```
import re
pattern = '^(\d{2})(\d{2})(\d{2})(\d{8})(\d{2})(\d)([0-9X])$'                    ①
rs = re.match(pattern,'513622198109275 12X')                                    ②
for i in range(len(rs.groups( ))):                                              ③
    print(rs.groups( )[i],end=': ')
    if i==0:
        print('第 1 位和第 2 位代表所在省（直辖市、自治区）的代码')
    elif i==1:
        print('第 3 位和第 4 位代表所在地级市（自治州）的代码')
    elif i==2:
        print('第 5 位和第 6 位代表所在区（县、自治县、县级市）的代码')
    elif i==3:
        print('第 7 位—第 14 位代表出生年、月、日')
    elif i==4:
        print('第 15 位和第 16 位代表所在地的派出所的代码')
    elif i==5:
        print('第 17 位代表性别（注：奇数 => 男 偶数 => 女）')
    elif i==6:
        print('校验码 ,X 表示 10')
```

【代码分析】

①：写出了身份证号码的分离样式，如图 10-2-3 所示。"^" 和 "$" 是断言符号，"^" 表示从字符串开始匹配，"$" 表示匹配字符串结束位置。如样式 ^the$ 只能匹配字符串 "the"，

不能匹配 "clothe" "there" 和 "northern" 等情况。

②：re.match( ) 方法匹配成功将返回一个匹配对象，其中保存了匹配的完整字符串和捕获组的文本，可以使用匹配对象的 group( ) 或 groups( ) 方法访问各捕获组，访问方法如图 10-2-3 中第 3、4、5 行所示。

5	1	3	6	2	2	1	9	8	1	0	9	2	7	5	1	2	X
(\d{2})		(\d{2})		(\d{2})		(\d{8})								(\d{2})		(\d)	([0-9X])
group(0)																	
group(1)		group(2)		group(3)		group(4)								group(5)		group(6)	group(7)
groups()[0]		groups()[1]		groups()[2]		groups()[3]								groups()[4]		groups() [5]	groups()[6]

图 10-2-3　身份证号码分离样式及分组访问方法

③：groups( ) 方法返回一个元组，其中每个元素都是一个捕获组文本，通过 for 循环输出。

【优化提升】

Python 中没有 switch case 语句，除了使用示例提供的多分支方法外，我们还可以通过字典方式实现。下面的代码可实现相同的功能。

```
rs = re.findall(pattern,'51362219810927512X')
tip={
    '0':'第 1 位 ～ 第 2 位代表所在省（直辖市、自治区）的代码 ',
    '1':'第 3 位 ～ 第 4 位代表所在地级市（自治州）的代码 ',
    '2':'第 5 位 ～ 第 6 位代表所在区（县、自治县、县级市）的代码 ',
    '3':'第 7 位 ～ 第 14 位代表出生年、月、日 ',
    '4':'第 15 位 ～ 第 16 位代表所在地的派出所的代码 ',
    '5':'第 17 位代表性别（注：奇数 => 男 偶数 => 女）',
    '6':'校验码，X 表示 10'
}
for i in range(len(rs[0])):
    print(rs[0][i]+':'+tip[str(i)])
```

【技术全貌】

本案例中，正则表达式 '^(\d{2})(\d{2})(\d{2})(\d{8})(\d{2})(\d)([0-9X])$' 如果改写为 '^(\d{2}){3}(\d{8})(\d{2})(\d)([0-9X])$'，将不能正确分离前六位号码。正则表达式捕获组的数量是由 ( ) 次数决定的，而且要排除掉非捕获组 (?:)，没有匹配的组是空串。样式 '(\d{2}){3}' 虽然匹配 3 次，但只保存一个组，即最后一次匹配的文本。

一展身手

用户输入一个座机号码，如 "023-65731881"，编写程序提取出号码的区号。注意区号可以是 3 位也可以是 4 位，区号为 3 位时，号码为 8 位，区号为 4 位时，号码为 7 位。程序流程图如图 10-2-4 所示。

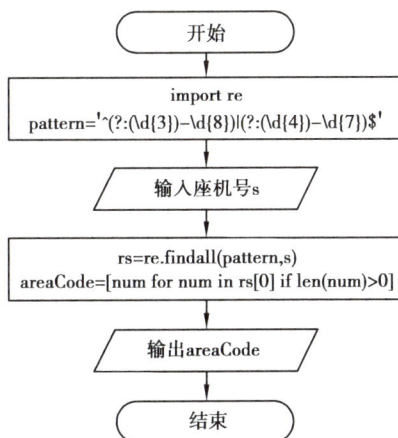

图 10-2-4　程序流程图

任务三　使用断言和标记

在前面的案例中，需要知道匹配字符串的规律，才能写出正确的正则表达式，求解问题。但是，在现实生活中，要在队列中寻找一个人，只要知道这个人的前面是谁或者后面是谁，即使不知道这个人的名字，也可以很容易把人找出来。同理，如果要求提取字符串 "<h1>…</h1>" 中省略号的部分，且该部分没有规律可言，但是它前边肯定会有 <h1>，后边肯定会有 </h1>，则可以通过断言技术求解该问题。所谓断言，就是指明某个字符串前边或者后边，将会出现满足某种规律的字符串，是一种字符串边界的条件满足判断。此外，Python 还有一种正则表达式语法称为标记，可以通过 re 模块中各方法的 flags 参数设置，标记不会和任何内容进行匹配，但是它可以控制正则表达式引擎表现出的行为。

活动一　**将文章中出现次数最多的单词改为全大写**

【问题描述】

给定一段英文文章，编写程序统计出现次数最多的单词，并将文章中的所有该单词改写为全大写字母。单词之间使用空格或标点符号隔开，单词连写，如 "isn't"，看作一个单词。

- **输入数据：**

The wind carries the house for miles and miles. Now Dorothy can stand up because

the house isn't spinning any more. The cyclone had set the house down very gently in the midst of a country of great beauty. There were lovely patches of greensward all about, with stately trees bearing rich fruits.

- •输出结果：

统计结果：[('the', 6)]

THE wind carries THE house for miles and miles. Now Dorothy can stand up because THE house isn't spinning any more. THE cyclone had set THE house down very gently in THE midst of a country of great beauty. There were lovely patches of greensward all about, with stately trees bearing rich fruits.

【题前思考】

根据问题描述，填写表 10-3-1。

表 10-3-1　问题分析

问题描述	问题解答
文章中单词与单词之间的间隔符号是什么	
在统计词频时，英文文章中"The"和"the"都统计为同一词语，该如何处理	
如何记录词频的数量	
如何将文章中某个英文单词替换为全大写字母	

【解题思路】

首先将所有的单词按空格、标点分割构成列表，随后将列表中的单词全部转换为小写。统计列表中单词的频数，并将结果保存在一个字典中，然后将字典转化为列表并从大到小排序，输出的第一个元素为出现次数最多的单词。接下来，使用 re.sub( ) 方法将出现次数最多的单词替换为全大写字母。

【程序代码】

```
import re
s = input(' 请输入一段英文：')
pattern = re.compile(r"[^\w']+")                                              ①
words = [w.lower( ) for w in pattern.split(s) if len(w.strip( ))>0]           ②
wordNum = {}
for w in words:
    if w in wordNum.keys( ):
        wordNum[w]+=1
    else:
        wordNum[w]=1                                                          ③
items = list(wordNum.items( ))
items.sort(key=lambda x:x[1],reverse=True)                                    ④
```

```
print(' 出现次数最多的单词：',items[0])
pattern1 = items[0][0]                                                    ⑤
rpl = pattern1.upper( )                                                   ⑥
pattern1 = r'\b'+pattern1+r'\b'                                           ⑦
ss = re.sub(pattern1,rpl,s,count=0,flags=re.I)                           ⑧
print(ss)
```

【代码分析】

①：将分割符号编译为正则表达式对象。"[^\w']+" 表示使用非 0-9、a-z、A-Z、' 的其他符号作为分隔符，且可以重复 1 到多次。

②：使用 pattern.split( ) 分割字符串，并去掉空串，保存在列表 words 中。

③：通过 for 循环统计 words 中单词的频数，保存在字典 wordNum 中。

④：将字典 wordNum 转换为列表，并按照频数从大到小排序，保存在 items 中。

⑤：提取出现次数最多的单词。

⑥：将出现次数最多的单词转换为全大写，保存在 rpl 中备用。

⑦：写出替换过程使用的正则表达式。假设出现次数最多的单词是“the”，则样式“\bthe\b”可以匹配“the”“the.”“(the)”“is the dog”，但不匹配“there”或者“the3”，其中“\b”表示单词边界。

⑧：re.sub( ) 使用 rpl 中的大写字符串替换满足样式的所有单词，标记 flags=re.I 忽略大小写，使得样式能够同时匹配“the”和“The”。参数 count 表示样式匹配后替换的最大次数，默认 0 表示替换所有的匹配，此处也可以不写这个参数。

【优化提升】

以上统计单词频数的代码比较烦琐，使用 collections 包中的 Counter 类可以提供更为便捷的方法。如果已经获得分割单词的正则对象 pattern，使用下面的语句，可以快速得到出现次数最多的单词。

```
from collections import Counter
res=Counter([w.lower( ) for w in pattern.split(s) if len(w.strip( ))>0])
print(' 出现次数最多的单词：',res.most_common(1)[0])
```

【技术全貌】

在上面的案例中用到了断言符号 \b 和标记符号 re.I，Python 还提供了其他断言和标记符号，表 10-3-2 和表 10-3-3 分别列出了部分常见的断言和标记符号，详细说明请扫描二维码查阅官网文档。

正则表达式语法和标记

表 10-3-2　正则表达式断言

符号	解释
^	匹配字符串的开头，并且在 multiline 模式也匹配换行后的首个符号
$	匹配字符串尾，在 multiline 模式下也会匹配换行符之前的文本
\A	只匹配字符串开始

续表

符号	解释
\Z	只匹配字符串结尾
\b	在单词边界匹配，但只在单词开始或结尾的位置，\b 定义为 \w 和 \W 字符之间
\B	在非单词边界匹配，与 \b 相反
(?=…)	正前瞻，仅当…在此位置的右侧匹配时才继续匹配
(?!…)	负前瞻，仅当…不在此位置的右侧匹配时才继续匹配
(?<=…)	正回顾，仅当…在此位置的左侧匹配时才继续匹配
(?<!…)	负回顾，仅当…不在此位置的左侧匹配时才继续匹配

表 10-3-3　正则表达式标记

标记	解释
re.A 或 re.ASCII	让 \w, \W, \b, \B, \d, \D, \s 和 \S 只匹配 ASCII，而不是 unicode
re.I 或 re.i gnorecase	忽略大小写匹配
re.M 或 re.multiline	多行匹配，影响 ^、$
re.S 或 re.dotall	使 . 匹配任何字符，包括换行符
re.X 或 re.verbose	允许正则表达添加注释和空白，提高可读性

一展身手

给定如下字符串：

'''first line

second eggs

three line

four line five line'''

编写程序提取"line"前面的单词，要求该单词位于一行开头且以"f"为首字母，即返回 ['first', 'four']。程序流程图如图10-3-1 所示。

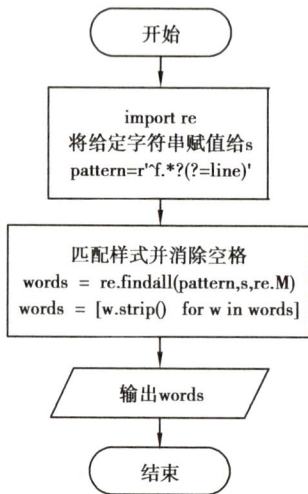

图 10-3-1　程序流程图

活动二　输出主任的姓名

【问题描述】

给定多行包含职位和姓名的字符串，编写程序输出主任的名字。

• 输入数据：

特级教师从兆杰

班主任王艳，教务处处长张静；

政教处主任刘富贵

- 输出结果:

['王艳','刘富贵']

【题前思考】

根据问题描述,填写表 10-3-4。

表 10-3-4 问题分析

问题描述	问题解答
你可以找到案例字符串中姓名的规律吗	
如果姓名自身是没有规律的,可以使用什么方法匹配	
请你写出匹配主任姓名的正则表达式	

【解题思路】

输入的字符串中姓名自身是无规律的。但是满足条件的姓名前面总有"主任"二字,且其后跟非文本字符。因此,可以依据其前后特点,使用断言写出求解问题的正则表达式。

【程序代码】

```
import re
s='''
特级教师从兆杰
班主任王艳,教务处处长张静;
政教处主任刘富贵
'''
pattern = r'(?<= 主任 )\w+'                                          ①
names = re.findall(pattern,s)                                      ②
print(names)                                                        ③
```

【代码分析】

①:\w+ 匹配一到多个字符 ;(?<= 主任) 断言标记,表示 \w+ 匹配字符串前有"主任"二字才算匹配成功,称为正回顾。

②:re.findall( ) 返回一个列表,其中保存所有的匹配样式的名字。

③:打印输出结果。

【技术全貌】

一般情况下,元字符 \w 可以同时匹配英文和中文字符,如果只允许匹配英文字符,应该将调用方法的标记参数设置为 re.A 或 re.ASCII。

一展身手

给定如下字符串：

"'\<h1\> 望庐山瀑布 \</h1\>

\<h2\> 静以修身 \</h2\>

\<h2\> 俭以养德 \</h2\>

\<h2\>Constant dropping wears the stone\</h2\>

\<h3\> 世上无难事 \</h3\>

\<h2\>Variety is the spice of life\</h2\>'''

编写程序，提取 \<h2\> 和 \</h2\> 之间的英文文本，且不包含 \<h2\> 和 \</h2\>。程序流程图如图 10-3-2 所示。

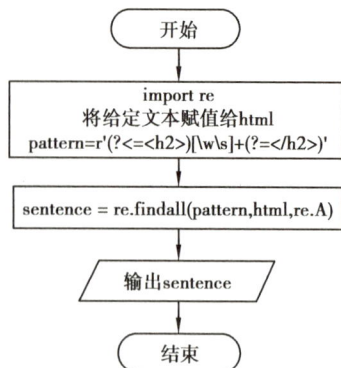

```
┌──────────┐
│   开始   │
└──────────┘
┌──────────────────────────────────┐
│          import re                │
│    将给定文本赋值给html            │
│ pattern=r'(?<=<h2>)[\w\s]+(?=</h2>)'│
└──────────────────────────────────┘
┌──────────────────────────────────┐
│ sentence = re.findall(pattern,html,re.A)│
└──────────────────────────────────┘
/  输出sentence  /
┌──────────┐
│   结束   │
└──────────┘
```

图 10-3-2   程序流程图

项目小结

通过本项目的案例可以发现，正则表达式为字符串的搜索匹配提供了一种强大的解决方案。通过完成任务，我们分别学习了元字符、量词、贪婪模式、非贪婪模式、捕获组、非捕获组、捕获组反向引用、断言和标记等内容。在介绍这些内容时，引入了大量特殊符号，但是请记住大多数字符是以其字面意义进行匹配的，并隐式地使用量词 {1}。此外，在解决实际问题时，应充分分析问题，合理运用所学知识，反复尝试直到正确求解问题。

自我检测

一、选择题

1. 能够完全匹配字符串 "(023)-65731881" 和字符串 "023-65731881" 的正则表达式为 (   )。

　A. "(?\d{3})?-?\d{8}"　　　　　　　　B. "[0-9( )-]+"

　C. "[0-9(-)]*\d*"　　　　　　　　　　D. "[(]?\d*[)]-]\d"

2. 能够完全匹配字符串 "the People's Republic of China" 的正则表达式为 (   )。

　A. "[a-z\s\']*"　　　　　　　　　　　B. "[A-Z\s\']*"

　C. "[a-zA-Z\s\']*"　　　　　　　　　　D. "[a-zA-Z']*"

3. 能够完全匹配字符串 "key" 和 "key:value" 的正则表达式为 (   )。

　A. "\w{3}:\w{5}|\w{3}"　　　　　　　B. "\w{5}:\w{3}|\w{5}"

　C. "\s+:\s+|\s+"　　　　　　　　　　D. "\w\b:\b\w|\w*"

4. 能够完全匹配字符串 "dog dog" 和 "cat cat"，但不能完全匹配 "dog cat" 的正则表达式为 (   )。

　A. " (\s{2,5})\s{1,}\1"　　　　　　　B. "\w{2,5}\s*\1"

　C. "\w*\s*\w*"　　　　　　　　　　D. "\b(\w+)\b\s+\1\b"

5. 能够在字符串 "aabaaabaaaab" 中匹配 "aab"，而不能匹配 "aaab" 和 "aaaab" 的正则表达式为 (   )。

　A. "a*?b"　　　B. "a{,2}b"　　　C. "aa+?b"　　　D. "aaa??b"

二、填空题

1.写出匹配 QQ 号（QQ 号为 5 位到 11 位的数字，第一位为非 0）的正则表达式：_____。

2.正则表达式中 (?=a)，(?!a) 表示_____、_____、(?<=a)，(?<!a) 表示_____、

_____。

3.写出匹配普通民用车牌号的正则表达式：_____。

4.写出匹配固定电话号码的正则表达式：_____。

5.正则表达式中 \d，\D 表示_____；\w，\W 表示_____。

三、阅读程序，写出程序运行结果

1. import re

   line = "On average，Europeans are taller than Asians"

   matchObj = re.match(r'(.*) are (.*?) .*', line，re.M | re.I)

   if matchObj:

   　　print("matchObj.group( ) : ", matchObj.group( ))

   　　print("matchObj.group(1) : ", matchObj.group(1))

   　　print("matchObj.group(2) : ", matchObj.group(2))

   else:

   　　print("No match!!")

2. import re

   phone = "023-65731881 # 这是一个电话号码 "

   num = re.sub(r'#.*$', " "，phone)

   print(" 电话号码 : ", num)

   num = re.sub(r'\D', " "，phone)

   print(" 电话号码 : ", num)

四、编写程序

1.编写一个程序，给定字符串 '<a href="http://www.baidu.com">baidu</a>'，提取其中的网址和锚文本。

2.编写一个程序，给定字符串 'Great works are performed not by strength but by perseverance.'，输出所有长度为 3 的单词。

3.编写一个程序，给定字符串 'i am is wang i love I love you i!'，在字母 i 单独出现的地方，将 i 变为 I。

👤💬 **项目评价**

任务	标准	配分 / 分	得分 / 分
使用量词	能列举常用量词	10	
	能使用量词解决简单问题	10	
	能根据问题正确使用数量词的贪婪模式与非贪婪模式	10	
使用捕获组	能描述捕获组的格式	10	
	能使用捕获组和非捕获组	10	
	能使用捕获组的反向引用	10	
	能对捕获组进行命名	10	
使用断言和标记	能列举常用断言和标记	10	
	能使用断言解决问题	10	
	能使用标记解决问题	10	
总分		100	

阅读有益

中国搜索引擎的缔造者——百度

　　百度公司于 2000 年 1 月 1 日在中关村创立，公司创始人李彦宏拥有"超链分析"技术专利，也使中国成为美国、俄罗斯和韩国之外，全球仅有的 4 个拥有搜索引擎核心技术的国家之一。百度每天响应来自 100 余个国家和地区的数十亿次搜索请求，是网民获取中文信息和服务的最主要入口，服务 10 亿以上的互联网用户。基于搜索引擎，百度演化出语音、图像、知识图谱、自然语言处理等人工智能技术。最近 10 年，百度在深度学习、对话式人工智能操作系统、自动驾驶、AI 芯片等前沿领域都有投资和研究，成为一个拥有强大互联网基础的领先 AI 公司。

项目十一　　调试和优化程序

项目描述

《左传·宣公二年》："人谁无过，过而能改，善莫大焉。"程序写好后，谁都不能保证里面没有错误，所以程序的测试、调试和优化是软件开发不可缺少的环节。测试就是用已知正确的结果和程序输出结果进行对比。如果所有结果都一致，说明程序暂时没有发现错误，只要出现了一个不一致的情况就说明程序肯定有错误，就需要从源程序里面找出具体的错误。调试就是从源程序中找出具体错误并改正的过程。如果程序暂时没有发现错误，我们还要继续对程序进行优化。优化就是找出程序运行过程中的瓶颈，并用更优的方案消除或缓解这些性能问题。测试、调试和优化是一直伴随着程序生命周期的迭代过程。

项目目标

知识目标：

能描述使用 doctest 和 unittest 测试程序的操作过程；

能描述常用调试模块 pdb 和 PyCharm 调试器的作用；

能描述 timeit 和 cProfile 输出结果的意义。

技能目标：

能用 doctest 和 unittest 设计测试用例并输出测试结果；

能使用 pdb 和 PyCharm 找到和修改程序中的错误；

能用 timeit 计量程序运行时间；

能使用 cProfile 找出程序运行的瓶颈。

思政目标：

培养相互协作的意识。

任务一　单元测试

程序设计过程采用的思路是"自顶向下，逐步细化"，但是程序测试过程就刚好相反，采用的是"自底向上"的过程。如果各个层次的函数都能按设计得到想要的结果，那最终程序就能得到正确的结果。单元测试就是对程序中各函数进行测试的过程。其基本思路就是用预期的结果与函数执行结果进行对比，如果相同就通过，如果不同就标识出来。

活动一　使用 doctest 测试程序

【问题描述】

已有完全数判断函数 IsPerfect(n)，测试这个函数能否正确判断一个数是否是完全数。完全数就是约数之和等于其本身的正整数。如 6 是完全数，因为 6=1+2+3，而 12 就不是完全数，因为 12 ≠ 1+2+3+4+6。

● 输出结果：

Trying:
　　　IsPerfect(6)
Expecting:
　　　True
ok
Trying:
　　　IsPerfect(12)
Expecting:
　　　False
ok
1 items had no tests:
　　　__main__
1 items passed all tests:
　　　2 tests in __main__.IsPerfect
2 tests in 2 items.
2 passed and 0 failed.
Test passed.

备注：两个 ok 表示两个测试用例都通过了测试，2 passed and 0 failed 表示两个测试用例通过，0 个失败，最后一句 Test passed 表示所有测试用例都通过了测试。

【题前思考】

根据问题描述，填写表 11-1-1。

表 11-1-1　问题分析

问题描述	问题解答
测试用例应该如何写	
测试用例写在什么位置	
怎么运行测试用例	

【操作提示】

doctest 提供了编写测试用例的简单语法，只要将函数调用和相应的期望结果书写到其指定位置即可。doctest 还提供了运行测试用例的方法，只需在程序中调用该方法就能启动测试，看到测试结果，并能定位到不成功的测试用例。

【程序代码】

```
def IsPerfect(n):
    """                                                         ①
    >>> IsPerfect(6)
    True                                                        ②
    >>> IsPerfect(12)
    False
    """
    s=0
    for i in range(1,n):
        if n%i==0:
            s+=i
    return s==n
if __name__=='__main__':                                        ③
    import doctest
    doctest.testmod(verbose=True)                               ④
```

【代码分析】

①：doctest 要求写在函数定义的函数头下面，以三个双引号开头和结尾。

②：每一个测试输入以 >>> 开头，后面跟一个空格，然后输入要测试的函数调用。在下一行开头写出这个函数调用的预期结果。在本测试用例中，输入的函数调用为 IsPerfect(6)，表示判断 6 是否为完全数，如果是则返回 True，如果不是则返回 False，因为 6 是完全数，所以预期的输出结果为 True。

③：当模块被直接运行时，以下代码块将运行，当模块被导入时，代码块不被运行。__name__ 是当前模块名，当模块被直接运行时，__name__ 的值为 __main__。

④：导入 doctest 模块，并运行 testmod 方法，启动测试过程，输出测试结果。参数 verbose=True 表示输出详细的测试结果，其默认值为 False。

【优化提升】

如果不想在模块中编写代码启动测试过程，可以在 PyCharm 窗口底部的 "Terminal(终端)" 面板中直接运行命令启动测试。此时 if __name=='__main__' 及其以后的代码都不用写，直接输入命令 python -m doctest -v a11_1_1 使用 doctest 进行测试 .py 即可，输出结果与上述相同。选项 -v 表示输出详细的测试信息。输入的命令如图 11-1-1 所示。

```
Terminal:   Local ×   +   ∨

PS E:\python程序设计源代码\项目十一调试和优化程序\任务活动源代码> python -m doctest -v  a11_1_1使用doctest进行测试.py
Trying:
    IsPerfect(6)
Expecting:
    a11_1_1使用doctest进行测试
1 items passed all tests:
    2 tests in a11_1_1使用doctest进行测试.IsPerfect
2 tests in 2 items.
2 passed and 0 failed.
Test passed.
PS E:\python程序设计源代码\项目十一调试和优化程序\任务活动源代码> []
```

```
⚑ Version Control   ▶ Run   ☰ TODO   ❶ Problems   ▣ Terminal   ◆ Python Packages   ◆ Python Console
```

图 11-1-1　在 Termial 中使用 doctest

一展身手

编写函数 IsPrime 判断一个数是否为质数，并采用本活动介绍的两种方式测试函数的正确性。质数就是除了 1 和它本身以外没有其他约数的正整数。如 3、5、11 都是质数，而 12、27 则不是质数。

活动二　使用 unittest 测试程序

【问题描述】

现在需要使用 unittest 测试一个求排列数的函数 perm(n,m)，即从 n 个不同的对象中选出 m 个来组成一个有序序列，一共可以有多少种不同的序列。如 perm(5,2) 的值为 5*4=20,perm(6,3) 的值为 6*5*4=120。

- 输出结果：

Ran 1 tests in 0.183s

PASSED (successes=1)。

备注 :PASSED 表示通过测试。

【题前思考】

根据问题描述，填写表 11-1-2。

表 11-1-2　问题分析

问题描述	问题解答
在 unittest 中测试用例应该如何写	
在 unittest 中测试用例写在什么位置	
在 unittest 中怎么运行测试用例	

【操作提示】

使用 unittest 进行单元测试需要以 unittest.TestCase 为父类创建一个类，每一个测试用例是这个类的一个方法。然后，通过执行 unittest.main( ) 就可以启动测试过程并输出测试结果信息，如果有不成功的测试，可以通过单击跳转到相应的测试用例。

【程序代码】

文件 action2.py 的内容为需要测试的函数，此处为求排列数的函数。

```
def perm(n,m):
    r=1
    while m>0:
        r*=n
        m-=1;n-=1
return r
```

文件 test_action2.py 的内容为测试用例，在 PyCharm 中通过命令 File->New->Python File->Python unit test 可创建文件框架，位置①②③为自行添加的代码。

```
import unittest
import action2                                                    ①
class MyTestCase(unittest.TestCase):
    def test_perm1(self):
        self.assertEqual(20, action2.perm(5, 2))                 ②
    def test_perm2(self):
        self.assertEqual(120, action2.perm(6, 3))                ③
if __name__ == '__main__':
    unittest.main( )                                             ④
```

【代码分析】

①：导入需要测试的 action2 模块。

②③：MyTestCase 类的每一个方法就代表了一个测试，可以根据需要在里面添加测试代码。assertEqual 方法用于判断两个参数的值是否相等，在这里表示判断函数调用 action2. perm(5, 2) 的值是否为 20, action2.perm(6, 3) 的值是否为 120，如果两个参数的值相等则通

过测试，反之测试失败。

④：调用 unittest.main( ) 启动测试，输出测试结果。

【优化提升】

如果不想在模块中编写代码启动测试过程，可以在 PyCharm 窗口底部的"Terminal(终端)"面板中直接运行命令启动测试。此时 if __name=='__main__' 及其以后的代码都不用写，直接输入命令 python -m unittest -v a11_1_2 使用 unittest 进行测试 .py 即可，输出结果与上述相同。命令执行结果如图 11-1-2 所示。

```
Terminal:  Local ×   +  ∨

PS E:\python程序设计源代码\项目十一调试和优化程序\任务活动源代码> python -m unittest -v a11_1_2使用unittest进行测试.py
test_perm1 (a11_1_2使用unittest进行测试.MyTestCase) ... ok
test_perm2 (a11_1_2使用unittest进行测试.MyTestCase) ... ok

----------------------------------------------------------

Ran 2 tests in 0.001s

OK

PS E:\python程序设计源代码\项目十一调试和优化程序\任务活动源代码> []

▶ Version Control   ▶ Run   ≔ TODO   ● Problems   ▣ Terminal   ▤ Python Packages   ✦ Python Console
```

图 11-1-2　在终端启动 unittest

【技术全貌】

在使用 unittest 进行单元测试时，除了可使用方法 assertEqual 外，还有许多用于测试其他关系的方法，见表 11-1-3。关于 unittest 的详细内容请扫描二维码查看官方文档。

unittest 模块

表 11-1-3　unittest 模块中用于测试的方法

语法	解释
assertEqual(a, b,msg=None)	a==b
assertNotEqual(a, b)	a !=b
assertTrue(x)	bool(x) is True
assertFalse(x)	bool(x) is False
assertIs(a, b)	a is b
assertIsNot(a, b)	a is not b
assertIsNone(x)	x is None
assertIsNotNone(x)	x is not None
assertIn(a, b)	a in b
assertNotIn(a, b)	a not in b
assertIsInstance(a, b)	isinstance(a,b)
assertNotIsInstance(a, b)	not isinstance(a,b)

一展身手

编写函数 IsPrime 判断一个数是否为质数，并采用 unittest 的两种方式测试函数的正确性，请自行设计测试用例，并在 PyCharm 中编写代码完成测试，生成测试报告。

任务二　调试程序

单元测试的任务是判断程序是否能按设计得出预期的结果，如果结果正确，则继续深入测试直到整个程序测试完毕。但是，一旦发现程序实际运行结果与预期结果不符就要开始追查原因，找到导致错误的地方并改正，使之能得到预期的结果。定位并改正错误就是调试的任务。Python 中用于调试的工具有很多，在本任务中介绍 Python 内置的调试模块 pdb 和 PyCharm 集成的图形化调试工具。

活动一　使用 pdb 模块调试程序

【问题描述】

现有一个产生 1000 以内的完全数的程序，但是程序并没有按预期输出这些完全数，请使用 pdb 定位和修改错误。

- 预期结果：

[6, 28, 496]

【题前思考】

根据问题描述，填写表 11-2-1。

表 11-2-1　问题分析

问题描述	问题解答
怎样才能知道程序运行过程中变量值是如何变化的	
怎样让程序在执行的时候停在指定位置	
程序暂停之后如何查看各变量的值	
如何在满足某种条件的情况下才暂停程序执行	

【解题思路】

通过 pdb 模块在源程序中指定位置设置断点，每次程序执行到断点时就暂停，可以通过命令查看此时各变量的值，如果这个值和预期值不同说明执行到此处时程序就已经出现了错误，就需要往前追查推测错误。如果循环次数太多，pdb 可以设置条件断点，当满足某个条件时断点才起作用，这样可以减少暂停的次数，加快调试进度。

【程序代码】

```
def perfect():
    s = 0
    res=[]
    for n in range(1,1000):
        for j in range(1,n):
            if n%j==0:s+=j
        if s==n:res.append(n)
    return res
if __name__=='__main__':
    print(perfect())
```

【调试分析】

①：在 PyCharm 窗口底部的 Terminal 面板中使用 cd 命令将当前目录切换到被调试文件所在的目录。命令执行结果如图 11-2-1 所示。

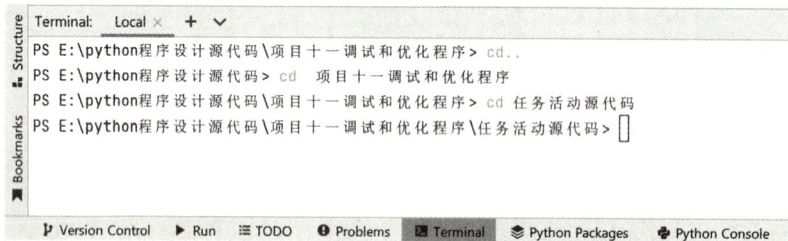

图 11-2-1　切换到"调试程序"目录

②：在 Terminal 中输入命令"python -m pdb a11_2_1 使用 pdb 模块调试程序 .py"启动 pdb 模块，从命令提示符"(pdb)"可以看出 pdb 已经开始运行，可以进行调试，如图 11-2-2 所示。命令中选项"-m pdb"表示执行 pdb 模块，"a11_2_1 使用 pdb 模块调试程序 .py"是要调试的程序文件，也是 pdb 模块的输入参数。

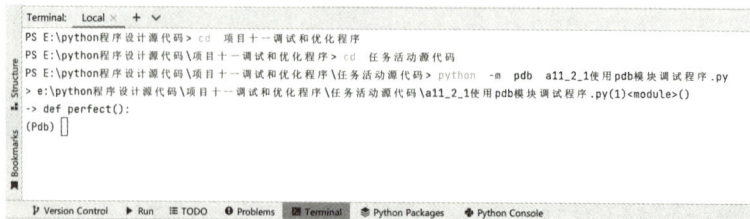

图 11-2-2　进入 pdb 调试

③：在程序第 7 行即代码"if s==n:res.append(n)"处设置一个断点，观察每一次判断完全数时，s 和 n 这两个变量的值具体是什么。其中命令"b 7"表示在源代码第 7 行设置断点，从图 11-2-3 可以看出其断点号为 1；命令"c"表示执行程序，直到遇到断点，命令"p n,s"表示显示变量 n 和 s 的值。

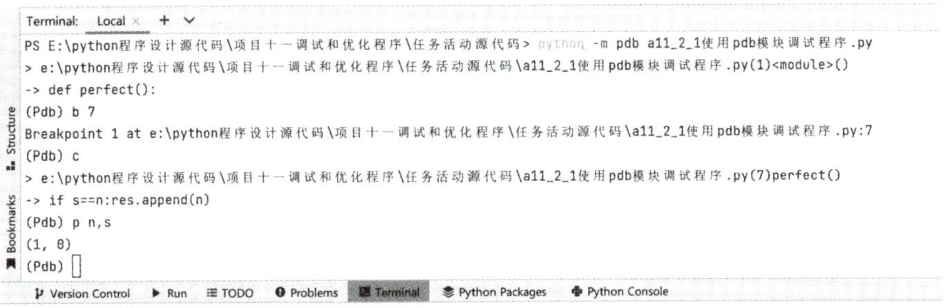

图 11-2-3　在断点处显示变量 n 和 s 的值

④：因为我们已经知道 6 是完全数，所以可以在断点 1 设置一个条件断点，当 n==6 时才暂停执行，如图 11-2-4 所示。命令"condition 1 n==6"就表示在断点 1 设置条件 n==6，即当 n==6 时才暂停程序执行。此时可以查看变量 n 和 s 的具体值。

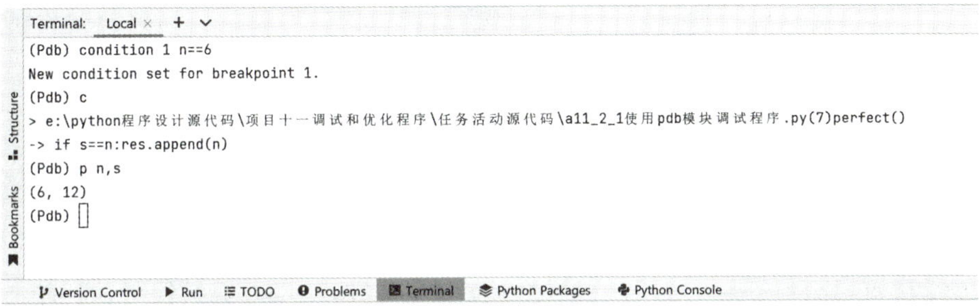

图 11-2-4　在条件断点处显示变量 n 和 s 的值

⑤：从图 11-2-4 可以看出，当 n 的值为 6 的时候，约数之和居然等于 12 而非实际的 6，于是，我们找到了问题的关键，变量 s 的值计算错误。从源代码中我们可以看出，变量 s 只在程序开始时初始化为 0，实际上应该在对每一个数求约数和之前都置初值 0。如果不能确定错误，我们还需要执行命令 c 或其他命令继续执行查看断点的值，甚至重新设置其他断点查找问题。

【技术全貌】

除了在上述程序调试中遇到的命令外，pdb 模块还提供了很多调试命令来帮助程序员调试程序，表 11-2-2 中仅列出了其中常见的一部分，全部命令及说明请扫描二维码查阅官网文档。

pdb 模块

表 11-2-2　pdb 常用命令

语法	解释
a	打印当前函数的参数的值
b 行号	在指定行号设置断点，并返回断点编号，以便后期访问。如果缺省行号，将列出已设置的所有断点
cl 断点编号	清除断点编号代表的断点，如果缺省断点编号将删除所有断点
condition 断点编号 表达式	为断点编号代表的断点设置条件构成条件断点，当表达式成立时断点生效暂停程序执行
c	继续运行，直到遇到断点或者脚本结束
disable	禁用断点
enable	启用断点
h	查看 pdb 帮助

续表

语法	解释
ignore	忽略断点
j	跳转到指定行数运行
l	列出正在调试的程序代码
n	执行下条语句，遇到函数不进入其内部
p	打印变量值，也可以用 print
q	退出 pdb
r	一直运行到函数返回
tbreak	设置临时断点，断点只中断一次
s	执行下一条语句，遇到函数进入其内部
w	查看所在的位置
!	在 pdb 中执行语句

一展身手

现有一个冒泡法升序排序程序，它不能按要求对列表进行排序，请使用 pdb 模块找出并改正其中的错误，实现程序的设计目标。

活动二　使用 PyCharm 调试程序

【问题描述】

现有一个输出质数的程序，但是一个质数都不能输出，请使用 PyCharm 的调试工具定位和修改错误。

【题前思考】

根据问题描述，填写表 11-2-3。

表 11-2-3　问题分析

问题描述	问题解答
PyCharm 中如何设置断点	
如何让程序在断点暂停	
如何在断点处查看变量的实时值	
如何设置条件断点	

【解题思路】

我们仍然在判断质数的关键语句设置断点，让程序暂停下来以查看变量的值是否按预计变化。如果想查看某些情况下的变量值，设置条件断点是非常好的选择。PyCharm 的调试工具

是图形化的，通过鼠标单击就可以设置断点，断点处有专门的面板用于查看变量的值，条件断点的设置在对话框中操作。

【程序代码】

```python
def getPrimes(num):
    res=[]
    for n in range(2,num):
        i=2
        while i<n:
            if n%i==0:break
            i+=1
        if n%i!=0:res.append(n)
    return res
if __name__=='__main__':
    print(getPrimes(100))
```

【调试分析】

①：程序第 8 行即语句"if n%i!=0:res.append(n)"是判定一个数是不是质数的语句，我们可以在此处设置断点，查看各数在此处的值是什么，以此来推测问题。PyCharm 中设置断点的方法是在 PyCharm 窗口代码编辑区左侧行号的右侧空白区域单击，如果显示出红色的圆点就表示断点设置成功，如图 11-2-5 所示。

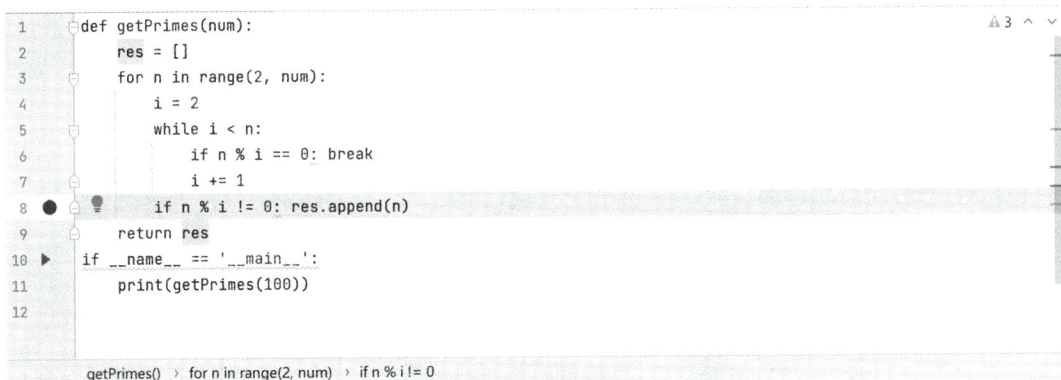

```python
1   def getPrimes(num):
2       res = []
3       for n in range(2, num):
4           i = 2
5           while i < n:
6               if n % i == 0: break
7               i += 1
8           if n % i != 0: res.append(n)
9       return res
10  if __name__ == '__main__':
11      print(getPrimes(100))
12
```

getPrimes()) for n in range(2, num)) if n % i != 0

图 11-2-5　在 PyCharm 中设置断点

②：已知 7 是一个质数，但是程序并没有在 n 为 7 的时候把它加入列表 res 中，所以为了加快调试进度，为断点设置一个条件，使它在 n==7 的时候起作用。在 PyCharm 中设置条件断点的方法是在断点上右击，将会弹出断点(breakpoins)对话框，在 condition(条件)编辑框中输入条件，即可完成条件断点的设置，如图

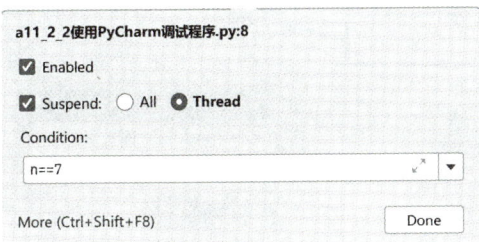

a11_2_2使用PyCharm调试程序.py:8

☑ Enabled

☑ Suspend:　○ All　● Thread

Condition:

n==7

More (Ctrl+Shift+F8)　　　Done

图 11-2-6　在 PyCharm 中设置条件断点

11-2-6 所示。条件断点设置成功之后，断点标志旁边会显示一个红色的问号 (?) 来表示这是一个条件断点。

③：在工具栏中单击调试工具按钮 ![质数工具栏按钮] 或按快捷键 Shift+F9 即可启动调试任务，这时程序以单步模式执行。当遇到断点时，程序暂停执行，此时会高亮显示断点位置，同时会在代码编辑区显示各变量的实时值，也会在窗口底部的 Variables(变量) 面板中显示各变量的值，如图 11-2-7 所示。

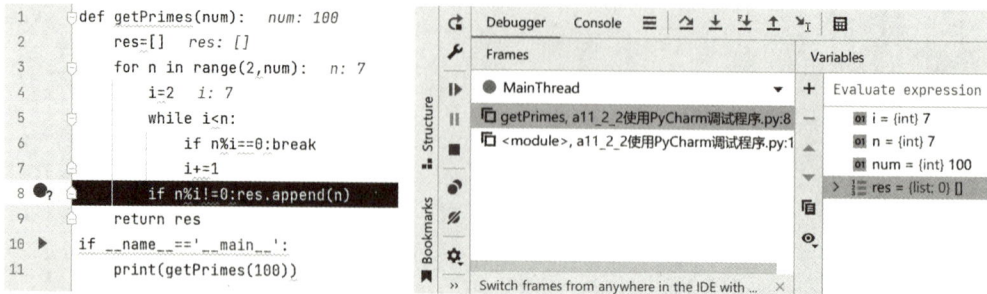

图 11-2-7　在 PyCharm 中查看断点处变量的值

④：从变量值来看 n 和 i 的值都是 7，n%i!=0 是不成立的，所以判断 7 不是质数。为什么退出循环之后 n 和 i 的值会变得一样呢？我们再分析程序会发现，如果 n 是质数的话，小于 n 的所有数 i 都是不能整除 n 的，这样一来 i 最终会增加到 n，最终导致循环条件 i<n 不成立而退出循环。而在 n 不是质数的时候，i 会在小于 n 的值上满足条件 n%i==0 进而退出循环。因此，退出循环之后，如果 n 是质数必须有 n==i，反之 n<i。于是程序中的问题确定，if 后的条件应该从 n%i!=0 改为 n==i。如果不能确定错误，还需要继续执行程序查检变量的值，甚至重新设置断点，直到找出错误。

【技术全貌】

为了方便调试，PyCharm 提供了各种执行方式，我们可以根据需要选择。图 11-2-8 展示了调试面板中的各图标的功能，表 11-2-4 展示了各执行方式的具体特点，如果希望更深入地了解可以扫描二维码查看官网信息。

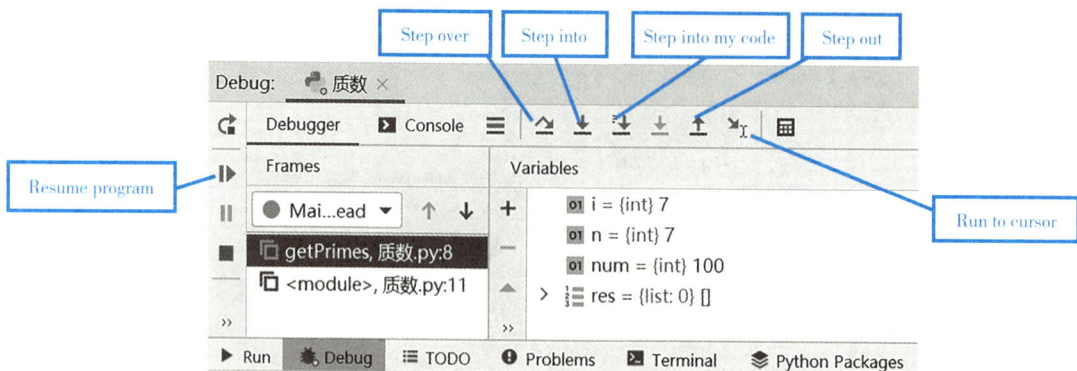

图 11-2-8　在 PyCharm 中的调试工具按钮

表 11-2-4　PyCharm 调试执行方式

命令	解释
Step over（快捷键 F8）	在函数内遇到子函数时不会进入子函数内单步执行，而是将子函数整个执行完再停止，也就是把子函数整个作为一步。在不存在子函数的情况下是和 step into 效果一样的。简单的说就是，程序代码越过子函数，但子函数会执行，且不进入
Step into（快捷键 F7）	遇到子函数就进入并且继续单步执行，有的会跳到源代码里面去执行
Step into my code（快捷键 Alt+Shift+F7）	遇到子函数就进入并且继续单步执行，不会进入源代码中
Step out（快捷键 Shift+F8）	跳出当前函数体，返回到调用此函数的地方
Run to cursor（快捷键 Alt+F9）	运行到光标所在的行
Resume program（快捷键 F9）	继续执行程序，直接运行到下一断点处

一展身手

现有一个冒泡法升序排序程序，它不能按要求对列表进行排序，请使用 PyCharm 的调试功能找出并改正其中的错误，实现程序的设计目标。

任务三　优化程序

通过调试可以让程序得到预期结果，但是不一定能达到性能要求。所以在程序正确的基础上，还要提升程序运行效率，对程序进行优化。可以通过两种方式来发现性能问题，一是检测程序运行时间，从运行时间上比较程序性能的优劣；另一个方式是找到程序运行的瓶颈，对程序中的关键部分进行优化，以提升整个程序的运行效率。在 Python 中用于检测程序运行时间的模块是 timeit 模块，用于发现程序运行瓶颈的模块是 cProfile 模块。

活动一　使用 timeit 计算程序运行时间

微课

【问题描述】

斐波那契数列指的是这样一个数列：1，1，2，3，5，8，…这个数列的前两项都为 1，从第 3 项开始，每一项都等于前两项之和。现有两个不同的实现算法，请测试它们的运行时间。

● 运行结果：

fib1：0.22967639999999995

fib2：4.499999999962867e-06

备注：第一个函数的运行时间为 0.22967639999999995 秒，第二个函数的运行时间为 4.499999999962867e-06 秒，第二个函数的运行速度是第一个函数的 50 000 倍。

【程序代码】

```python
def fib1(n):
    if n<3:return 1
    return fib1(n-1)+fib1(n-2)


def fib2(n):
    a,b=1,1
    while n>1:
        c=a+b
        a,b=b,c
        n-=1
    return a
if __name__=='__main__':
    from timeit import timeit                                              ①
    print('fib1:',timeit(stmt=lambda :fib1(30),setup='import __main__',number=1))  ②
    print('fib2:', timeit(stmt=lambda: fib2(30), setup='import __main__', number=1))
```

【代码分析】

①：从 timeit 模块导入 timeit() 函数，这个函数可以测试语句的运行时间，单位为秒。

②：调用 timeit() 函数测试语句的运行时间。具体参数解释如下：

• stmt：表示要运行的语句，它可以是字符串表示的语句，也可以是一个可调用对象（函数名、lambda 表达式或其他可调用对象），此处用 lambda 表达式以 30 为实参调用函数 fib1。实现同样的功能也可以写成 stmt="fib1(30)"。

• setup：建立语句运行所需要的环境，如导入模块、定义函数、定义变量、初始化变量值等。在本例中要运行的代码包括了 __main__.fib1，所以要先导入模块 __main__。

• number：表示代码运行的次数，本例中只运行一次，如果运行多次，将显示多次运行代码的总时间。

【优化提升】

除了可以调用 timeit() 函数来测试代码的执行时间外，timeit 模块还提供了命令行界面，可以通过在 PyCharm 窗口底部的 Terminal 面板中输入命令来测试代码执行时间。命令执行结果如图 11-3-1 所示。

图 11-3-1　在终端中启动 timeit

命令 python −m timeit −n 10 −r 5 "m=__import__('a11_3_1 使用 timeit 计算程序运行时间')" 'm.fib2(30)' 中，−m timeit 表示启动 timeit 模块，−n 10 表示在一次 timeit 函数调用中执行 10 次指定代码，默认为 1 000 000 次；r 为重复执行 timeit 函数的次数，−r 5 表示重复执行 5 次，默认值为 5；−s 表示在检测时间之前需要运行的代码，这里运行的是 m=__import__('a11_3_1 使用 timeit 计算程序运行时间')，它表示导入模块 'a11_3_1 使用 timeit 计算程序运行时间'，并为其命名为 m；最后一个数是要检测运行时间的代码，此处为 "m.fib2(30)"。最后结果表示，每一次检测运行了 10 次代码，5 次检测的最快速度为每次运行 6.08usec(微秒)。

【技术全貌】

在 timeit 模块中，除了 timeit 方法外还有其他方法，在检测程序运行时间时也可以使用，见表 11-3-1。命令界面中也有其他选项可以选用，见表 11-3-2，也可以扫描二维码查阅官网文档。

timeit 模块

表 11-3-1　timeit 模块的方法

语法	解释
timeit.timeit(stmt='pass', setup='pass', timer=<default timer>, number=1000000, globals=None)	使用给定语句、setup 代码和 timer 函数创建一个 Timer 实例，并执行 number 次 timeit( ) 方法。可选的 globals 参数指定用于执行代码的命名空间
timeit.repeat(stmt='pass', setup='pass', timer=<default timer>, repeat=5, number=1000000, globals=None)	使用给定语句、setup 代码和 timer 函数创建一个 Timer 实例，并使用给定的 repeat 和 number 运行其 repeat( ) 方法。可选的 globals 参数指定用于执行代码的命名空间
class timeit.Timer(stmt='pass', setup='pass', timer=<timer function>, globals=None)	用于小代码片段的测试执行速度的类。构造函数接受一个将计时的语句、一个用于设置的附加语句和一个定时器函数。该类的主要方法包括：timeit(number=1000000):执行 number 次语句 repeat(repeat=5, number=1000000): 调用 timeit( ) repeat 次，每次运行语句 number 次

表 11-3-2　timeit 命令行界面选项

语法	解释
−n N	执行指定语句（段）的次数
−r N	重复测量的次数（默认 3 次）
−s S	指定初始化代码或构建环境的导入语句（默认是 pass）
−p	测量进程时间而不是实际执行时间（使用 time.process_time( ) 代替默认的 time.perf_counter( )）

一展身手

用不同算法编写判断完全数的程序，使用 timeid 模块检测其运行时间，并分析性能差异的原因。

活动二　**使用 profile 发现运行瓶颈**

【问题描述】

自然对数底数 e=2.7182818284590…是科学和工程中经常使用的一个无理数，其计算公式为 e=$\frac{1}{1!}+\frac{1}{2!}+\frac{1}{3!}+\frac{1}{4!}+\cdots$。请对求自然对数底数的程序进行分析，找出最花时间的操作，并对其进行优化。

● 运行结果：

```
        1004 function calls in 0.155 seconds
   Ordered by: standard name
   ncalls  tottime  percall  cumtime  percall filename:lineno(function)
        1    0.000    0.000    0.155    0.155 <string>:1(<module>)
        1    0.000    0.000    0.155    0.155 {built-in method builtins.exec}
        1    0.000    0.000    0.000    0.000 {method 'disable' of '_lsprof.Profiler' objects}
     1000    0.155    0.000    0.155    0.000 自然对数底数 e.py:1(factorial)
        1    0.001    0.001    0.155    0.155 自然对数底数 e.py:7(e)
```

备注：本次程序执行共调用函数 1 004 次，耗时 0.155 秒。ncalls 表示调用次数，tottime 表示所有函数调用的总执行时间（不含函数内调用其他函数的时间），percall 表示每次函数调用的时间 percall=tottime/ncalls，cumtime 表示累计调用时间（含函数内调用其他函数的时间），percall=cumtime/ncalls，filename:lineno(function) 表示函数调用所在的文件及行号。

【程序代码】

```
def factorial(n):
    p=1
    while(n>0):
        p*=n
        n-=1
    return p
def e():
    s=0
    for i in range(1000):
```

```
        s+=1/factorial(i)
    return s
if __name__=='__main__':
    import cProfile
    cProfile.run(statement='e( )')
```

【结果分析】

从运行结果可以看出，整个程序运行的瓶颈是 factorial( ) 函数的调用，调用次数多，运行时间也最长。为此，如果要优化程序的运行时间可以从这个函数调用入手。

factorial( ) 函数是求阶乘的函数，由于 Python 是解释型语言，所以循环程序执行效率不高，而它提供的内置模块的函数却是 C 语言编写的，可以提高程序的运行效率，于是将 factorial 替换成 math.factorial 再次运行 cProfile，我们可以对比一下执行效果。修改后的程序如下：

```
import math
def e( ):
    s=0
    for i in range(1000):
        s+=1/math.factorial(i)
    return s
if __name__=='__main__':
    import cProfile
    cProfile.run(statement='e( )')
```

执行性能分析之后的结果为：

```
     1004 function calls in 0.038 seconds
  Ordered by: standard name
  ncalls  tottime  percall  cumtime  percall filename:lineno(function)
     1    0.000    0.000    0.038    0.038 <string>:1(<module>)
     1    0.000    0.000    0.038    0.038 {built-in method builtins.exec}
  1000    0.036    0.000    0.036    0.000 {built-in method math.factorial}
     1    0.000    0.000    0.000    0.000 {method 'disable' of '_lsprof.Profiler' objects}
     1    0.002    0.002    0.038    0.038 自然对数底数 e.py:8(e)
```

从执行结果看，因为修改一个函数调用，程序的运行速度比原来快了 4 倍。

此处仅是为了演示 cProfile 给大家举的一个简单的例子，如果不调用函数直接求 e，执行速度会更快，这个算法的实现留给读者自己思考。

【优化提升】

和 timeit 模块一样，cProfile 模块也提供了命令行界面，可以通过在 PyCharm 窗口底部的 Terminal 面板中输入命令得到上述类似的分析结果。命令行为：python -m cProfile 被检测的 Python 文件名，因为结果冗长，此处不显示，读者可自行输入该命令查看。

【技术全貌】

cProfile 模块除了 run 函数外，还有其他函数可以用来检查程序的性能问题，见表 11-3-3。如果要了解 cProfile 更详细的信息请扫描二维码查看官网文档。

表 11-3-3　cProfile 模块的函数

语法	解释
cProfile.run(command, filename=None, sort=-1)	command 参数传递给 exec 函数，文件名称 filename 可选。在所有情况下，此函数执行： exec(command, __main__.__dict__, __main__.__dict__) 并收集执行中的剖析统计数据。如果没有文件名称，则此功能会自动创建 Stats 对象，并打印简单的分析报告。如果指定了排序值，则将其传递到此 Stats 对象以控制结果的排序方式
cProfile.runctx(command, globals, locals, filename=None, sort=-1)	此功能类似于 run( ) 函数，并增加了参数支持 globals 和 locals 字典。此函数执行： exec(command, globals, locals) 并收集上面 run( ) 函数中的优化统计信息
class cProfile. Profile(timer=None, timeunit=0.0, subcalls=True, builtins=True)	该类能得到比 cProfile.run( ) 函数更精确的结果。它可以提供自定义 timer，用于测量代码通过 timer 参数运行所需的时间，这必须是返回单个数以表示当前时间的函数。如果数字是整数，则 timeunit 表示一个乘数，指出每个时间单位的持续时间。例如，如果计时器返回几千秒的时间，则时间单位为 0.001 秒，也就是说这个结果还要乘以 0.001 才是真正的时间。直接使用 Profile 类可以格式化优化分析结果，而不需要将结果写入文件

一展身手

有如下代码用于求 1 000 以内的完全数，请使用 cProfile 模块找到程序中的瓶颈，并思考提高整个程序执行效率的解决方案。

```python
def isPerfect(n):
    s=0
    for i in range(1,n):
        if n%i==0:
            s+=i
    return s==n
def getPerfects(m):
    res=[]
    for i in range(1,m):
        if isPerfect(i):
            res.append(i)
if __name__=='__main__':
    import cProfile
    cProfile.run(statement='getPerfects(1000)')
```

项目小结

在本项目中，我们学习了通过 doctest 和 unittest 模块对程序进行测试的方法，两个模块的总方法就是用预期结果与实际结果进行比较，发现不一致的地方就报告出来。当发现了不一致的地方，就需要用调试工具来定位和修改程序中的错误，pdb 提供了命令行工具，PyCharm 提供了图形界面，它们都提供了设置断点、设置条件断点、查看断点变量值的功能，便于程序员观察变量值是否按预定方式改变，以此来定位错误点。最后，介绍了程序优化的工具 timeit 和 cProfile，timeit 可以检测程序运行时间，cProfile 用于发现程序运行的瓶颈，通过解决瓶颈问题就可以提高整个程序的运行效率。

自我检测

一、选择题

1. 在 doctest 中，测试用例出现在源程序中的位置为（   ）。

    A. 源程序内的任意位置　　　　　　　　B. 函数内的任意位置

    C. 仅在函数头下方　　　　　　　　　　D. 在函数定义的前面

2. doctest 测试用例的定界符是（   ）。

    A. '　　　　　　　　B. "　　　　　　　　C. {}　　　　　　　　D. """

3. unittest 中用于判断预期数据与实际结果是否相等的方法为（   ）。

    A. assertEqual　　　　B. assertTrue　　　　C. assertIn　　　　D. assertIs

4. pdb 中设置断点的命令是（   ）。

    A. a　　　　　　　　B. b　　　　　　　　C. c　　　　　　　　D. d

5. pdb 中显示变量 x、y 的值的命令是（   ）。

    A. ?x,y　　　　　　　B. display a,y　　　　C. x,y　　　　　　　D. p x,y

6. 使用 PyCharm 调试程序时，遇到断点后想要继续执行程序直到遇到下一个断点，需要单击的工具按钮是（   ）。

    A. 　　　　　　　　B. 　　　　　　　　C. 　　　　　　　　D.

7. PyCharm 调试程序不具有的功能是（   ）。

    A. 显示变量值　　　　B. 设置断点　　　　C. 修改变量名　　　　D. 设置条件断点

8. 使用 timeit 函数检测程序执行时间时，没有的参数是哪一个？（   ）

    A. repeat　　　　　　B. number　　　　　　C. setup　　　　　　D. stmt

9. 使用 timeit 模块以命令行方式检测程序运行时间时，控制 timeit 调用次数的选项是（   ）。

    A. –n　　　　　　　　B. –r　　　　　　　　C. –s　　　　　　　　D. –t

10. cProfile 模块的作用是（   ）。

    A. 定位程序中的错误　　　　　　　　　B. 检查程序是否有错

    C. 直接提升程序性能　　　　　　　　　D. 检测程序运行瓶颈

二、填空题

1. doctest 测试用例输入前的标志符是＿＿＿＿＿＿＿＿＿。

2. doctest 启动测试的函数是＿＿＿＿＿＿＿＿＿＿＿＿＿＿＿。

3. unittest 启动测试的函数是＿＿＿＿＿＿＿＿＿＿＿＿＿＿＿。

4. unittest 中检验预期值与实际值是否相等的方法为＿＿＿＿＿＿＿＿＿＿＿。

5. 假设已经在 pdb 中定义了 3 号断点，那么在 3 号断点设置条件 y>x*x 的命令是＿＿＿＿＿＿＿＿＿。

6. 在 PyCharm 中设置断点的方法是＿＿＿＿＿＿＿＿＿＿＿＿。

7. 在 PyCharm 中启动程序调试的快捷键是＿＿＿＿＿＿＿＿＿。

8. 有一个名为 "a.py" 的 Python 程序文件，其中有一个名为 f 的无参函数，现使用 timeit 模块检测函数运行时间，其命令行的写法为＿＿＿＿＿＿＿。

三、编写程序，并测试、调试和优化程序

1. 给定一个有序数组 nums，编写程序删除重复出现的元素，使每个元素只出现一次，输出删除后的数组。

2. 给定一个整数数组 nums，编写程序找到一个具有最大和的连续子数组（子数组最少包含一个元素），输出其最大和。

3. 给定一个整数数组，编写程序判断是否存在重复元素。如果存在一个值在数组中出现至少两次，则输出 "有重复"，反之输出 "无重复"。

项目评价

任务	标准	配分 / 分	得分 / 分
单元测试	能描述使用 doctest 和 unittest 测试程序的操作过程	10	
	能编写 doctest 测试用例，并使用编码和命令两种方式启动测试	10	
	能编写 unittest 测试用例，并启动测试读懂测试结果	10	
调试程序	能描述调试模块 pdb 和 PyCharm 的作用	10	
	能使用 pdb 定位和改正程序中的错误	10	
	能使用 PyCharm 图形化界面定位和改正程序中的错误	10	
优化程序	能描述 timeit 和 cProfile 输出结果的意义	10	
	能用 timeit 计量程序运行时间	10	
	能使用 cProfile 找出程序运行的瓶颈	10	
	能综合使用测试、调试和优化的工具完成程序调试和调优	10	
总分		100	

阅读有益

中国人发起的优秀开源前端框架——Vue.js

Vue（读音 /vju:/，类似于 View）是一套用于构建用户界面的渐进式 JavaScript 框架，它是一个优秀的开源前端框架，全世界的开发者都在为它贡献代码，它的发起人是一个年轻的中国人尤雨溪。与其他大型框架不同的是，Vue 被设计为可以自底向上逐层应用。Vue 的核心库只关注视图层，不仅易于上手，还便于与第三方库或既有项目整合。另外，当与现代化的工具链以及各种支持类库结合使用时，Vue 也完全能够为复杂的单页应用（SPA）提供驱动。

参考文献

[1] 孙玉胜，曹洁. Python语言程序设计[M]. 2版. 北京：清华大学出版社, 2021.

[2] 董付国. Python程序设计[M]. 3版. 北京：清华大学出版社, 2020.

[3] J.伯顿·布朗宁，马蒂·阿尔金. Python 3高级教程[M]. 杨庆麟，译. 3版. 北京：清华大学出版社, 2020.

[4] 唐永华，刘德山，李玲. Python 3程序设计[M]. 北京：人民邮电出版社, 2019.

[5] 叶明全. Python程序设计[M]. 北京：科学出版社, 2019.

[6] 道格·赫尔曼. Python 3标准库[M]. 苏金国，李璜，等译. 北京：机械工业出版社, 2018.

[7] 马克·卢茨. Python学习手册[M]. 秦鹤，林明，译. 北京：机械工业出版社, 2018.

[8] 嵩天，礼欣，黄天羽. Python语言程序设计基础[M]. 2版. 北京：高等教育出版社, 2017.

[9] 刘卫国. Python语言程序设计[M]. 北京：电子工业出版社, 2016.

[10] 马克·萨默菲尔德. Python 3程序开发指南[M]. 王弘博，孙传庆，译. 2版. 北京：人民邮电出版社, 2015.

[11] 大卫·比斯利，布莱恩·K.琼斯. Python Cookbook[M]. 陈舸，译. 3版. 北京：人民邮电出版社, 2015.

[12] 梁勇. Python语言程序设计[M]. 李娜，译. 北京：机械工业出版社, 2015.